GEMÜSE OHNE GIFT

LEKTINFREI KOCHEN

IMPRESSUM

MIX
Papier | Fördert gute Waldnutzung
FSC® C010328

Penguin Random House Verlagsgruppe
FSC® N001967

4. Auflage 2025

Projektleitung: Jascha Brunnhuber
Übersetzung: Stefanie Heim, Washington D.C.
Lektorat: Claudia Fritzsche, München
Umschlaggestaltung für die deutschsprachige Ausgabe: OH, JA!, München

Satz: Uhl + Massopust, Aalen
Druck und Bindung: Alföldi Nyomda Zrt., Debrecen
Printed in Hungary

ISBN 978-3-517-09857-9
www.suedwest-verlag.de

Dr. Steven R. Gundry

GEMÜSE OHNE GIFT

LEKTINFREI KOCHEN

Den Darm heilen und das Gewicht reduzieren

Aus dem amerikanischen Englisch
von Stefanie Heim

südwest

Für charity: water –

Für euer unermüdliches Bemühen, Millionen bedürftiger Menschen mit sauberem Wasser zu versorgen.

Man kann zwar Monate ohne Nahrung überleben,
aber nur sieben Tage ohne Wasser!

www.charitywater.org

INHALT

Einführung 6

TEIL EINS: WAS IST DAS PFLANZEN-PARADOX?

EINS Lektine und Ihre Gesundheit 10

ZWEI »Was genau kann ich denn nun essen?« 23

DREI Das LFE-Programm 47

VIER Die LFE-Küche 65

TEIL ZWEI: REZEPTE

FÜNF Vorspeisen und Snacks 83

SECHS Frühstück 103

SIEBEN Suppen und Eintöpfe 131

ACHT Nudeln und Bowls 153

NEUN Hauptgerichte 171

ZEHN Gemüsegerichte und Beilagen 199

ELF Süßes und Nachspeisen 225

ZWÖLF Getränke 249

DREIZEHN Saucen, Brühen, Dressings und Co. 261

Anhang 275

Register 284

Einführung

Dieses Kochbuch ist schon seit langer Zeit in Arbeit. Ursprünglich erstellte ich für meine Patienten »Nein, danke«- und »Ja, bitte«-Listen mit Lebensmitteln und gab ihnen etwa zehn Rezepte mit auf den Weg. Doch schon bald erkannte ich, dass sie umfangreicheres Material zum Nachschlagen benötigten, um ihre neue Ernährungsweise auf Dauer durchzuhalten. Daher sammle ich seit Langem Rezepte von Freunden und Patienten und habe mir auch mein eigenes Repertoire an Gerichten erarbeitet. Ich habe viel versucht, viel herum- und ausprobiert, Unmengen von schmutzigem Geschirr produziert und konnte schließlich eine Auswahl an leckeren, gesunden und vielseitigen Rezepten zusammenstellen.

Aber lassen Sie mich ein bisschen ausholen. Denn falls Sie ganz neu an dieses Buch gekommen sind, ohne »Böses Gemüse« gelesen zu haben, wissen Sie vielleicht gar nicht, von welchen Listen die Rede ist und warum man sie benötigt. Als Arzt behandle ich meine Patienten seit siebzehn Jahren mit einer Kombination aus Ernährungstherapie und konventioneller Medizin. Im Allgemeinen kommen Menschen zu mir, die mit einer chronischen Krankheit zu kämpfen haben und bei denen sich einfach keine Besserung einstellen will.

Im Laufe dieser Jahre traf (und treffe ich weiterhin) Personen, deren Gesundheit sich in einem so erstaunlichen Maß verbesserte, wie man es vorher gar nicht für möglich gehalten hätte. Vermeintlich unheilbare Krankheiten sind geheilt. Dies lässt sich nicht nur mithilfe der modernsten Blutuntersuchungen nachweisen, man sieht es den Patienten auch an, und sie selbst fühlen es. Viele dieser Veränderungen vollzogen sich nach einer Ernährungsumstellung, zu der ich meinen Patienten geraten hatte. Infolgedessen schrieb ich mein Buch »Böses Gemüse«, um die Philosophie meines Ernährungsprogramms zu erklären: Viele gemeinhin als »gesund« betrachtete Lebensmittel – wie Obst, Gemüse, Getreide und Bohnen – enthalten bestimmte Proteine, die sogenannten Lektine. Diese können den Darm schädigen, Entzündungen hervorrufen und Krankheiten fördern. Lebensmittel, in denen viele Lektine stecken, vom Ernährungsplan zu streichen sowie Umweltgifte weitestgehend zu vermeiden, sind daher die Kernpunkte meines Programms zur lektinfreien Ernährung (LFE-Programm).

Dieses Kochbuch wurde in erster Linie für all diejenigen geschrieben, die ihre Ernährung bereits auf das LFE-Programm ausgerichtet haben und dadurch wieder gesund wurden. Kein Ernährungsplan, der Verzicht fordert oder Opfer voraussetzt, hat jemals funktioniert, und das aus gutem Grund: Denn Essen macht Spaß! Ich weiß, wovon ich spreche, ich esse selbst sehr gerne – ich liebe eine gute Mahlzeit und bin auch nicht immun gegen die Verlockungen meiner früheren Lieblingsnahrungsmittel. Daher finden Sie in diesem Kochbuch LFE-taugliche Varianten bekannter Lieblingsspeisen, von Bagels über Pancakes bis Pizza und Pad Thai, von Spaghetti bis hin zu Brownies und Eiscreme.

Das bringt mich zum zweiten Grund, wieso ich »Gemüse ohne Gift« geschrieben habe: Das LFE-Programm funktioniert! So einfach ist das. Ich habe es anhand Tausender Patienten in meinen Kliniken dokumentiert und meine Ergebnisse auf wichtigen medizinischen Konferenzen vorgestellt. Es macht mich immer wieder glücklich, wenn ich von einem früheren Patienten eine E-Mail oder einen Brief erhalte oder eine Online-Bewertung lese und die Person schreibt, das Ernährungsprogramm habe ihr Leben positiv beeinflusst. Sei es nun, dass Menschen es nach vielen erfolglosen Versuchen endlich geschafft haben, Gewicht abzuwerfen, ihre Blutdruck- und/oder Cholesterinwerte zu senken, ihre Herzgesundheit zu verbessern, dass sie ihre tägliche Dosis von immunsuppressiven oder Schilddrüsen-Medikamenten verringern oder diese Arzneimittel ganz absetzen konnten. Ich empfinde Demut angesichts all dieser vielen unglaublichen Erfolge. Solche Geschichten sind der Grund, weshalb ich jeden Morgen aufstehe und zur Arbeit gehe und Bücher wie dieses schreibe: um die heilenden Kräfte des LFE-Programms jedem zugänglich zu machen.

Schließlich ist dieses Buch aber auch für die »standhaften Verweigerer« gedacht, die vielleicht schon von dieser verrückten lektinfreien Ernährungsweise gehört haben, aber noch zögern und ihr geliebtes Getreide und ihre Lieblingsgerichte nicht aufgeben möchten. Vielleicht wurde dieses Kochbuch gerade für Sie geschrieben, damit Sie herausfinden können, worum es bei alldem überhaupt geht, und Sie diesen Lebensstil auf die einfachst mögliche Weise ausprobieren können – indem Sie sich leckere Mahlzeiten zubereiten.

Falls Sie »Böses Gemüse« also nicht gelesen haben, können Sie mit diesem Kochbuch trotzdem direkt in die Materie einsteigen und dem Club der Genießer lektinfreien (oder zumindest lektinreduzierten) Essens beitreten. In den nächsten Kapiteln erhalten Sie einen kurzen Überblick über das LFE-Programm, sodass alle – alte Hasen genauso wie Neulinge – auf dem gleichen Stand und bereit sind, in der Küche loszulegen!

In diesem Kochbuch erhalten Sie Rezepte von Köchen, die mit dem »James Beard Award« ausgezeichnet wurden; Rezepte, die im Rahmen eines Wettbewerbs auf meiner Website GundryMD.com eingereicht wurden; sowie eine Reihe weiterer fantastischer Ideen meiner Patienten und Follower. Die Rezepte wurden alle mit dem Blick auf Sie, Ihre Gesundheit, Ihr stressiges Leben und Ihre Geschmacksknospen entwickelt. Ich kann es gar nicht erwarten, dass Sie sie endlich ausprobieren. Willkommen im Kochbuch »Gemüse ohne Gift«!

teil eins

Was ist das Pflanzen-Paradox?

kapitel eins

Lektine und Ihre Gesundheit

Als Klinikarzt, Wissenschaftler und ehemaliger Hochschullehrer breche ich komplizierte wissenschaftliche Themen gerne herunter und vereinfache sie, um sie »leichter verdaulich« zu machen.

Eines der Grundprinzipien der gesunden Ernährung lautet: Pflanzen sind die Eckpfeiler einer gesunden Ernährung. Denken Sie an Michael Pollans elegante Zusammenfassung: »Essen Sie Lebensmittel. Nicht zu viel und vorwiegend Pflanzen.«[1]

Ich schätze klare Regeln; dennoch gibt es noch eine andere grundlegende Wahrheit, die wir nicht außer Acht lassen dürfen: Nicht alle Pflanzen sind gut für uns.

Tatsächlich können bestimmte Pflanzen unserer Gesundheit schaden, vor allem wenn sie bestimmte Proteine, sogenannte Lektine, enthalten, deren eigentliche Aufgabe es ist, Pflanzen vor ihren Fressfeinden zu schützen. Und das ist das Paradox: *Pflanzen sind sowohl Freund als auch Feind*, Gesundheitsquelle und – unter bestimmten Umständen – Auslöser von Krankheiten. Manche Pflanzen sind gefährlicher als andere, darunter auch viele Pflanzen, die lange Zeit mit zu den gesündesten Nahrungsmitteln gezählt wurden. Dies sind zum Beispiel viele Obstsorten; Fruchtgemüse mit Samen, das botanisch zu den Obstsorten gehört (etwa Gurken, Tomaten, Speisekürbisse, Zucchini und Auberginen); Weizen, Mais sowie Bohnen und andere Hülsenfrüchte.

Ich weiß, was Sie jetzt denken: Wie kann es denn sein, dass diese frischen, bunten Nahrungsmittel aus der Gemüseabteilung *un*gesund sind? Oder dass Bohnen, Vollkornbrot und brauner Reis, jahrzehntelang als Inbegriff gesunder Ernährung gefeiert, uns schaden können? Nun, um das zu verstehen, müssen wir eine kleine Zeitreise unternehmen. (Ich wette, diesen Satz haben Sie in einem Kochbuch nicht erwartet, oder?)

Stellen Sie sich die Welt vor, wie sie vor 450 Millionen Jahren aussah. Die einzigen auf der Erde lebenden Kreaturen waren Pflanzen. Ohne Fressfeinde waren sie die Könige im Land und nutzten ihre unglaublichen chemischen Fähigkeiten, um Sonnenlicht in Materie zu verwandeln und sich auszubreiten. 90 Millionen Jahre später tauchten jedoch die Insekten auf, und die Pflanzen mussten Verteidigungsmechanismen »austüfteln«, um sich und ihre Nachkommen (d. h. ihre Samen) vor diesen Fressfeinden zu schützen. Pflanzen wollen – genauso wenig wie wir – getötet und verspeist werden, und für ihre Sprösslinge gilt dasselbe. Wie alle Lebensformen sind Pflanzen darauf programmiert, zu wachsen und sich zu reproduzieren. Aufgegessen zu werden, widerspricht diesen biologischen Plänen natürlich gewaltig.

Seit der Entstehung der Insekten haben Pflanzen daher ausgeklügelte Methoden hervorgebracht und verfeinert, um andere Lebewesen davon abzuhalten, sie zu fressen. Und zu diesen Lebewesen gehören natürlich auch wir Menschen, die wir uns vor etwa zwei bis vier Millionen Jahren allmählich entwickelten.

Pflanzen haben uns also 340 Millionen Jahre Evolution voraus – 340 Millionen Jahre, in denen sie ihre Verteidigungsmechanismen ausbilden konnten.

Man mag Pflanzen für ziemlich hilflose Geschöpfe halten. Tatsächlich verfügen sie jedoch über ein eindrucksvolles Arsenal an Taktiken, um sich vor Fressfeinden zu schützen. Pflanzen können zwar nicht weglaufen, doch sie können sich tarnen, indem sie sich farblich ihrer Umwelt anpassen. Und während die meisten Pflanzen nicht fähig sind, aktiv anzugreifen, können sie sich doch verteidigen, indem sie Kreaturen, die sie verspeisen wollen, schädigen. Zum einen geschieht dies mit unmittelbaren Auswirkungen, das heißt, Angreifer werden vergiftet, gelähmt oder eingefangen, zum anderen können sie langfristige Schäden verursachen, indem sie ihre Fressfeinde für lange Zeit sehr, sehr krank machen.

Und die Waffen, mit deren Hilfe diese langfristige Strategie umgesetzt wird, sind die Lektine. (Gluten zum Beispiel ist so ein Lektin, und mit Sicherheit nicht das einzige ungesunde oder gar das schädlichste. Es ist einfach nur der Medienstar, quasi die Kim Kardashian der Lektine.) Wie schon erwähnt, sind Lektine Proteine – die meisten sind große, klebrige Proteine, die von Zuckermolekülen angezogen werden. Wenn Sie eine Pflanze mit hohem Lektingehalt essen, ist eine der negativen Folgen, dass diese Proteine marodierend durch Ihren Verdauungstrakt ziehen und dabei Ausschau nach Zuckermolekülen halten, an die sie sich anhängen können. Ihre Darmschleimhaut ist nur etwa eine Zellenbreite dick. Obwohl sie so zart ist, ist sie eleganterweise so designt, dass bestimmte Nahrungsanteile im Darm behalten (und letztendlich ausgeschieden) werden, während kleinere Partikel wie Vitamine, Mineral- und weitere Nährstoffe, die der Körper benötigt, die Schleimhaut durchdringen und in den Blutkreislauf gelangen können. Dies wird ermöglicht durch eine Reihe enger Verbindungen *(tight junctions)* zwischen den Zellen der Darminnenauskleidung, die quasi als Türsteher fungieren.

Diese engen Verbindungen funktionieren in etwa so wie eine Menschenkette – wenn mehrere Personen ihre Arme ineinander verschränken und eine Menschenkette bilden, kommt so gut wie keiner mehr durch. Lektine jedoch binden an die Darmzellen an und brechen diese engen Verschränkungen auf. Sie sind gewissermaßen die Spielplatz-Rowdies, die sich durch die Verbindungen zwischen den Zellen hindurchboxen, so in den Blutkreislauf gelangen und Löcher in der Darmwand zurücklassen. Dadurch können dann auch andere Moleküle, inklusive Bakterien, die »Schranke« überwinden und das sogenannte Leaky-Gut-Syndrom verursachen.

Im Blutkreislauf angekommen, lösen die Fremdstoffe eine Immunreaktion aus, da der Körper sie nicht kennt und als Eindringlinge wahrnimmt. Die Folge sind Entzündungsreaktionen. Dies erklärt, wieso viele meiner Patienten bei Blutuntersuchungen hohe Werte an inflammatorischen (entzündlichen) Zytokinen aufweisen – Proteine, die das Immunsystem auf eine Gefahr aufmerksam machen.

Das Lektin-Paradox: Warum Lektine gut *und* schlecht sind

Es ist immer so praktisch, wenn man Dinge in klar umrissene Kategorien einordnen kann: Die schlechten Jungs sind böse, die guten Jungs die Helden. Lektine beherrschen jedoch leider beide Rollen. Manche Lektine sind von Natur aus gesundheitsfördernd – Knoblauch zum Beispiel besitzt heilende Eigenschaften. (Hat er wirklich!) Seine virenhemmenden Kräfte verdankt er den enthaltenen Lektinen. Auch andere Lektine, die streng genommen giftig sind, haben – in kleinen Mengen konsumiert – einen positiven Einfluss auf den Körper: Sie bringen dem Immunsystem bei, welche Stoffe sicher sind und welche nicht.

Um das Paradox wirklich zu verstehen, dass Pflanzen und die darin enthaltenen Lektine sowohl positiv als auch negativ auf uns wirken können, hilft es, sich mit der Hypothese der Hormesis (griech. »Anstoß«, eine Art Umkehreffekt) vertraut zu machen. Diese besagt, dass manche Inhaltstoffe, die in großen Mengen Schäden in unserem Körper hervorrufen, uns in kleiner Dosis jedoch zuträglich sein können. In diesem Fall hat nicht die Substanz selbst die schädliche Wirkung, sondern *die Menge*, der wir über einen gewissen Zeitraum ausgesetzt sind. Oder, um es mit Paracelsus' Worten auszudrücken: »Die Dosis macht das Gift.«

Die Hormesis verweist uns also auf eine gesundheitsfördernde Strategie: eine vielseitige Ernährung. Dadurch verlässt man sich nicht zu sehr auf einige wenige Lebensmittel. Sie erklärt auch, warum wir durch unsere – gegenüber unseren Vorfahren – stark veränderten Ernährungsgewohnheiten anfälliger für Lektine sind als diese. Wir beziehen heute nämlich den Großteil unserer Kalorien aus einigen wenigen Getreidearten: Weizen, Mais und Soja.

Ich hoffe, dass Ihnen die Rezepte in diesem Kochbuch und die Prinzipien, die ich in diesem Kapitel erkläre, helfen werden, Ihr Repertoire an Nahrungsmitteln, die Sie bisher nicht regelmäßig konsumiert haben, zu erweitern. Dazu gehören Ihnen bisher vermutlich unbekannte lektinfreie Getreidesorten wie Sorghum-Hirsen oder Millet-Hirsen, eine größere Auswahl an grünem Blattgemüse und Kreuzblütengewächse. Dank der Hormesis belohnt die Natur den experimentierfreudigen Gaumen!

Die menschliche Evolution hat noch nicht aufgeholt

Jetzt fragen Sie sich vermutlich, wie es die Menschheit geschafft hat, bis heute zu überleben, wenn es Lektine doch schon seit Millionen von Jahren gibt. Wie kann es sein, dass Pflanzen erst jetzt ein Problem für uns darstellen? Nun, zum einen haben uns die Entdeckung des Feuers und die sich daraus ergebende Tätigkeit des Kochens vor etwa 100 000 Jahren einen Vorteil gegenüber den Tieren verschafft, da durch den Kochprozess viele Lektine neutralisiert werden. Gegart war nun auch Knollengemüse essbar, wie etwa die Yamswurzel oder Süßkartoffel. Im rohen Zustand sind sie schwer verdaulich, gekocht schmecken sie – wie Sie sicher wissen – köstlich. Die Stärke im Knollengemüse ernährt wiederum die Masse der nützlichen Bakterien in unserem Darm, das sogenannte Mikrobiom, wie auch die Bakterien, die auf unserer Haut und überall um uns herum leben, das Holobiom (es gleicht einer Wolke, die uns umgibt und überallhin folgt).

Die »Mitglieder« Ihres Mikrobioms haben großen Einfluss auf Ihren Körper. Ihre beiden wichtigsten Aufgaben sind es, die Nahrung, die Sie zu sich nehmen, aufzuspalten und die Nährstoffe herauszuziehen sowie mit Ihrem Immunsystem zu kommunizieren. Sie machen das Immunsystem auf Eindringlinge aufmerksam und bekämpfen schädliche Substanzen beziehungsweise machen sie unschädlich. Da sie so hilfreich für uns sind, nenne ich unsere Freunde ganz liebevoll »Mikros«.

Während sich unsere Spezies immer weiterentwickelt hat, haben sich auch unsere Mikros daran angepasst, um die Lektine, die wir über Pflanzen und Blätter aufnehmen, in Schach zu halten. Folglich konnten wir prächtig gedeihen. Als wir uns hauptsächlich von gesammelten Pflanzen, Knollengemüse und gelegentlich einem Wollmammut-Steak ernährten, waren wir das Sinnbild für Gesundheit – Männer waren im Durchschnitt beinahe 1,80 Meter, Frauen 1,58 Meter groß.[2]

Vor etwa 10 000 Jahren endete dann die letzte Eiszeit, und viele der Tiere und Pflanzen, von denen sich die Menschheit bis dahin überwiegend ernährt hatte, starben aus. Also mussten neue Nahrungsquellen erschlossen werden. Daraufhin entstand der Ackerbau. Menschen begannen mit dem Anbau von Getreide und Bohnen – zwei pflanzliche Nahrungsmittel, die revolutionär waren, denn sie ließen sich nach der Ernte auf Vorrat einlagern. Während dies einerseits raffiniert und eine Meisterleistung war, hielt damit andererseits auch eine ganze Reihe neuer Lektine Einzug in den Speiseplan – Lektine, auf deren Verdauung weder der menschliche Organismus insgesamt noch seine Darmbakterien vorbereitet waren.

10 000 Jahre mögen als ausreichend lange Zeit erscheinen, um eine Population von Mikroorganismen zu erschaffen, die mit den Lektinen fertigwerden. Sie waren es jedoch leider nicht. Mutter Natur hat eine komplett andere Zeitvorstellung als wir. Auch wenn wir neue Technologien (wie Feuer, Ackerbau oder Wifi) in immer kürzeren Zeitabschnitten entwickeln können, braucht die Natur doch Jahrtausende, um sich ihnen anzupassen. Aus Sicht der Evolution sind 10 000 Jahre ein Wimpernschlag; es ist, als würden wir die Lektine gerade erst speeddaten. Als der Mensch begann, seine Lebensmittel selbst anzubauen, war sein Körper noch nicht darauf vorbereitet, Lektine zu verwerten – und er ist es noch immer nicht. Wundert es also, dass nach 2000 Jahren neuer Ernährungsweise die durchschnittliche Größe für Männer nurmehr 1,67 Meter und für Frauen 1,52 Meter betrug?[3]

Machen wir einen Zeitsprung ins 15. Jahrhundert. Als die »Neue Welt« – sprich Amerika – entdeckt wurde, lernten unsere Vorfahren aus Afrika, Europa und Asien plötzlich bisher unbekannte, stark lektinhaltige Nahrungsmittel kennen: Tomaten, Speisekürbisse, Mais, Chiasamen, Quinoa und andere Getreidesorten. Die amerikanischen Ureinwohner, die diese Lebensmittel schon 15 000 bis 20 000 Jahre lang gewohnt waren, hatten dadurch ausreichend Zeit gehabt, spezielle Darmbakterien zu entwickeln, dank derer sie die Lektine verdauen konnten. Aber die Menschen, denen diese westlichen Anbauprodukte neu waren, konnten das nicht.

Schon bevor die Menschheit an den Küsten Amerikas anlandete, hatten unsere Vorfahren Methoden zur Zubereitung und Konservierung von Nahrungsmitteln erlernt. Durch manche dieser Verfahren wurden Lebensmittel leichter verdaulich (ob zufällig oder nicht, das sei dahingestellt). Die Fermentation ist eine dieser Methoden. Schon vor langer Zeit fermentierten frühere Kulturen Gemüse und Milchprodukte, um sie haltbar zu machen: Kefir im Nahen Osten oder Sauerkraut in Osteuropa, Joghurt in Indien, Kimchi in Korea oder Miso in Japan, um nur einige Beispiele zu nennen.

Bei vielen Zubereitungsarten wurden auch die Schalen, Hüllen oder Samen der Pflanzen entfernt, also die Teile mit dem höchsten Lektingehalt. In Asien etwa ist geschälter weißer Reis ein Hauptnahrungsmittel. In Europa, wo Brot und Nudeln einen Grundpfeiler der Ernährung bilden, wird die Kleie (reich an Lektinen) vom Weizen abgezogen. Weizen wurde traditionell nur frisch gegessen – einen Tag alte Backwaren galten als nicht mehr essbar, da die natürlichen Fette des gemahlenen Korns schnell verderben.

Als unsere Vorfahren neue Lebensmittel entdeckten, bewahrten diese traditionellen Zubereitungsweisen sie davor, schädliche Mengen an Lektinen zu konsumieren. Mehr als 500 Jahre lang nutzte der Mensch diese Techniken, um sein Essen leichter verdaulich zu machen. In den letzten rund 100 Jahren haben uns Entwicklungen auf den Gebieten des Anbaus, des Nahrungsangebots und der Technologie jedoch anfälliger für die schädigende Wirkung von Lektinen werden lassen. Zu diesen Entwicklungen gehören:

- Früchte und andere Produkte, die ursprünglich nur saisonal verfügbar waren, sind mittlerweile das ganze Jahr über erhältlich. Daher nehmen wir heute mehr von diesen Nahrungsmitteln zu uns als früher, wo die Menschen sie nur in einem bestimmten Zeitraum im Jahr aßen, um sich ausreichende Polster für den nahenden Winter zuzulegen.
- Wir haben heute keinen Bezug mehr zu den traditionellen Zubereitungsarten, die den Lektingehalt in Lebensmitteln senkten. Stattdessen setzen wir zu sehr auf industriell verarbeitete Nahrungsmittel, die zum Großteil aus Getreide und verarbeiteten lektinreichen Ölen bestehen.
- Wir konsumieren mittlerweile deutlich mehr Weizen, Mais und Soja – in Form von Brot, Tierfutter (da wir im Grunde über das Fleisch das aufnehmen, was die Tiere zu fressen bekommen haben), Pflanzenöl und industriell verarbeiteten Lebensmitteln.

- Wir sind seit Jahrzehnten der Beeinflussung durch aufwendiges, Millionen Euro teures Marketing ausgesetzt, das uns davon überzeugen soll, Vollkornprodukte und Pflanzenöle – genau genommen wahre »Lektinbomben« – seien gesund. Als Folge sind sich leider viele Menschen im Unklaren darüber, welche Lebensmittel nun wirklich gesundheitsförderlich sind.

Stand der Dinge ist also, dass unsere Körper bisher noch keine geeigneten Darmbakterien entwickelt haben, um die Lektine unschädlich zu machen, dass wir Lebensmittel mit hohem Lektingehalt nicht mehr so zubereiten wie unsere Vorfahren *und* wir obendrein mehr von diesen Lebensmitteln konsumieren als jemals zuvor. Aber schauen Sie mal: Da kommt noch mehr.

Sieben tödliche Schadstoffe

Neuere Entwicklungen in den Bereichen der Medikamente, die wir einnehmen, und der Umwelt, in der wir leben, schaden unserer Gesundheit ebenfalls. Dieser technologische »Fortschritt« wirft uns in vielerlei Hinsicht zurück und richtet mit Blick auf die Zahl und Vielfalt unserer Darmmikroben verheerenden Schaden an.

Ich nenne diese modernen Entwicklungen die »sieben tödlichen Disruptoren«. In »Böses Gemüse« gehe ich sehr ausführlich und detailliert auf diese ein; im Rahmen dieses Kochbuchs versuche ich, mich kurz zu halten.

1. **BREITBAND-ANTIBIOTIKA.** Antibiotika können Leben retten – sie können Ihre Gesundheit jedoch langfristig auch gefährden, indem sie die »freundlichen« Bakterienstämme, die zu Ihrem Vorteil arbeiten, plattmachen. Grundsätzlich nehmen wir zu oft Antibiotika ein; bei einer Erkältung oder Grippe machen diese Medikamente jedoch gar keinen Sinn! Dazu nehmen wir unwissentlich jedes Mal Antibiotika zu uns, wenn wir konventionell produziertes Fleisch verzehren. Denn den meisten Nutztieren werden Antibiotika verabreicht, damit sie am Leben bleiben und zur raschen Schlachtreife gemästet werden können. Halten Sie sich das mal vor Augen: Antibiotika werden genutzt, um Tiere für die Schlachtung zu mästen. Denselben Effekt erzielen Antibiotika auch in Ihrem Körper!

2. **NICHTSTEROIDALE ANTIRHEUMATIKA (NSAR).** Ibuprofen, Naproxen (Aleve®), Celebrex® und andere weitverbreitete Schmerzmittel gehören zur Gruppe der NSAR. Diese schädigen die Schleimhautauskleidung des Dünndarms und Dickdarms, die obendrein von den Lektinen angegriffen wird. Beide werden jedoch dringend dazu benötigt, Ihr Immunsystem gesund und am Laufen zu halten. Nehmen Sie regelmäßig NSAR ein, verursachen die dadurch im Inneren des Dünndarms entstehenden Schäden in einer unbarmherzigen Negativspirale weitere Entzündungen, wodurch Sie mehr Schmerzen verspüren und wieder zu NSAR greifen.

3. **MAGENSÄUREBLOCKER.** Frisst ein Tier eine Pflanze mit hohem Lektingehalt, zum Beispiel eine unreife Frucht, bekommt es Magenschmerzen und lernt dadurch schnell, diese bestimmte Pflanze in Zukunft zu meiden. Hat ein Mensch etwas gegessen, das ihm Verdauungsbeschwerden verursacht, greift er zu einem Magensäureblocker. Diese Arzneimittel, meistens sogenannte Protonenpumpeninhibitoren (PPI), hemmen die Produktion von Magensäure. Klingt zunächst einmal gut. Aber: Eigentlich dient die Magensäure dem Körper ja dazu, schädliche Bakterien zu neutralisieren. Und das ist wichtig, denn je mehr schlechte Bakterien Sie in sich haben, desto weniger Raum und Ressourcen bleiben für Ihre »guten« (d.h. nützlichen) Bakterien. Die Ihnen wohlgesinnten Bakterien sind jedoch immens wichtig für die Abwehrkräfte Ihres Immunsystems. Magensäureblocker hemmen auch die Proteinverdauung – und Sie werden sich erinnern: Lektine sind Planzenproteine. Je mehr PPI jemand einnimmt, desto größeren Schaden können folglich die Lektine in ihr oder ihm anrichten.

4. **KÜNSTLICHE SÜSSUNGSMITTEL.** Ich war jahrelang begeisterter Diet-Coke-Trinker – zeitweise leerte ich bis zu acht Dosen am Tag! Nicht rein zufällig schleppte ich auch dreißig Kilo Übergewicht mit mir herum. Der Grund ist ein ganz einfacher: Man spart keine Kalorien ein und nimmt folglich auch nicht ab, wenn man diese »falsche Süße« konsumiert. Im Gegenteil, die künstlichen Süßstoffe dezimieren die Population der nützlichen Bakterien[4] und verleiten das Gehirn dazu, nach noch mehr Süßem zu verlangen und eine Fettanreicherung für den Winter zu veranlassen (dasselbe passiert übrigens, wenn man im Sommer Obst isst).

5. **ENDOKRINE DISRUPTOREN.** Bei diesen Umwelthormonen (auch »Xenohormone« genannt) handelt es sich um »hormonaktive« chemische Substanzen, also um Stoffe, die störend in die normale Funktion des Hormonsystems eingreifen. Sie sind oft in Plastik, Kosmetikartikeln, Haushaltsreinigern, Lebensmittelverpackungen, Frischhaltefolie, Lebensmittelbehältnissen und einer Vielzahl von weiteren Konsumgütern enthalten. Endokrine Disruptoren wurden aber auch in Lebensmitteln, die in Plastik eingepackt waren, nachgewiesen. Erinnern Sie sich an meine Aussage, dass Fette in Vollkorn schnell ranzig werden, wenn das Korn gemahlen wurde? Wissenschaftler der Lebensmittelindustrie sind sich dessen bewusst und fügen deshalb den Lebensmitteln, beispielsweise abgepackten Backwaren, chemische Stabilisatoren wie Butylhydroxytoluol (BHT) hinzu. BHT ist ein endokriner Disruptor.

   Egal, ob synthetisch hergestellt oder natürlichen Ursprungs, Umwelthormone spielen eine Rolle hinsichtlich der Ausbildung einer Adipositas, vieler Krebsarten, von Schilddrüsen- und Fertilitätsproblemen. Sie belasten zudem die Leber – die »Abfallbeseitigungsanlage« des Körpers – und erschweren es ihr, überschüssige Hormone aus dem Blut zu filtern und Vitamin D in seine aktive Form umzuwandeln. Niedrige Vitamin-D-Werte werden wiederum mit zahlreichen Krankheiten in Verbindung gebracht, inklusive Autoimmunerkrankungen, Demenz, Alzheimer, Herzerkrankungen, Osteoporose, Brustkrebs und Prostatakrebs. Darüber hinaus hilft Vitamin D, die Darmwand im Kampf gegen die Lektine intakt zu halten. Sprich: weniger Vitamin D, mehr Lektine, mehr »Leaky-Gut-Syndrom«.

6. **GENTECHNISCH VERÄNDERTE LEBENSMITTEL UND DAS UNKRAUTBEKÄMPFUNGSMITTEL ROUNDUP.** Die meisten gentechnisch veränderten Lebensmittelpflanzen wurden so gezüchtet, dass sie resistent sind gegenüber Glyphosat, dem Grundbestandteil von Roundup. Dabei handelt es sich um ein sogenanntes Breitbandherbizid, das heißt, dieses Unkrautvernichtungsmittel wirkt nicht pflanzenspezifisch. Es wurde ursprünglich vom Konzern Monsanto produziert, der 2018 von der deutschen Bayer AG übernommen wurde. Da gentechnisch veränderte Pflanzen den Einsatz von Glyphosat überstehen, können landwirtschaftlich genutzte Felder damit quasi geflutet werden, und die Hauptfrucht – im Allgemeinen Weizen, Mais oder Soja – geht dabei nicht ein. Zwar ist in Deutschland der Einsatz von Glyphosat/Roundup immer noch erlaubt, aber GVO(gentechnisch veränderte Organismen)-Pflanzen werden hier nicht kommerziell angebaut. Tiere dürfen jedoch mit Futtermitteln aus/mit gentechnisch veränderten Pflanzen gefüttert werden. Da in anderen Ländern die Regelung weniger strikt ist, sind Importprodukte (Mais, Soja etc.) das Problem. Nach europäischem Recht auch nicht kennzeichnungspflichtig ist beispielsweise Fleisch von Tieren, die mit GVO-Futtermitteln gefüttert wurden. Mehr dazu finden Sie unter: https://www.bundesregierung.de/breg-de/aktuelles/lebensmittel-in-deutschland-grundsaetzlich-gentechnikfrei-348862 und https://www.bmel.de/DE/Landwirtschaft/Pflanzenbau/Gentechnik/_Texte/GentechnikLebensmittelnFragenUndAntworten.html

Was Sie vermutlich noch nicht wussten: Roundup wird nun sogar auf nicht gentechnisch veränderten Varianten derselben Pflanzen als Trocknungsmittel eingesetzt, da sich eine getrocknete (also tote) Pflanze leichter ernten lässt. Diese Praxis ist vor allem bei Hafer, Getreide, Hülsenfrüchten und Bohnen üblich, das bedeutet, hier ist es besonders wichtig, zu den Bio-Varianten zu greifen. Denn die Hersteller von Bioprodukten sind gehalten, alles technisch Mögliche zu tun, um Verunreinigungen mit GVO (zum Beispiel beim Transport) auszuschließen. Doch auch für Bioprodukte gilt dieselbe Regelung wie für alle Lebensmittel in der EU: Verunreinigungen durch zugelassene GVO bis zu einem Anteil von 0,9 Prozent (also 9 Gramm pro Kilo) sind von der Kennzeichnungspflicht ausgenommen, wenn der Hersteller nachweisen kann, dass es sich um zufällige oder technisch unvermeidbare GVO-Einträge handelt. Doch wenn Sie sich nach den Regeln des LFE-Programms ernähren, werden Sie sowieso vieles davon meiden. Wollen Sie trotzdem weiterhin Bohnen essen, denken Sie daran, diese möglichst immer im Schnellkochtopf zu garen, da diese Zubereitungsart die darin enthaltenen Lektine zerstört. (In Kapitel 2 werde ich noch genauer darauf eingehen.) Die Chemikalien werden weitergereicht an alles und jeden, der diese Nutzpflanze isst, ob es nun Sie sind, Ihre Kinder oder die Tiere, die schließlich auf Ihrem Teller landen. Das bedeutet, Sie bekommen eine Dosis Roundup verabreicht, selbst dann, wenn Sie zwar ganz pingelig GVO-Lebensmittel (Lebensmittel aus genetisch veränderten Organismen) meiden, aber Getreide oder Fleisch verzehren, das nicht unter Bio-Bedingungen hergestellt wurde beziehungsweise von Tieren stammt, die nicht mit Bio-Getreide gefüttert wurden. Glyphosat wurde von der World Health Organization (WHO)[5] als »wahrscheinlich krebserregend« eingestuft. (Verschiedene Behörden, auch innerhalb der Organisation, beurteilen diese Einstufung anders,[6] und eine im November 2017 veröffentlichte Studie konnte keinen Anstieg von Krebserkrankungen bei landwirtschaftlichen Mitarbeitern, die mit Glyphosat in Kontakt kamen,[7] feststellen.) Aber nicht nur das, darüber hinaus förderte Roundup eine Fettleber-Erkrankung bei Ratten, die niedrigen Dosen der Substanz ausgesetzt wurden.[8] Und schließlich dezimiert Roundup die Anzahl Ihrer nützlichen Darmbakterien.

7. **BLAUES LICHT.** Unser Körper ist perfekt darauf programmiert, Fett einzulagern oder zu verbrennen, je nachdem, welcher Art von Licht und wie lange er diesem täglich ausgesetzt ist. Wenn (im Sommer) die Tage länger und die Nächte kürzer sind, wird in Vorbereitung auf den kommenden Winter Fett angesetzt, da die Nahrung in dieser Jahreszeit früher üblicherweise knapp war. Wenn die Tage kurz und die Nächte länger sind, bekommt der Körper das Signal, seine eigenen Fettreserven zu verbrennen, da ihm im Winter traditionell über die Nahrung weniger Kalorien zugeführt wurden. Heutzutage starren wir den ganzen Tag auf elektronische Geräte, die blaues Licht abstrahlen – das auch im Tageslichtspektrum enthalten ist. Für unsere innere Uhr ist dann durchgehend Sommer. Als Resultat erhält unser Körper ständig die Anweisung, er solle Fett einlagern und mehr Kalorien aufnehmen.

Lektine und Autoimmunität

Unser Verdauungstrakt ist ein geschlossenes System, wie ein Schlauch, der am Mund beginnt, durch den Rachen führt, sich durch den Bauch windet und mit dem Anus endet. Alle Nahrungspartikel, die in diesen Schlauch gelangen, werden streng genommen nicht Teil des Körpers, sondern bleiben im Schlauch. Er gleicht einem Tunnel, der unter einem Fluss hindurchführt; Sie fahren durch den Tunnel, sind zwar von Wasser umgeben, werden aber nicht nass, weil Sie nicht wirklich *im* Fluss sind.

Alle Lebensmittel, die Sie zu sich nehmen, wandern durch Ihre Speiseröhre im Rachen in den Magen und von dort aus schließlich weiter in die Gedärme, wo sie in winzige Nährstoffmoleküle umgewandelt werden, die der Körper entweder verwertet oder als Abfall ausscheidet. Würde man die Gedärme eines Menschen aufschneiden und ausbreiten, entspräche ihre Fläche der eines Tenniscourts. Die Darmwand hingegen – sie bildet die »Schranke« zwischen Nahrung und Blutkreislauf – ist nur eine Zellenbreite dick. Normalerweise ist die Darmwand durch diese Zellschicht perfekt abgedichtet. Sie lässt lediglich einzelne Moleküle verdauter Nahrung – verschiedene Aminosäuren, Fettsäuren und Zucker – vom Inneren des Darms in den Blutkreislauf gelangen, mehr nicht. Um die Darmwand zu stärken, baut der Körper auf ihrer Innenseite eine Schleimschicht als Barriere auf. Dieser Schleim enthält Polysaccharide, eine Form von Zucker.

Nehmen Sie Lektine zu sich, suchen diese nach Zuckermolekülen in Ihrer Darmschleimhaut, denen die sie sich anheften können. Dort veranlassen sie dann die Produktion von Zonulin, einem Protein, das als eine Art »Schlüssel« dient, um die dichten Verbindungen *(tight junctions)* zwischen den Zellen der Darmwand zu öffnen. Produzieren Ihre Zellen Zonulin, lockern Sie die Bänder zwischen den einzelnen Zellen, und alle Lektine, die bisher nicht an die Schleimhaut angebunden haben, strömen aus dem »Darmtunnel« heraus und in den Blutkreislauf. Sie bringen Teile von Bakterien, sogenannte Lipopolysaccharide (LPS) mit sich, das sind Verbindungen aus fettähnlichen und Zucker-Einheiten. Ich fluche eigentlich nie, aber ich kann nicht anders, als sie »verdammte kleine Dreckskerle« zu nennen, weil sie im Grunde genommen genau das sind. Im wahrsten Sinn des Wortes, denn dieses Phänomen der Öffnung der *tight junctions* ist bekannt als Leaky-Gut-Syndrom (»durchlässige Darmschleimhaut«). Hier agieren Lektine nun wirklich zerstörerisch.

Auf der anderen Seite der Darmwand befindet sich unser Immunsystem. Stellen Sie es sich als Grenzpatrouille vor. Wenn das Immunsystem mit irgendeiner unbekannten Substanz in Kontakt kommt, löst es Alarm aus: *Die Wand wurde durchbrochen! Wir werden angegriffen! Auf Krieg vorbereiten! Vorräte anlegen, die bewaffneten Streitkräfte zusammenziehen!* Vorräte sind in diesem Fall Fettzellen, die Armee besteht aus weißen Blutkörperchen, und als Waffe nutzt die Armee die Entzündung. Daher hortet der Körper Fett, wenn »Krieg« geführt wird. Und wenn der Krieg in Ihrem Darm stattfindet, ist das Ergebnis Bauchfett – dies hat Dr. William Davis unter dem Namen »Weizenwampe« bekannt gemacht. Noch schlimmer kommt es jedoch, wenn sich das Immunsystem anhaltend im Kriegszustand befindet. Was ursprünglich als gesunde Reaktion angelegt war, entwickelt sich dann zu einer akuten Autoimmunerkrankung. Das Immunsystem attackiert gesunde Zellen des Körpers, die weder gefährlich noch Eindringlinge sind. Häufige Autoimmunerkrankungen sind rheumatische Arthritis, Morbus Crohn, Lupus, Hashimoto-Schilddrüsenentzündung, Multiple Sklerose, Morbus Basedow, Zöliakie, Vitiligo, Schuppenflechte, Reizdarmsyndrom und Diabetes Typ 1. In meiner Praxis hatte ich Patienten, die ihre Probleme mit Autoimmunreaktionen einfach dadurch beseitigen konnten, dass sie Lektine von ihrem Speiseplan strichen. Dies kann gelingen, wenn man lektinhaltige Lebensmittel meidet oder die Lektine neutralisiert, und dadurch die eigentliche Ursache für die Autoimmunität beseitigt ist und der Darm und das Mikrobiom in der Folge die Möglichkeit zur Heilung erhalten.

In einem in 2017 im *Journal of Diabetes Research*[9] veröffentlichten faszinierenden Aufsatz haben Forscher der Harvard Medical School und der Loma Linda University School of Medicine die Autoimmunantwort von Pankreas-Inselzellen auf verschiedene Lebensmittel getestet, die alle im Rahmen der Diabetespatienten empfohlenen Glyx-Diät erlaubt sind. In den meisten der Lebensmittel, die eine Autoimmunantwort provozierten, stecken viel Lektine. Unter anderem gehören Kuhmilch, glutenfreie Getreide wie Buchweizen oder Hafer, Linsen, Erbsen und Kichererbsen dazu. Interessanterweise lösten auch Meeresalgen, Pekannüsse und Ziegenmilch merkliche Reaktionen aus. Weizen hingegen – das Gluten enthält – war nicht so auffällig wie viele glutenfreie Getreidesorten. Obwohl die Studie keine Kausalität zwischen dem Konsum dieser Lebensmittel und Diabetes Typ 1 (die Form der Erkrankung mit einer Autoimmunkomponente) nachwies, zeigt sie doch, dass viele lektinreiche Nahrungsmittel mit einer Autoimmunreaktion in den Pankreaszellen in Verbindung gebracht werden können. Diese Zellen werden geschädigt und tragen dann zur Ausbildung eines Diabetes Typ 1 bei. Die Ernährungsempfehlungen für Diabetiker sollten daher wohl besser überarbeitet werden. Aber warum warten, bis man selbst oder die eigenen Kinder eine Diabetes-Typ-1-Diagnose erhalten? Warum die bekannten Auslöser für Autoimmunerkrankungen nicht jetzt schon aus der Ernährung verbannen?

Wie Lektine eine Gewichtszunahme verursachen

Durch den Konsum von lektinreichen Lebensmitteln wird dem Körper also signalisiert, er solle Fett »zulegen«, da die enthaltenen Lektine mit dem Darm Krieg führen und die Truppen Energie (in Form von eingelagertem Fett) benötigen, um kämpfen zu können. Und wie Sie bereits aus meinen Erläuterungen über das Mikrobiom wissen, reduzieren Lektine die Zahl der nützlichen Darmkeime, die auf vielfältige Weise unser Wohlbefinden fördern – unter anderem, indem Sie uns helfen, unser Gewicht zu halten.

Aber es gibt noch einen dritten Grund, wieso der Verzehr lektinhaltiger Nahrungsmittel zu Übergewicht führt: In vielen Getreidesorten ist (neben dem Gluten) das sogenannte Weizenkeimagglutinin (*wheat germ agglutinin,* WGA) enthalten, eines der aggressivsten Lektine überhaupt, das mit Zöliakie und Herzerkrankungen in Zusammenhang gebracht wird. Heimtückisch ist es (genauso wie andere Lektine) insofern, weil es die Fähigkeit besitzt, das Vorhandensein von Insulin im Körper vorzutäuschen.

Insulin ist ein Hormon, das von der Bauchspeicheldrüse produziert wird. Je nachdem, wie viel Zucker oder Proteine man zu sich genommen hat, setzt sie als Antwort eine entsprechende Menge Insulin frei. Dieses hilft daraufhin, den Blutzuckerspiegel zu regulieren, indem es an Fettzellen, Nervenzellen (Neuronen) oder Muskelzellen andockt und ihnen befiehlt, die Glukose aufzunehmen. Sobald sich die Glukose in den Zellen befindet, löst sich das Insulin wieder ab, und die Zellen sind in der Lage, Signale von anderen Hormonen oder chemischen Botensubstanzen zu empfangen.

Das WGA bindet jedoch an dieselben Rezeptoren der Zelloberfläche, denen sich auch das Insulin anheftet. Und das WGA bleibt dort. Wenn der Darm dann das nächste Mal Glukose in den Blutkreislauf entlässt, hat das Insulin keine Anlaufstellen mehr, wo es andocken könnte. Bildlich gesprochen: Das Insulin sind quasi Sie in Ihrem Auto und die Zelloberfläche ist der Parkplatz vor dem Supermarkt. Sind alle Parkplätze von anderen Autos belegt und es fährt niemand weg, können Sie nicht parken und nicht in den Laden gehen, um die Lebensmittel zu besorgen, die Sie brauchen.

Wenn WGA an den Fettzellen andockt, kann es dort auf unbestimmte Zeit verweilen. Dabei teilt es den Zellen fortwährend mit, sie sollten aus dem Zucker, der vorbeikommt, mehr Fett herstellen. Wenn es an der Wand einer Muskelzelle anbindet, verhindert es, dass die Zuckerzellen hineingelangen. Ergebnis: Die Muskelzellen können nicht auf den Treibstoff zugreifen, den sie benötigen, um sich selbst zu erhalten und zu wachsen; das Resultat ist Muskelschwund. Und wenn Lektine sich auf den Insulinrezeptoren Ihrer Nervenzellen niederlassen, dann bekommen die Neuronen nicht mehr die erforderliche Energie. Also suggerieren sie Ihnen dann ständig, Sie seien hungrig, in der Erwartung, mehr Energie zugeführt zu bekommen. Ihr Nervensystem sendet also ohne Unterlass Hungersignale, auch wenn Sie bereits reichlich Kalorien zu sich genommen haben. Wenn das WGA Insulin imitiert, hat das in der Summe zur Folge, dass Ihre Fettzellen wachsen, Ihr Kalorienkonsum steigt, Ihre Gehirnzellen nicht den Treibstoff erhalten, den sie benötigen (was zu *brain fog* »Gehirnnebel« führt), und dass die Muskelspannung abnimmt. Kommt Ihnen das irgendwie bekannt vor?

Der Weg zurück zu einer guten Gesundheit

Die gute Nachricht: Sobald Sie verstanden haben, was Lektine sind und in welchen Lebensmitteln sie drinstecken, können Sie in Sachen Ernährung neue Wege beschreiten. Dadurch wird sich Ihre Gesundheit Schritt für Schritt verbessern – ganz gleich, ob es sich um störende Symptome wie Völlegefühl und Brain Fog oder ernsthafte Leiden wie Herz- und Autoimmunerkrankungen handelt. Und das Allerbeste: Lektinarme und lektinfreie Lebensmittel, die gut für Ihr Immunsystem sind und die Population Ihrer freundlichen Darmbakterien stärken, schmecken auch noch köstlich! Ob Sie nun dem LFE-Plan (der in Kapitel 2 skizziert wird) folgen oder nicht, Sie finden in diesem Buch Rezepte für Gerichte, die Ihre Mikros *und* Ihre Geschmacksknospen glücklich machen werden.

kapitel zwei

»Was genau kann ich denn nun essen?«

Wer »Böses Gemüse« gelesen hat, reagiert normalerweise mit der Frage: »Was kann ich denn dann überhaupt noch essen?«

Ich versichere Ihnen, ich will Ihnen die Nahrungsmittel, die Sie lieben, nicht wegnehmen – deshalb habe ich dieses Kochbuch geschrieben.

In der Tat gibt es einige Lebensmittel, die Sie besser überhaupt nicht mehr essen sollten, und ja, diese wegzulassen, wird eine Umstellung für Sie sein. Aber ich lehne mich jetzt mal ganz weit aus dem Fenster und behaupte, dass Sie an einigen dieser Dinge sowieso keine große Freude hatten – zum Beispiel an Weizenvollkornbrot oder braunem Reis.

Die gute Nachricht: Viele Ihrer Lieblingslebensmittel mit hohem Lektingehalt können so gegart und zubereitet werden, dass sich ihr Lektingehalt verringert. Also: Sie müssen nicht bis an Ihr Lebensende auf Bohnen und Tomaten verzichten. Aber Sie können Ihrem Darm und Ihrem Immunsystem das Leben leichter machen, indem Sie die betreffenden Lebensmittel etwas anders zubereiten als bisher.

Eines möchte ich gleich klarstellen: Lektine lassen sich nicht zu 100 Prozent aus unserer Ernährung verbannen. Das sollten Sie auch gar nicht erst versuchen, denn nicht alle Lektine rufen Beschwerden hervor. Pflanzen produzieren diese chemischen Verbindungen seit Millionen von Jahren, und manche von ihnen wirken gesundheitsfördernd auf Menschen, vor allem die Lektine in Pflanzen, die wir seit Jahrtausenden essen. Bei manchen meiner »Versuchskaninchen« – Patienten in meiner Praxis, die sensibler auf Lektine reagieren als der Durchschnitt – reichen schon kleine Mengen gewisser Lektine, um heftige Reaktionen auszulösen. Andere Patienten konsumierten über Jahre hinweg große Mengen an lektinhaltigen Lebensmitteln, ohne eine Wirkung wahrzunehmen.

Unsere Körper passen sich neuen Konditionen – oder neuen Lebensmitteln – nicht über Nacht an. Das menschliche Mikrobiom und unser Immunsystem hatten ausreichend Zeit, um sich den Lektinen und anderen Verbindungen in den Pflanzen, die wir seit vielen Jahrtausenden essen, anzupassen (siehe die »Ja, bitte-Liste« auf den folgenden Seiten). Was unserem Organismus Probleme bereitet, sind die »neueren« Lebensmittel, die wir erst seit etwa zehntausend Jahren kennen. Dazu gehören Getreide und Bohnen sowie »Neue Welt«-Pflanzen wie Mais und Tomaten. Und obwohl es unmöglich ist, *alle* Lektine zu umgehen, können Sie Ihre Gesundheit dennoch grundlegend verbessern, indem Sie kontrollieren, welche Lektine und in welcher Menge Sie diese zu sich nehmen. Wie das Zitat aus dem Film »Der Hofnarr« aus dem Jahr 1956 schon sagt: »Der Wein mit der Pille [dem Gift] ist in dem Becher mit dem Fächer; der Pokal mit dem Portal hat den Wein gut und rein.« Ich möchte Ihnen lediglich klarmachen, worin sich das Gift versteckt.

Lassen Sie uns mit dem guten und reinen Wein beginnen.

Ja, bitte: Lebensmittel mit niedrigem Lektingehalt

GUTE FETTE

Im Allgemeinen sollten etwa 60 bis 80 Prozent unserer täglich aufgenommenen Kalorien aus gesunden Fetten bestehen. Das klingt wie eine schrecklich große Fettmenge, nicht wahr? Vor allem angesichts all der irreführenden Ernährungsrichtlinien, mit denen wir in der Vergangenheit über Jahre hinweg »bombardiert« wurden und die behaupten, Fett sei schlecht für uns. Tatsächlich tun einige Fette unserem Organismus nicht gut – aber Fett ist nicht gleich Fett. Während viele Öle für den Verzehr nicht zu empfehlen sind, wie etwa solche aus lektinreichen Pflanzensamen, sind hochwertige Fette dagegen essenziell für unsere Gesundheit.

Glauben Sie es oder nicht, aber Fett kann uns tatsächlich dabei helfen, Gewicht zu verlieren. Gesunde Fette enthalten keine Glukose – die der Körper in Form von Fett speichert, wenn man zu viel davon aufnimmt – und lösen im Gegensatz zu Kohlenhydraten auch keine Insulinproduktion aus, die dem Körper signalisiert, er solle überschüssige Glukose als Fett speichern. Manche Fettarten tragen vielmehr zum Schutz und der Ernährung der Zellen unserer Darmschleimhaut bei.[10] Darüber hinaus besteht unser Gehirn zu 60 Prozent aus Fettsäuren – wenn man gesunde Fette isst, nährt man also auch sein Gehirn. **Die besten Quellen für gesunde Fette: natives Olivenöl extra, Oliven, Avocados, Avocadoöl, Kokosmilch, MCT-Öl (auch bekannt als Medium-Chain Triglyceride-Öl oder flüssiges Kokosöl), Kokosöl, Perillaöl, Walnussöl, Macadamiaöl, Algenöl, Eigelb von Weidehühner-Eiern und, am wichtigsten, Fischöl oder algenbasierte DHA-Präparate** (Docosahexaensäure, sprich Omega-3-Fettsäure). Diese Fette sollten zusammen mit grünem Blattgemüse und Kreuzblütengewächsen die Basis Ihrer täglichen Ernährung bilden.

GRÜNES BLATTGEMÜSE

Grünes Blattgemüse ist so gut für die Gesundheit, dass man davon gar nicht genug futtern kann. Tatsächlich isst aber nahezu jeder zu wenig grünes Gemüse. Diese Pflanzen enthalten reichlich sogenannte Polyphenole, das sind chemische Pflanzenstoffe, die dem gesamten Körper einen enormen Gesundheitsnutzen bringen. Während Lektine ihre Wirtspflanze beschützen, indem sie Fressfeinden schaden, stärken Polyphenole die Pflanzen selbst. Mit dem Verzehr von Polyphenolen nehmen wir einige ihrer stärkenden Kräfte auf. Darüber hinaus sättigt Blattgemüse sehr gut, vor allem, wenn es mit gesunden Fetten kombiniert wird, indem man es beispielsweise großzügig mit Oliven- oder Avocadoöl übergießt. Isst man also mehr grünes Blattgemüse, reduziert dies das Verlangen nach weniger gesunden Nahrungsmitteln auf natürliche Weise. Stattdessen wächst sogar der Appetit auf noch mehr grünes Blattgemüse!

Zu den gesunden grünen Blattgemüsearten gehören – unter anderem – Salat (Romana, Butter-Salat, roter und grüner Blatt- bzw. Schnittsalat wie Eichblatt oder Lollo, Endivien), Löwenzahnblätter, Spinat, Petersilie, Brauner Senf (Sareptasenf, auch Ruten-Kohl), Fenchel und Algen/Meeresgemüse.

KREUZBLÜTLER UND LEKTINFREIES GEMÜSE

Gemüse ist ein hervorragender Lieferant von präbiotischen Ballaststoffen, Vitaminen und Polyphenolen, daher sollte es der Hauptbestandteil jeder Mahlzeit sein. Kreuzblütengewächse sind besonders nahrhaft und bringen uns eine ganze Reihe von gesundheitlichen Vorteilen: Sie aktivieren spezielle weiße Blutkörperchen in der Darmschleimhaut, die in der Lage sind, einem überaktiven Immunsystem mitzuteilen, es solle sich zurückhalten. Wenn Ihre Darmwand aufgrund einer lektinreichen Ernährung irritiert und Ihr Immunsystem entsprechend überaktiv ist, können Kreuzblütler Ihre Darmgesundheit wiederherstellen. Hier sind **Brokkoli, Weißkohl, Blumenkohl, Grünkohl, Rosenkohl, Blattkohl, Mangold, Pak Choi, Wasserkresse, Kohlrabi und Rucola eine gute Wahl.** Greifen Sie aber auch bei anderen lektinfreien Gemüsearten wie **Artischocken, Spargel, Knoblauch, Sellerie, Lauch, Rettich, Radieschen, Rote Beten, Champignons, Okra und Zwiebeln** herzhaft zu.

NÜSSE

Nüsse sind eine großartige Quelle für gesunde Fette, Polyphenole und Ballaststoffe. Sie können jeden Tag Nüsse essen – allerdings nur in begrenzter Menge, da Nüsse reich an Kalorien und Protein sind, was sich schnell addieren kann. Nüsse sind der perfekte Snack für unterwegs, und sie sättigen im Allgemeinen gut. Beachten Sie jedoch, dass nicht jede Nusssorte mit dem LFE-Programm vereinbar ist. *Meiden Sie die zu den Früchten gehörenden Erdnüsse und Cashewkerne.* **Empfehlenswert sind Macadamias, Walnüsse, Pistazien, Pekannüsse, Kokosnüsse, Haselnüsse und Kastanien.** Manche Nüsse sind auch als Mehl erhältlich – setzen Sie hier vor allem auf Kokos- und Mandelmehl. Aber Moment mal, Mandeln? Die Haut/Schale von Mandeln enthält Lektine, auf die viele Autoimmunpatienten (negativ) reagieren; blanchierte oder Marcona-Mandeln sind hingegen geschält und scheinen sicher zu sein. Deshalb steht Mandelmehl aus blanchierten Mandeln auf der »Ja, bitte«-Liste, Mandeln als solche jedoch nicht.

AVOCADOS

Die Avocado habe ich schon bei den »guten Fetten« weiter oben mitaufgeführt. Da die grün-braune »Butterbirne« in Sachen Nährstoffgehalt ein Superstar und zudem leicht erhältlich ist, soll sie hier aber noch einmal ausführlicher erwähnt werden. Avocados stecken voller gesunder Fette und löslicher Ballaststoffe, die Ihnen hervorragend helfen, Gewicht zu verlieren und Polyphenole aufzunehmen. (Übrigens: Viele pflanzenbasierte Vitamine sind fettlöslich, daher müssen Sie sie in Kombination mit Fett verzehren, um in den Genuss ihrer Vorteile zu kommen.) Avocados enthalten – genauso wie Olivenöl – einfach ungesättigte Fettsäuren, die der Herzgesundheit dienen. Tatsächlich hat sich gezeigt, dass sich durch den täglichen Verzehr einer Avocado die Werte des gesundheitsgefährdenden »bösen« LDL-Cholesterins um 13,5 mg/dl senken lassen.[11] Die Avocado ist zwar eine Frucht, kann jedoch trotzdem in reifem Zustand gegessen werden, da sie quasi zuckerfrei ist. Mit einer Avocado pro Tag tun Sie viel für Ihre Herzgesundheit und halten Ihr Körpergewicht in der Balance!

LEKTINFREIE GETREIDESORTEN

Ich weiß, es ist nicht leicht, auf Getreideprodukte zu verzichten – Getreide ist praktisch in allem enthalten, und man greift immer wieder mal schnell zu, wenn sich unterwegs der kleine Hunger meldet: Sandwiches, Wraps, Müsli und Müsliriegel – Getreideprodukte sind das am einfachsten erhältliche Convenience-Food, und oft werden sie uns als Gesundheitsnahrungsmittel angepriesen. Nichts könnte weiter von der Wahrheit entfernt sein!

Es gibt jedoch einige Getreidesorten, die keine Lektine enthalten – Sorghum- und Millet-Hirsen, um genau zu sein. Sorghum ist eine fantastische lektin- und glutenfreie Mehlalternative und zugleich randvoll mit Ballaststoffen. Zudem haben sich die chemischen Verbindungen darin als förderlich für die Mikros erwiesen und in Tests mit Tieren und in Laborversuchen Erkrankungen wie Adipositas, Diabetes und Entzündungen positiv beeinflusst.[12] Hirse steckt voller wichtiger Mineralstoffe wie Magnesium, Kalium, Phosphor und Zink. Die Polyphenole der Hirse bieten zudem mehr gesundheitliche Vorteile als die der meisten Getreidesorten.[13] (Tolle Hirserezepte finden Sie auf den Seiten 161, 186 und 208.)

RESISTENTE STÄRKE

Resistente Stärke zählt zu den Ballaststoffen, und damit sind Sie hinsichtlich Kaloriengehalt und Einfluss auf den Blutzuckerspiegel (weitestgehend) auf der sicheren Seite. Essen Sie typische Kohlenhydrate wie ein Stück Brot oder eine Schüssel Reis, verarbeitet Ihr Körper diese schnell zu Glukose, die dann entweder als Energie verbrannt oder als Fett gespeichert wird. Resistente Stärke hingegen wird nicht schnell aufgespalten oder in Glukose umgewandelt, vielmehr wandert viel davon unbeschadet durch den Dünndarm. Der Grund: Enzyme, die reguläre Stärke verdauen, können resistente Stärke nicht abbauen – daher auch die Bezeichnung »resistent« (widerstandsfähig). Und während *Sie* resistente Stärke nicht verdauen können – Ihre nützlichen Darmbakterien sind sehr wohl dazu imstande. Durch eine Ernährung mit viel resistenter Stärke vermehren sie sich sogar und verdrängen ebenfalls im Verdauungstrakt lebende schädliche Bakterien.[14] Zusätzlich verwandeln Ihre Mikros resistente Stärke in kurzkettige Fettsäuren – viele davon sind bevorzugter Treibstoff für Ihren Dickdarm und Ihre Neuronen, sogar für die Neuronen im so weit entfernten Gehirn.

Süßkartoffeln, Yamswurzeln, Palmlilien (Yucca), grüne Kochbananen, Maniok, Tapioka, grüne Bananen, Yambohnen und Taro enthalten alle resistente Stärke. Außerdem sind sie großartige Vitamin- und Mineralstoffquellen, weil sie als Knollengemüse Wurzeln haben, die zu ihrer Versorgung sehr gut Wasser und Mineralstoffe aus dem Boden ziehen und absorbieren können. Obendrein sind sie ballaststoffreich, und Ballaststoffe sind Energielieferanten für Ihre Mikros. Resistente Stärken können Sie jeden Tag und zu jeder Mahlzeit essen, achten Sie jedoch auf die Menge.

MEERESFRÜCHTE UND FISCH AUS WILDFANG

Fisch und Meeresfrüchte gehören zu den gesündesten und schmackhaftesten Lebensmitteln da draußen. Sie sind hervorragende Proteinquellen und liefern uns zudem Vitamin D und Omega-3-Fettsäuren, die zahlreiche Vorzüge für unsere Gesundheit besitzen – unter anderem wirken sie entzündungshemmend,[15] schützen vor Herzerkrankungen[16] und halten das Gehirn fit.

Achten Sie unbedingt darauf, dass die Fische und Meeresfrüchte, die auf Ihrem Teller landen, aus Wildfang stammen und nicht aus Aquakulturen. Dies gilt ebenso für Produkte mit Bio-Siegel. Bei Zucht-Fisch erhöht sich aufgrund der Enge in den Zuchtbecken die Krankheitsanfälligkeit, deshalb werden sie oft mit Antibiotika oder gar mit Schädlingsbekämpfungsmitteln behandelt. Zudem bekommen sie Mais und Soja als Futter (die beide stark lektinhaltig sind). Wildgefangener Fisch hingegen hat sich natürlich ernährt. Lassen Sie sich auch von einer Bio-Kennzeichnung nicht täuschen. Das Bio-Siegel sagt lediglich aus, dass der gezüchtete Lachs oder andere Fischsorten mit Bio-Getreide und Bio-Soja gefüttert wurden.

GEFLÜGEL UND EIER AUS WEIDEHALTUNG SOWIE OMEGA-3-EIER

Geflügel aus Weidehaltung ist eine fantastische Proteinquelle, und falls Sie auch die Haut des Hühnchens und das Eigelb verspeisen, eine Fettquelle. Weidehaltung ist jedoch nicht dasselbe wie Freilandhaltung und Bio. Freilandhaltung bedeutet nicht, dass die Hühner auch wirklich Tageslicht sehen und den Stall verlassen können. Zudem werden sie mit Mais und Soja gefüttert. **Daher empfehle ich Ihnen, nur Geflügel aus Weidehaltung zu essen.** Solche Hühner dürfen draußen frei herumlaufen und sich ihr Futter selbst suchen – als insektivore Vögel ernähren sie sich natürlicherweise von Würmern und Insekten. Schauen Sie auf der Verpackung nach »Weidehuhn« oder »Huhn aus Weidehaltung« oder fragen Sie den Verkäufer auf dem Bauernmarkt in Ihrer Nähe, womit die Hühner gefüttert wurden.

Bei Eiern sollten Sie ebenfalls zu Ware aus Weidehaltung (sprich von Hühnern, die auf der Weide frei herumlaufen und selbst nach Futter suchen können) oder zu Omega-3-Eiern greifen (diese sind in vielen Supermärkten erhältlich und irgendwo auf dem Etikett mit »Omega-3« gekennzeichnet). Wie weiter oben schon erläutert, sind Omega-3-Fettsäuren wichtig für Ihre Gesundheit. Forschungsergebnisse haben gezeigt, dass der Konsum von Omega-3-Eiern cholesterinsenkend wirken kann.[17] Und glauben Sie es oder nicht, ich möchte, dass Sie das Eigelb essen und sich dafür beim Eiweiß zurückhalten! Bereiten Sie doch mal ein Omelett aus vier Eidottern und einem Eiweiß zu und verfüttern Sie das restliche Eiweiß an Ihren Hund oder Ihre Katze.

Fleisch von ausschließlich mit Gras gefütterten Tieren

Halten wir kurz inne, um zu jubeln: Fleisch ist erlaubt! Aber es muss Fleisch einer bestimmten Qualität sein: von Tieren, die zu 100 Prozent mit Gras gefüttert oder auf der Weide gehalten wurden. Warum diese Unterscheidung wichtig ist? Denken Sie daran, was das Tier, das Sie verzehren wollen, gefressen hat: Essen Sie Fleisch von Tieren, die mit Mais und Soja gefüttert wurden, essen Sie im Grunde genommen Mais und Soja. Beide haben einen hohen Lektingehalt, sie wurden dazu unter Umständen noch gentechnisch verändert und enthalten daher noch mehr Lektine als naturreine Stämme der gleichen Pflanze. Wurde im Rahmen des Anbaus noch Roundup (siehe Seite 18) eingesetzt, findet auch dieses Herbizid seinen Weg in das Fleisch der Tiere und somit in Ihren Körper.

Wenn Sie also Fleisch essen, stellen Sie sicher, dass es von Tieren stammt, die wirklich ihr Leben lang mit Gras gefüttert wurden. Das Fleisch dieser Tiere enthält mehr Omega-3- und weniger Omega-6-Fettsäuren als das Fleisch der Tiere, die herkömmlich gezüchtet wurden. Ein Zuviel an Omega-6-Fettsäuren fördert oxidativen Stress (d. h. die vermehrte Bildung schädlicher freier Radikale) und wirkt dadurch entzündungsfördernd. **Eine gute Wahl sind Bison, Wildbret (etwa Hirsch, Reh, Wildschwein oder Elch), Schwein (aus artgerechter Haltung), Lamm, Rind oder Bio-Parmaschinken.** Wie bei den Milchprodukten ist jedoch auch hier der moderate Genuss entscheidend, da all diese Fleischsorten ein bestimmtes Zuckermolekül enthalten, das sogenannte Neu5Gc (*N*-Glycolylneuraminsäure), das mit Krebs- und Herzerkrankungen in Verbindung gebracht wird. Beschränken Sie daher Ihren Konsum von tierischem Protein idealerweise auf 115 Gramm oder weniger pro Tag – und essen Sie definitiv nicht mehr als 225 Gramm.

Wie Sie die Etiketten (Produktbeschreibungen) auf Geflügel, Eiern und Fleisch richtig verstehen

Da man mit einem Tier auch das verspeist, was das Tier gefressen hat, sollten Sie bei Hühnchen, Eiern und Fleisch durchaus wählerisch sein. Unglücklicherweise sind die Etikettierungen/Produktbeschreibungen auf den Verpackungen oft verschlüsselt oder manchmal sogar geradezu irreführend. Die folgende Tabelle erklärt, was die verschiedenen Bezeichnungen bedeuten, sodass Sie künftig das Tierprodukt wählen können, das Ihren Nährstoffbedarf am besten deckt.

AUF DEM ETIKETT STEHT …	DAS BEDEUTET …
BIO-HALTUNG	Bei Fleisch, Geflügel und Eiern stehen das Bio-Siegel (sechseckiges Zeichen) sowie das EU-Bio-Logo (»Euro-Blatt« auf grünem Hintergrund) dafür, dass den Tieren keine Wachstumshormone und Antibiotika nur im Notfall verabreicht wurden, sie erhielten Biofutter. (Für den Anbau von Getreide und Soja als Futter wurden keine GVO oder synthetischen Pestizide oder Düngemittel verwendet.) Die Tiere konnten sich zudem im Freien aufhalten. Daher macht es Sinn, beim Kauf von Fleisch nach diesen Siegeln Ausschau zu halten. Die beste und am meisten artgerechte Aufzucht kennzeichnen jedoch die Begriffe »Weidehaltung« und »Grasfütterung«. Denn Getreide und Soja sind kein natürliches Futter für Hühner (Insektenfresser), für Kühe (Grasfresser) oder andere Tiere, die für die Fleischproduktion gezüchtet werden. Sprich, selbst bei einer Bio-Ernährung fehlt es den Tieren an den richtigen Nährstoffen. Mehr dazu unter: https://www.oekolandbau.de/bio-siegel/ Um eine verpflichtende Tierwohlkennzeichnung (mit entsprechenden strengen Kriterien) wird in Deutschland derzeit noch gerungen; die großen deutschen Supermarktketten haben Mitte Januar 2019 ein eigenes einheitliches Siegel für Fleischverpackungen vorgestellt, das seit April über die Haltung von Schlachttieren informiert.
VEGETARISCHE FUTTERMITTEL	Diese Kennzeichnung findet sich meist auf Geflügel und bedeutet, dass die Tiere nicht mit tierischen Abfallprodukten gefüttert wurden. Vermutlich heißt es aber auch, dass ihr Futter aus Getreide, Pseudo-Getreide und/oder Soja bestand, die meist sehr lektinhaltig sind und unter Umständen gentechnisch verändert wurden. Abgesehen davon sind Hühner von Natur aus Insektenfresser, eine vegetarische Ernährung ist also nicht wirklich gesund für sie! Mehr zu diesem Thema: https://www.boelw.de/service/bio-faq/landwirtschaft/artikel/womit-werden-bio-tiere-gefuettert/

AUF DEM ETIKETT STEHT ...	DAS BEDEUTET ...
FREILANDHALTUNG	Diese Kennzeichnung bedeutet, dass die Tiere tagsüber Auslauf nach draußen hatten. Freilaufende Hühner werden typischerweise in einem überfüllten Stall gehalten, der irgendeine Art von Öffnung nach draußen hat – ganz gleich, wie groß bzw. klein sie auch sein mag. Dieses »Draußen« kann ein kleiner, matschiger, eingezäunter oder eingenetzter Platz und der Stall so vollgestopft sein, dass manche Hühner es nie nach draußen schaffen.
BODENHALTUNG	Auch bei dieser Bezeichnung mag man an Hühner denken, die frei auf einer Wiese herumlaufen, doch bedeutet Bodenhaltung keineswegs, dass die Hühner nicht eingesperrt sind. Sie sitzen zwar nicht in Käfigen, aber werden meist in einem überfüllten Stall gehalten, oft ohne Freigang nach draußen.
WEIDEHALTUNG/ AUSLAUFHALTUNG	Die Hennen müssen tagsüber [...] uneingeschränkten Zugang zu einem Auslauf haben, der größtenteils Pflanzenbewuchs aufweist (= Weide, Grünauslauf). Junghennen müssen Zugang zu einem befestigten, überdachten Außenklimabereich haben. Später ist eine Weide anzubieten. Die Auslaufflächen müssen mit Schutzeinrichtungen gegen Regen, Sonne, Kälte und Hitze versehen sein (EU Bio-Verordnung). Je Einheit sollten nicht mehr als 500 Hühner gehalten werden. Der Stall muss von der Größe her so bemessen sein, dass die gesamte Hühnerherde darin unterkommt (ca. 5 Hennen/qm). Mehr dazu unter: https://m.bioland.de/fileadmin/dateien/HP_Dokumente/Verlag/Legehennen.pdf
OMEGA-3	Sie finden diese Kennzeichnung auf manchen Eierkartons. Sie besagt, dass die Eier von Hühnern stammen, deren Futter mit Fettsäuren aus Leinsamen und Algen angereichert wurde. Beim Verdauungsprozess gehen die mehrfach ungesättigten Omega-3-Fettsäuren in den Eidotter über. Eine Studie zeigte kürzlich, dass ein Omega-3-Ei eine etwa fünffach höhere Menge an Omega-3-Fettsäuren enthält als ein konventionelles Ei.[18] Auch diese Hühner dürfen vermutlich nicht natürlich im Gras nach Insekten suchen und allem Sonstigen, das sie sich aus dem Boden als Futter zusammenpicken. Dennoch sind Omega-3-Eier oft die beste Alternative, wenn Sie gerade keine Eier von Hühnern aus Weidehaltung bekommen können.
GRASFÜTTERUNG	Dieser Begriff wird meist in Zusammenhang mit Rindfleisch verwendet. Diese Kennzeichnung bedeutet nur, dass die Tiere an irgendeinem Punkt in ihrem Leben Zugang zu Gras hatten. Tiere für die Fleischproduktion erhalten oft für eine kurze Weile Heu und Zugang zu frischem Gras, danach werden sie für die Schlachtung mit Getreide bzw. Kraftfutter gemästet. Daher sollten Sie besser nach Fleisch aus Weidehaltung Ausschau halten, da sich nur auf diese Weise aufgezogene/gehaltene Tiere ihr ganzes Leben lang natürlich ernähren konnten.

OBST DER SAISON

Obst ist eine gute Quelle für Ballaststoffe, Vitamine und Polyphenole. Dennoch sollten Sie darauf achten, *wie viel* Obst Sie essen und *wann* Sie es essen. Dies gilt vor allem, weil Früchte viel Zucker enthalten. Betrachten Sie Obst grundsätzlich eher als Süßigkeit denn als gesunden Snack und halten Sie sich entsprechend zurück. Darüber hinaus muss das Obst – ich wiederhole, es *muss* – gerade saisonal erhältlich sein. Für unsere Vorfahren war es günstig, dass es Früchte nur in ihrer jeweiligen Saison gab, denn so konnten sie sich damit gezielt den nötigen Winterspeck »anfuttern«. Heutzutage ist Obst rund ums Jahr verfügbar – und damit signalisieren wir unserem Körper, dass er auch das ganze Jahr über Fett einlagern soll.

Ein paar wenige Früchte wie Bananen, Mangos und Papayas können Sie rund ums Jahr genießen, allerdings sollten Sie sie noch grün verzehren.

Dieses Obst kann man das ganze Jahr über essen, aber noch grün, da sich im unreifen Zustand sein voller Zuckergehalt noch nicht entwickelt hat. Die guten Bakterien in unserem Darm stürzen sich übrigens mit Begeisterung auf die enthaltenen perfekt präbiotischen Ballaststoffe.

Sie wollen die Vorteile von Obst, aber ohne den Zucker? Dann entsaften Sie Früchte und Beeren, schütten Sie den Saft weg und essen Sie nur das Fruchtfleisch! Rühren Sie es in einen Ziegenmilch- oder Kokosmilchjoghurt ein oder geben Sie es mit in den Mixer für einen Smoothie aus grünem Gemüse und Proteinen.

SPEZIELLE SORTEN VON MILCHPRODUKTEN

Die meisten Kuhmilchprodukte stammen von Zucht-Kühen (dazu gehört das Holstein-Rind, die weltweit am häufigsten gezüchtete Milchkuh), die ein lektinartiges Protein namens Beta-Casein A1 produzieren. **Die gute Nachricht: Die Milch von Ziegen, Schafen und Wasserbüffeln enthält dieses Protein nicht und kann daher im Rahmen des LFE-Programms konsumiert werden.**

Beta-Casein A1 wird nach dem Verzehr in ein Protein namens Beta-Casomorphin umgewandelt, das beim Menschen eine unmittelbare Autoimmunattacke auf die Bauchspeicheldrüse auslöst.[19] Man vermutet, dass dies ernsthafte gesundheitliche Probleme verursacht, wie zum Beispiel Diabetes Typ 1.

Halten Sie sich also an die A2-Milch von südeuropäischen Kühen, an Ziegen-, Schaf- und Büffelmilch und an den Käse, der aus diesen Milchsorten hergestellt wird. Betrachten Sie aber auch diese Erzeugnisse als Genussmittel und verspeisen Sie sie nur in moderaten Mengen, denn sie enthalten ebenfalls Neu5Gc.

SCHOKOLADE UND GENEHMIGTER ALKOHOL

Gerösteter oder roher Kakao, ein grundlegender Bestandteil von Schokolade, ist unbestreitbar ein Healthfood. Er enthält Polyphenole, Flavonoide und Ballaststoffe, die alle anti-entzündliche Eigenschaften besitzen. Schokolade ist zudem bekanntermaßen gesund für das Herz: Das *British Medical Journal* veröffentlichte eine Studie, wonach der Genuss von Schokolade das Risiko einer Herz-Kreislauf-Erkrankung um bis zu einem Drittel verringen kann![20] Genauso wichtig ist, dass sie köstlich schmeckt und Heißhunger auf Süßes stillen kann. Das Problem: Bei der kommerziellen Schokoladenproduktion werden dem Kakao Zucker und Milchprodukte beigemischt, die so gar nicht gesund sind. Hochkalorisch sind sie obendrein und bewirken eine Gewichtszunahme. Um die Vorteile der Schokolade genießen zu können, ohne die Nachteile in Kauf nehmen zu müssen, **greifen Sie zu dunkler Schokolade – mit einem Kakaoanteil von mindestens 72 Prozent – und beschränken Sie Ihren Konsum auf maximal 30 Gramm pro Tag.**

Auch *moderater* Rotweingenuss kann gesundheitsförderlich sein. Laut einigen Studien soll es eine Verbindung geben zwischen den im Rotwein enthaltenen Polyphenolen und einem reduzierten Risiko für Herz-Kreislauf-Erkrankungen und anderen Herzproblemen.[21] **Limitieren Sie Ihren Weingenuss jedoch auf 120 bis 180 Milliliter pro Tag und trinken Sie Wein nur zu den Mahlzeiten.** Wenn Sie Rotwein kaufen, wählen Sie einen Pinot Noir aus kühleren Anbaugebieten, etwa aus dem Burgund (Bourgogne), oder Rotweine aus höheren Lagen, wie argentinischen Malbec oder chilenischen Cabernet. Warum? Kühleres Wetter und höhere Lagen begünstigen die Entstehung höherer Konzentrationen von Resveratrol – einem kraftvollen Polyphenol. Achten Sie bei argentinischen und chilenischen Weinen auf eine biologische/biodynamische Erzeugung. (Weine aus diesen Ländern enthalten oft Pestizidrückstände, da der Anbau weniger streng überwacht wird.) Verzichten Sie auf Weißweine, da sie tendenziell mehr Zucker und weniger kraftvolle Polyphenole – Resveratrol und Quercetin – enthalten als Rotwein.

Wenn Sie zu Spirituosen greifen, wählen sie dunkle, etwa Whisky, der im Holzfass gereift ist. Warum? Das Holz der Fässer enthält Polyphenole, die dann von der Spirituose aufgenommen werden. Meiden Sie klare Spirituosen wie Wodka.

Und falls Sie mal richtig in Feierlaune sind, gönnen Sie sich ein Glas Champagner. Die Trauben aus der Champagne enthalten wichtige Polyphenole, die angeblich das Erinnerungsvermögen verbessern können.[22] Aber natürlich sollten Sie auch diese Getränke *immer nur in moderaten Mengen* zu sich nehmen.

Sagen Sie Nein: Nahrungsmittel mit hohem Lektingehalt

Das LFE-Programm basiert auf dieser essenziellen Erkenntnis: Die Lebensmittel, die Sie *nicht essen*, sind viel wichtiger für Ihre Gesundheit als die Lebensmittel, die Sie essen. Auf diesen Gedanken gehe ich in Kapitel 3 detaillierter ein, aber hier schon einmal die grundlegende Prämisse des LFE-Programms: Haben Sie erst einmal die entzündungsfördernden Akteure (sprich Lektine) aus Ihrer Ernährung verbannt, muss Ihr Körper nicht mehr all seine Ressourcen und seine ganze Energie dafür aufwenden, mit den anhaltenden Schäden fertigzuwerden. Stattdessen kann er in den Heilungsmodus wechseln, in dem überflüssiges Gewicht abgebaut und Krankheiten auskuriert werden können.

Deshalb nenne ich Ihnen hier die Basiskategorien und Lebensmittel, auf die im LFE-Programm verzichtet wird. Es handelt sich um solche Lebensmittel, die Menschen bis vor etwa 10 000 Jahren nicht gegessen haben – und für deren Verdauung wir bedauerlicherweise auch heute noch eher schlecht gerüstet sind. Auf den Seiten 37–40 habe ich Ihnen alle diese »Ja, bitte«- und »Nein, danke«-Lebensmittel in praktischen Übersichten zusammengestellt. Sie werden sehen, die »Ja, bitte«-Liste ist mehr als doppelt so lang wie die »Nein, danke«-Liste. Dennoch: Zu wissen, *weshalb* man ein Lebensmittel meiden sollte, hilft einem und bestärkt einen darin, sich immer wieder bewusst dagegen zu entscheiden. Lassen Sie mich daher kurz erläutern, weshalb die folgenden Lebensmittel tabu sind.

ERDNÜSSE UND CASHEWS

Auch wenn Sie diese zwei beliebten Lebensmittel als Nüsse kennen mögen – es sind keine. Es sind Hülsenfrüchte und als solche stecken sie randvoll mit Killer-Lektinen. Tatsächlich ist die Hülle, die den Cashewkern umgibt, so ätzend, dass die Arbeiter beim Schälen Schutzhandschuhe tragen müssen! In meiner medizinischen Praxis habe ich unmittelbar gesehen, dass der Konsum von Cashews Entzündungsprozesse dramatisch fördert, vor allem bei Patienten mit rheumatischer Arthritis. Die Cashew gehört zur selben Familie wie der Giftefeu; ich bezweifle, dass Sie auf so etwas herumkauen möchten. Es stehen eine Vielzahl von leckeren Nüssen auf der »Ja, bitte«-Liste, halten Sie sich daran – und Ihr Körper wird es Ihnen danken. Und falls Sie ein ausgemachter Erdnussbutter-Fan sind: Trösten Sie sich damit, dass sein Cousin, das Mandelmus, im LFE-Programm erlaubt und noch weit schmackhafter ist!

MAIS

Wie beinahe alle anderen Getreidesorten enthält Mais (nein, er ist wirklich kein Gemüse, sondern ein Getreide) eine große Menge Lektin. Und da Mais mit die größten Körner hat und einer der gängigsten Lebensmittelzusatzstoffe ist – denken Sie etwa an Maissirup, Maisstärke, Cornflakes oder andere Frühstückszerealien und Tortilla-Chips –, nehmen viele Menschen mehrmals am Tag Mais in irgendeiner Form zu sich.

QUINOA

Dieses Pseudogetreide aus den südamerikanischen Anden wird als glutenfreier Ersatz für Weizen gefeiert. Da es jedoch mit einer Unmenge von Lektinen beladen ist, kann es kein Freund Ihres Verdauungstrakts, Ihres Immunsystems oder Ihrer Taille sein. Die alten Inkas, zu deren Ernährung Quinoa gehörte, haben ihn zuerst eingeweicht und dann fermentiert, bevor sie ihn kochten, und zwar mit der Absicht, den potenziell enthaltenen Giftgehalt zu reduzieren. Diese zwei Zubereitungsweisen sind in der Anleitung auf Quinoa-Verpackungen aber meist nicht zu finden, insbesondere der Hinweis auf die Fermentation.

KONVENTIONELL PRODUZIERTES FLEISCH

Es ist leicht nachvollziehbar, wieso Mais zu den Getreiden mit dem höchsten Lektingehalt gehört. Man muss sich nur die amerikanische Agrarindustrie ansehen: Bauern verfüttern Mais mit dem einzigen Ziel, ihr Vieh schnell zu mästen. Und wissen Sie was? Mais hat dieselbe Wirkung auf den menschlichen Körper: Er bringt ihn dazu, Fett einzulagern. Und nicht nur das, er begünstigt auch die Fetteinlagerung in den Muskeln. Meiden Sie daher auch Fleisch von Tieren aus Freilandhaltung. Denn Freilandhaltung bedeutet, dass Rinder und Hühner unter Umständen auch mit Mais gefüttert werden, und über den Fleischkonsum dann auch Sie. Greifen Sie stattdessen zu Fleisch von Tieren und Geflügel aus Weidehaltung.

PFLANZENÖLE

Sie haben vielleicht gehört, dass Pflanzenöle gesünder für Sie seien als andere Öle. Die meisten Pflanzenöle werden jedoch aus hochgradig lektinhaltigen Bohnen und Samen hergestellt: Maisöl, Soja(bohnen)öl und Sonnenblumenöl sind potenzielle Lektinquellen. Noch schlimmer: Ein großer Teil des Maises und der Sojabohnen, die zur Produktion von Öl verwendet werden, ist gentechnisch verändert. Das heißt, die so gezüchteten Pflanzen enthalten extrastarke Lektine, weil man damit ihre Resistenz gegen Insektenbefall erhöhen will. Obendrein sind die in diesen Pflanzenölen enthaltenen Fette hauptsächlich Omega-6-Fette; diese wirken also doppelt so entzündlich, wenn Sie sie essen. Und schließlich, ich betone es noch einmal: All diese Öle stammen von Getreide und Samen, die direkt oder indirekt mit Roundup in Kontakt gekommen sind, sodass auch das Unkrautvernichtungsmittel letztlich in Ihrem Körper landet (siehe Seite 18)!

HÜLSENFRÜCHTE UND BOHNEN

Bohnen, Erbsen, Sojabohnen, Linsen und weitere Hülsenfrüchte haben im Vergleich mit anderen Lebensmittelgruppen den höchsten Lektingehalt. Verwundert es also, dass sie dafür bekannt sind, Blähungen, Völlegefühl und Verdauungsbeschwerden hervorzurufen? Ich weiß, ich weiß, Bohnen werden seit Jahrzehnten als Stützpfeiler einer gesunden Ernährung gepriesen, vor allem, wenn man sich vegan oder vegetarisch ernährt. Verstehen Sie mich nicht falsch, ich habe nichts gegen Getreide und Bohnen! Ich habe nur etwas dagegen, sie zu essen, bevor ihre entzündungsförderlichen Wirkungen möglichst weit lahmgelegt wurden. Der Lektingehalt von Bohnen und Hülsenfrüchten lässt sich drastisch reduzieren, wenn Sie sie im Schnellkochtopf garen!

MILCHPRODUKTE

Die meisten Milchprodukte – auch die aus Milch von Tieren, die ausschließlich mit Gras gefüttert und nach Bio-Kriterien gezüchtet wurden – beinhalten das lektinähnliche Protein Beta-Casein A1. Daher sind nur die auf Seite 38 genannten Milchprodukte im LFE-Programm erlaubt. Dazu gehören Produkte aus Ziegen-, Schafs- und Wasserbüffelmilch sowie A2-Milch von südeuropäischen Kühen. Die gute Nachricht: Sowohl Kokosmilch aus der Dose als auch die gekühlten Kokosdrinks im Tetrapak (bitte unbedingt die Zusammensetzung beachten, mitunter enthalten sie bei der LFE »verbotene« Zusätze; am besten Bio-Qualität kaufen) sind ein großartiger Ersatz für Kuhmilch, um Suppen, Eis und anderen Gerichten einen cremigen Milchgeschmack zu verleihen.

NACHTSCHATTENGEWÄCHSE

Zu dieser beliebten Pflanzenfamilie gehören Kartoffeln, Paprika (sowohl die normalen als auch die scharfen Schoten wie Chili und Jalapeño), Auberginen, Goji-Beeren und Tomaten. Neben reichlich Lektinen enthalten sie zusätzlich das Glycoalkaloid Solanin, ein nachgewiesenes natürliches Toxin.[23] Sie alle weisen vor allem in den Samen und der Schale einen hohen Lektingehalt auf und sind daher Ihrer Gesundheit nicht zuträglich.

KÜRBISGEWÄCHSE

Mit Ausnahme der Gurken, die aus Asien über Handelswege ihren Weg nach Afrika und Europa fanden, stammen die Kürbisgewächse aus Amerika. Es handelt sich um Früchte mit Schale und Samen, die an Trieben wachsen; dazu gehören zum Beispiel Riesenkürbisse, Eichelkürbisse, Zucchini oder Butternusskürbisse. Das heißt, die Menschen sind mit den darin enthaltenen Lektinen erst seit den letzten rund 500 Jahren konfrontiert. Darüber hinaus steckt in allen Kürbisgewächsen neben den Lektinen auch noch Zucker, der dem Körper signalisiert, er solle sich in Vorbereitung auf den Winter Fettpolster zulegen. Lauter gute Gründe, Kürbisgewächse und ihre Samen vom Speiseplan zu streichen!

Sagen Sie »Ja, bitte« zu diesen willkommenen Lebensmitteln

ÖLE

Algenöl

Olivenöl

Kokosöl

Macadamiaöl

MCT-Öl

Avocadoöl

Perillaöl

Walnussöl

Rotes Palmöl

Reiskeimöl

Sesamöl

Dorschöl, aromatisiert

SÜSSUNGSMITTEL

Stevia

Inulin (hergestellt aus Chicoréewurzeln oder Agaven)

Yaconsirup

Erythrit (Swerve ist meine Lieblingsmarke, da es zusätzlich Oligosaccharide enthält)

Xylit (Birkenzucker)

NÜSSE, KERNE UND SAMEN (max. 65 g pro Tag)

Macadamianüsse

Walnüsse

Pistazien

Pekannüsse

Kokosnüsse (kein Kokosnusswasser)

Kokosdrink (*ungesüßtes* Milchersatzprodukt, Zusammensetzung beachten!)

Kokosmilch (ungesüßt, vollfett, aus der Dose)

Kokoscreme (ungesüßt, vollfett, aus der Dose)

Haselnüsse

Esskastanien

Paranüsse (nur in begrenzter Menge)

Pinienkerne (nur in begrenzter Menge)

Leinsamen

Hanfsamen

Hanf-Proteinpulver

Flohsamen

OLIVEN

alle Sorten

DUNKLE SCHOKOLADE

Bitterschokolade mit mindestens 72 Prozent Kakaoanteil (maximal 30 g pro Tag)

ESSIG

Alle Sorten (ohne Zuckerzusatz)

KRÄUTER UND GEWÜRZE

Alle außer Chiliflocken

Miso

MEHLE

Kokosmehl

Mandelmehl

Haselnussmehl

Sesammehl (und -samen)

Esskastanienmehl

Maniokmehl

Grüne-Bananen-Mehl

Süßkartoffelmehl

Erdmandelmehl

Traubenkernmehl

Pfeilwurzelmehl

»FOODLES« (mein Name für »gute«, also erlaubte Nudeln)

Kelp-Nudeln (Seetang-Nudeln)

Konjak- bzw. Shirataki-Nudeln

Konjak- bzw. Shirataki-Reis

Koreanische Süßkartoffelnudeln

MILCHPRODUKTE (max. 30 g Käse *oder* 115 g Joghurt pro Tag)

Parmigiano Reggiano (das ital. Original, wegen der Milch)

Französische oder italienische Weidemilchbutter

Büffelbutter

Ghee

Ziegenmilchjoghurt, natur

Ziegenmilch (für den Kaffee)

Ziegenkäse

Ziegenbutter

Ziegen- oder Schafskefir, natur

Schafskäse und -joghurt, natur

Kokosjoghurt

Käse aus Frankreich, Italien oder der Schweiz

Büffelmozzarella (aus Italien)

Whey-Proteinpulver

(Fortsetzung auf der nächsten Seite)

Beta-Casein-A2-Milch (nur für den Kaffee)

Bio-Sahne

Bio-Sour Cream

Bio-Frischkäse

EIS

Eis aus Kokosmilch

Eis aus Ziegenmilch

ALKOHOLISCHE GETRÄNKE

Rotwein (max. 180 ml pro Tag)

Dunkle Spirituosen (max. 30 ml pro Tag)

FISCH UND MEERESFRÜCHTE (sämtlich aus Wildfang, max. 115 g pro Tag)

Weißfisch

Süßwasser-Barsch

Pazifischer Heilbutt

Thunfisch (aus der Dose)

Alaska-Wildlachs

Garnelen

Krabben

Hummer

Jakobsmuscheln

Tintenfisch

Muscheln, z. B. Miesmuscheln oder Austern

Sardinen

Sardellen

OBST (Essen Sie jeweils nur eine kleine Portion pro Mahlzeit und ausschließlich saisonales Obst – nur bei Avocados dürfen Sie »zuschlagen«)

Avocados

Blaubeeren

Himbeeren

Brombeeren

Erdbeeren

Kirschen

Birnen, z. B. Anjou, Boscs, Vereinsdechant

Granatäpfel

Kiwis

Äpfel

Zitrusfrüchte (keine Säfte)

Nektarinen

Passionsfrüchte

Pfirsiche

Pflaumen

Aprikosen

Feigen

Datteln

GEMÜSE

KREUZBLÜTENGEWÄCHSE

Brokkoli

Rosenkohl

Blumenkohl

Pak Choi

Chinakohl

Mangold

Rucola

Wasserkresse/Brunnenkresse

Kohlrabi

Grünkohl

Weiß- und Rotkohl

Radicchio

Rohes Sauerkraut

Kimchi (fermentiertes Sauerkraut)

ANDERES GEMÜSE

Nopal-Kaktus (Feigenkaktus)

Sellerie

Zwiebeln

Lauch

Schnittlauch

Frühlingszwiebeln

Chicorée

Karotten (roh)

Karottengrün

Artischocken

Rote Bete (roh)

Radieschen

Daikon-Rettich

Topinambur

Palmenherzen

Koriander

Okra

Spargel

Knoblauch

Champignons

GRÜNES BLATTGEMÜSE

Romanasalat

Rote und grüne Schnittsalate

Baby-Leaf-Salate

Spinat

Endivien

Löwenzahnblätter

Buttersalat

Fenchel

Brauner Senf (Sareptasenf, auch Ruten-Kohl)

Mizuna-Salat (japanischer Senfkohl)

Petersilie

Basilikum

Minze

Portulak

Perilla

Algen/Seetang

Meeresgemüse

RESISTENTE STÄRKEN (können in begrenzter Menge jeden Tag gegessen werden; Menschen mit Diabetes oder Prädiabetes sollten sie aber nur ein- bis zweimal die Woche essen)

Tortillas und Backwaren aus Maniok-, Kokos- oder Mandelmehl

Maniok-Chips

IN BEGRENZTER MENGE

Grüne Kochbananen

Grüne Bananen

Baobab-Frucht (Affenbrotbaum-Frucht)

Maniok (Tapioka)

Süßkartoffeln oder Yamswurzel

Steckrüben

Pastinaken

Palmlilie (Yucca)

Knollensellerie

Konjakwurzel

Persimon

Yambohne

Tarowurzeln

Steckrüben

Erdmandeln

Grüne Mango

Sorghumhirse

Millethirse

Grüne Papaya

GEFLÜGEL AUS WEIDEHALTUNG (max. 115 g pro Tag)

Hühnchen

Truthahn

Strauß

Bio- oder Omega-3- oder Weidehuhn-Eier (bis zu 4 täglich)

Tipp: Bereiten Sie Omeletts aus 4 Eidottern und 1 Eiweiß zu.

Ente

Gans

Fasan

Taube

Wachtel

FLEISCH (von zu 100 Prozent grasgefütterten Tieren, max. 115 g pro Tag)

Bison

Wild (wie Reh, Hirsch, Wildschwein, Elch)

Schwein (aus artgerechter Haltung)

Lamm

Rind

Prosciutto (ital. Schinken)

PFLANZLICHES »FLEISCH«

Quorn, Vegetarisches Hack oder Geschnetzeltes

Hanf-Tofu

Tempeh (nur getreidefreies)

Die »Nein, danke«-Liste der lektinhaltigen Lebensmittel

STÄRKEHALTIGE LEBENSMITTEL

Pasta

Reis

Kartoffeln/Kartoffelchips

Brot/Gebäck/Kekse

Tortillas/Cracker

Mehl

Müsli

SÜSSES

Agavenzucker, Agavendicksaft

Süßungsmittel wie Sucralose, Aspartam oder Saccharin

Diät- oder Light-Getränke

Maltodextrin

GEMÜSE

Erbsen/Erbsenprotein

Zuckerschoten

Hülsenfrüchte*

Gartenbohnen

Kichererbsen*

Soja/Sojaprotein

Tofu/Edamame

Texturiertes Soja bzw. Soja-Schnetzel (TVP)

Erbsenprotein

Alle Bohnensorten*, inklusive Hülsenfruchtsprossen

Alle Linsensorten*

NÜSSE, KERNE UND SAMEN

Kürbiskerne

Sonnenblumenkerne

Chiasamen

Erdnüsse

Cashews

FRÜCHTE (auch die als Gemüse bekannten Arten)

Gurken

Zucchini

Kürbisgewächse jeder Art

Melonen jeder Art

Auberginen

Tomaten

Paprika

Chilischoten

Gojibeeren

NICHT-SÜDEUROPÄISCHE KUHMILCHPRODUKTE (weil sie Beta-Casein A1 enthalten)

Milch

Joghurt (inklusive griechischer)

Kefir

Eiscreme/Frozen Yogurt

Käse

Ricotta

Hüttenkäse

Butter (außer A2-, Schafs- oder Ziegenmilchbutter)

GETREIDE, GEKEIMTES GETREIDE, PSEUDOGETREIDE & GRÄSER

Weizen (denn Garen im Schnellkochtopf zerstört die Lektine nicht)

Einkorn

Kamut

Hafer (siehe Weizen)

Quinoa

Roggen (siehe Weizen)

Bulgur

Weißer Reis/Brauner Reis

Wildreis

Gerste (siehe Weizen)

Buchweizen

Buchweizengrütze (Kascha)

Dinkel

Mais/Maisprodukte

Maisstärke/Maissirup

Popcorn

Weizengras

Gerstengras

ÖLE

Sojaöl

Traubenkernöl

Maisöl

Erdnussöl

Baumwollsamenöl

Distelöl

Sonnenblumenöl

Teilgehärtete Pflanzenfette

Rapsöl

** Akzeptabel für Veganer und Vegetarier in Phase 2, aber nur, wenn sie tatsächlich im Schnellkochtopf durchgegart werden.*

»Vielleicht«-Lebensmittel: Lebensmittel, deren Lektingehalt durch die entsprechende Zubereitung reduziert werden kann

Auf der »Nein, danke«-Liste stehen einige Lebensmittel, die hinsichtlich ihres Lektingehalts einigermaßen vertretbar werden, wenn man sie richtig zubereitet. Ich empfehle Ihnen nicht, sie regelmäßig zu essen, aber Sie können sie gelegentlich in Ihren Speiseplan einbauen, solange sie Ihnen keine Probleme bereiten (Verdauungsbeschwerden, Schmerzen, Brain Fog, Ausschläge etc.).

BOHNEN UND LINSEN

Insbesondere für Veganer und Vegetarier sind Bohnen als leicht verfügbare ballaststoffreiche und proteinreiche Lebensmittel sehr wichtig. Sie enthalten jedoch auch sehr viele Lektine. Tatsächlich weisen Bohnen mit den höchsten Lektingehalt von allen Lebensmitteln auf. Die gute Nachricht: Durch das Garen im Schnellkochtopf werden in Bohnen und anderen Hülsenfrüchten beinahe alle Lektine zerstört. Nach Ausschaltung der lästigen Lektine werden Bohnen zum »Healthfood«, denn die Mikros stürzen sich mit Begeisterung auf ihre Ballaststoffe.

Wenn Sie also öfter Bohnen essen möchten, empfiehlt es sich, in einen Instant Pot (Mehrzweck-Schnellkochtopf) oder einen anderen Schnellkochtopf zu investieren. Ein weiterer Vorteil des Schnellkochtopfs: Im Gegensatz zur Zubereitung in einem normalen Topf können Sie Bohnen darin in einem Bruchteil der Zeit perfekt durchgaren.

Die Fermentation ist eine weitere Zubereitungsart, die den Lektingehalt effektiv und drastisch reduziert. Falls Sie sich an dieser uralten Technik versuchen möchten: Linsen verlieren durch das Fermentieren 98 Prozent ihres Lektingehalts.[24]

WEIZEN UND REIS

Weizenkeimagglutinin (Weizenlektin; WGA; siehe Seite 21) ist Bestandteil der Weizenkleie, was bedeutet, dass es in Weizenvollkornbrot enthalten ist, in Weißbrot jedoch nicht. WGA ist ein heimtückisches Lektin: Da das Protein deutlich kleiner ist als andere Lektine, kann es die Darmwand sogar dann durchdringen, wenn Ihre Darmbarriere relativ gesund ist. Sobald es sich aus dem Verdauungstrakt befreit hat und in Ihrem Blutkreislauf mitschwimmt, kann WGA verheerende Schäden anrichten – es veranlasst die Einlagerung von Fett, verursacht neurologische Probleme und trägt zu Arteriosklerose bei. Der gesundheitlich positive Aspekt von WGA – quasi im Umkehrschluss – besteht darin, dass köstliches, luftiges Weißbrot, natürlich aufgegangen dank Hefe- oder Sauerteig, Ihnen besser bekommt als das angeblich so »gesunde« Vollkornweizen- oder Vollkornbrot! Auch Reiskleie, die den Reis braun macht, enthält Lektine. Dies bedeutet: Weißer Reis ist in der Tat gesünder als brauner Reis, der Ihnen immer als die bessere Wahl verkauft wurde. Ich empfehle Ihnen nicht grundsätzlich, Weizen oder Reis zu konsumieren. Wenn Sie aber Appetit auf Reis haben, wählen Sie die geschälte Variante, damit senken Sie Ihre Lektinbelastung. In diesem Sinne: Ein Hoch auf Weißbrot und weißen Reis! Wollen Sie Weißbrot essen, greifen Sie zu Sauerteigbrot, es ist noch darmfreundlicher (und enthält noch weniger Lektine), da der Lektingehalt durch den Fermentationsprozess weiter gesenkt wurde. Aber Achtung: Sollten Sie unter einer Autoimmunerkrankung leiden oder vermuten, davon betroffen zu sein, oder sollte es Fälle in der Familiengeschichte geben, dann ist Weißbrot nie sicher! Und bitte: Garen Sie auch weißen Reis im Schnellkochtopf.

Den Versuch, Weizen im Schnellkochtopf zuzubereiten, können Sie sich schenken, er wird dadurch nicht leichter verdaulich: *Gluten kann durch Kochen unter Dampfdruck nicht eliminiert werden.* Daher bringt es auch nichts, Roggen, Gerste oder Hafer (die anderen glutenhaltigen Getreide; sogar glutenfreier Hafer enthält ein glutenähnliches Lektin) im Dampfdrucktopf zu kochen.

TOMATEN, PAPRIKA, AUBERGINEN, GURKEN, ZUCCHINI

All diese Lebensmittel sind Nachtschattengewächse und gehören damit auf die »Nein, danke«-Liste. *Aber:* Viele Menschen lieben diese Lebensmittel. Frische Tomaten schmecken einfach fantastisch. Halten Sie sich jedoch an alte Sorten, sie sind verträglicher. (Denn es gibt sie schon länger als die meisten Standardsorten; unsere Mikroflora und unser Verdauungstrakt hatten daher ein klitzekleines Bisschen mehr Zeit, sich daran zu gewöhnen.) Schälen Sie die Tomaten vor dem Essen und entfernen Sie auch die Samen. Das geht am besten so: Ritzen Sie ein X in die Unterseite der Frucht und legen Sie sie für ein paar Sekunden in kochendes Wasser, dadurch löst sich die Haut. Nehmen Sie die Tomate aus dem Wasser, schrecken Sie sie kurz kalt ab, und die Haut wird fast von alleine abgehen. Vierteln Sie die Tomaten im Anschluss und kratzen Sie die Samen heraus. (Das kurze Blanchieren in heißem Wasser beeinträchtigt den Geschmack übrigens nicht.)

Dasselbe gilt für alle Paprikasorten: Sie zu schälen und die Samen zu entfernen, macht sie deutlich bekömmlicher. Die Samen gehen übrigens leicht heraus. Um eine Paprika zu schälen, röste ich sie kurz auf dem Grill oder direkt über der Flamme meines Gasherds, bis die Schale Blasen wirft. Lässt man die Schote dann für einige Minuten in einer Papiertüte nachdämpfen, kann man die Schale später leicht abziehen.

Auch für Gurken, Zucchini und Auberginen gilt: Wenn Sie welche essen möchten, schälen Sie sie und entfernen Sie die Samen möglichst gründlich. »Baby«- oder junge Varianten dieser Sorten sind oft leichter zu verarbeiten, da sie weniger Samen haben. Suchen Sie beim Einkaufen nach Auberginen mit einem runden statt einem ovalen Ende – sie enthalten angeblich auch weniger Samen.[25]

Kleine Randbemerkung zur Tomate: Amerikaner und Europäer scheuten bis etwa um die Mitte des 19. Jahrhunderts ängstlich vor den vermeintlich tödlichen Nachtschattengewächsen zurück. Dies änderte sich angeblich erst, als Oberst Robert Johnson auf den Treppen des Gerichtsgebäudes in Salem, New Jersey, in aller Öffentlichkeit einen Korb voll Tomaten leer aß, um zu beweisen, dass man vom Genuss der »Paradiesäpfel« weder stirbt noch verrückt wird (glücklicherweise ist nichts von beidem passiert).

»Gesunde« Lebensmittel, die eigentlich gar nicht gesund sind

Zu versuchen, immer auf dem Laufenden zu bleiben darüber, welche Lebensmittel gerade als »gesund« gehypt werden und welche nicht, kann sehr anstrengend sein. Die Richtwerte scheinen sich ständig zu ändern. Vermutlich sind Sie sogar erleichtert, zu erfahren, dass einige der Lebensmittel, die bisher als »gesund« galten und deren Verzehr empfohlen wurde, Ihrer Gesundheit eigentlich überhaupt keinen Nutzen bringen.

Hier folgt eine Liste sogenannter gesunder Lebensmittel, die in Wahrheit gar nicht so gesund sind, und dazu einige gesündere (und meiner Meinung nach oft auch schmackhaftere) Alternativen.

»GESUNDES« LEBENSMITTEL	BESSERE ALTERNATIVE	»GESUNDES« LEBENSMITTEL	BESSERE ALTERNATIVE
Vollkornweizenbrot	Weißbrot oder – noch besser – Weißbrot aus Sauerteig	Brauner Reis	Weißer Reis
Tofu	Tempeh	Bohnen und Linsen	im Schnellkochtopf gegarte Bohnen und Linsen
Erdnussbutter	Mandelmus	Raps-, Sonnenblumen- oder Distelöl	Oliven-, Kokos- oder Avocadoöl
Erdnüsse und Cashews	Walnüsse, Pistazien, Macadamianüsse	Milch und Käse aus Kuhmilch	Ziegenmilch, Ziegenmilchkäse sowie Schafsmilchkäse
Geflügel und Eier aus Freilandhaltung	Geflügel und Eier aus Weidehaltung	Rohe Paprika	Geröstete, geschälte und entsamte Paprika
Joghurt aus Kuhmilch	Kokosjoghurt und Ziegenmilchjoghurt (ungesüßt)	Quinoa	Hirse

Die Wahrheit über tierisches Protein

Wie Sie sicher wissen, ist Protein ein wichtiger Makronährstoff. Der Körper benötigt Proteine, um Energie bereitzustellen und Muskelmasse zu erhalten. Die Aminosäuren in Proteinen sind die Bausteine der Zellen und des Gewebes im menschlichen Körper – sie sind buchstäblich »der Stoff, aus dem wir gemacht sind«. Aber es gibt ein Problem mit den Proteinen: Sie benötigen deutlich weniger davon, als Sie vermutlich denken. Und falls Sie sich typisch deutsch, nach dem Paleo-Prinzip oder low-carb ernähren, nehmen Sie wahrscheinlich sowieso schon *viel zu viele* Proteine zu sich.

Aber wenn Proteine für uns so essenziell wichtig sind, wie kann man dann zu viel davon erwischen? Ganz einfach: Jedes Protein, das Ihr Körper nicht verwertet, wird von den Leberzellen in Glukose umgewandelt. Und Glukose wird im Körper als Fett gespeichert. Glukose erhöht auch den Blutzucker- und den Insulinspiegel, was wiederum zu einer ganzen Reihe chronischer Krankheiten führen kann. Außerdem stehen einige der Aminosäuren in Fleisch im Verdacht, sowohl das Wachstum von Krebstumoren zu begünstigen als auch den Alterungsprozess zu beschleunigen.[26]

Um die Bedürfnisse des Körpers zu decken, *benötigt ein Mensch nur 0,37 Gramm Protein pro Kilogramm Körpergewicht.*[27] Wenn Sie also 70 Kilogramm wiegen, benötigen Sie nur rund 26 Gramm Proteine täglich. Wenn Sie 60 Kilogramm wiegen, sind es etwa 22 Gramm. Wenn Sie Ihren eigenen Tagesbedarf errechnen wollen, multiplizieren Sie Ihr Körpergewicht einfach mit 0,37, dann haben Sie ihn.

Um Ihnen eine konkrete Vorstellung davon zu geben, wie viel 20 Gramm Eiweiß auf dem Teller sind: Sie entsprechen etwa 85 Gramm Fleisch – einem Stück von etwa der Größe eines Kartenspiels –, das wiederum entspricht 2,5 Eiern. Im Hinblick auf tierisches Protein sollten Sie dieses Motto im Hinterkopf behalten: »Einmal am Tag und Schluss.« Nicht jede Mahlzeit muss Fleisch einschließen. Essen Sie also Ihre ganze Tagesration auf einmal. Sie können sie aber schon auch verteilen – sagen wir: ein Ei am Morgen, zum Mittagessen eine Portion Ziegenkäse auf dem Salat und ein paar Garnelen zum Abendessen.

Pflanzen enthalten weniger Proteine als Fleisch. Wenn Sie sich jedoch hauptsächlich pflanzenbasiert ernähren, ergibt sich daraus schnell eine ordentliche Menge Protein. 50 Gramm gedämpfter Blumenkohl enthalten etwa 1 Gramm Proteine, eine mittelgroße gebackene Süßkartoffel versorgt Sie mit 2 Gramm und eine Artischocke mit etwa 4 Gramm Proteinen.

Intermittierendes Fasten

Ich referiere sehr gerne darüber, was man essen und was man nicht essen sollte, um die eigene Gesundheit zu unterstützen. Aber auch eine weitere Ernährungsstrategie ist wichtig: nichts zu essen. Mit anderen Worten, zu fasten. Denken wir noch einmal an die Evolution: Unsere Vorfahren fasteten regelmäßig. Nicht, weil es im Trend lag, sondern weil Essen einfach nicht immer verfügbar war. Daher ist der Körper nicht nur darauf eingestellt, Phasen ohne Nahrung zu überstehen, sondern auch darauf, aus diesen »Dürreperioden« Gewinn zu ziehen. Über Tausende von Jahren hinweg hat sich der menschliche Körper so angepasst, dass er in der Lage ist, Energie zu verarbeiten und einzulagern, je nachdem, ob es gerade etwas zu essen gibt oder eben nicht. Wir Menschen von heute können ständig auf Unmengen von Lebensmitteln zugreifen und dass wir es tatsächlich tun, trägt zur epidemischen Ausbreitung der Adipositas und zu hohen Raten von chronischen Erkrankungen bei.

Wenn wir jedoch hin und wieder für eine Weile auf Essen verzichten, geben wir unserem Körper damit die Chance, Nahrung zu verarbeiten und zu verdauen. So eine »Zufuhrpause« leitet auch auf natürliche Weise an, die eigene Gesamtkalorienaufnahme zu reduzieren. Und man kann auf vielerlei Arten fasten.

FASTENMETHODEN:

- Nehmen Sie an zwei Tagen in der Woche nur 500 bis 600 Kalorien zu sich. Viele meiner Patienten wählen dafür den Montag und den Donnerstag, weil sie das Fasten an diesen Tagen am leichtesten umsetzen können. Am Montag ist man oft sowieso schon bereit, sich nach der Schlemmerei am Wochenende zurückzuhalten; am Donnerstag hat man dann zwei Tage mit normaler Kalorienzufuhr hinter sich und schon den Ausblick auf das Wochenende. Meine Patienten, die sich auf diese Weise ernähren, verlieren pro Woche im Schnitt etwa ein halbes Kilo Gewicht.

- Essen Sie zwischen der letzten Mahlzeit des einen Tages und der ersten Mahlzeit des folgenden Tages 16 Stunden lang nichts. Wenn Sie Ihr Abendessen also um 18 Uhr beenden, nehmen Sie Ihr Frühstück nicht vor 10 Uhr am nächsten Morgen ein. Oder, falls Sie Ihr Abendessen um 20 Uhr beenden, essen Sie am folgenden Tag erst am Mittag wieder etwas.

- Fasten Sie saisonal. Ich esse beispielsweise esse von Januar bis Mai jeden Jahres nur zwischen 18 Uhr und 20 Uhr abends. Bis zum Abendessen trinke ich reichlich grünen Tee und Minztee, zum Frühstück gibt jeden Morgen Kaffee. Da ich dies seit mittlerweile zehn Jahren mache, weiß ich, dass es nicht nur möglich, sondern auch auf Dauer durchzuhalten ist.

Beispiele für Frühstück, Mittagessen und Abendessen

In diesem Kapitel haben Sie sehr viele Informationen zum Thema Ernährung erhalten. Die »Ja, bitte«- und die »Nein, danke«-Liste sind zwar selbsterklärend, doch ist es hilfreich, außerdem einmal darüber nachzudenken, wie ein typischer Tag mit dem LFE-Ernährungsprogramm aussehen könnte. Halten wir also kurz inne und stellen wir uns einen typischen LFE-Tag vor.

Sagen wir, es handelt sich um einen stressigen Wochentag; Sie müssen in die Arbeit und abends noch zu einem privaten Termin. Zum Frühstück können Sie sich zwei Rühreier in einer großzügigen Menge Olivenöl braten. Falls es noch schneller gehen soll, greifen Sie zu Kokos-, Ziegenmilch- oder Schafsmilchjoghurt und mischen Sie eine Handvoll gehackter Walnüsse oder Pekannüsse unter. Oder fasten Sie intermittierend und essen Sie bis zum späteren Vormittag nichts. Als Snack knabbern Sie ein paar Kochbananenchips oder essen Sie eine halbe Avocado mit Meersalz bestreut (löffeln Sie das Fruchtfleisch ruhig direkt aus der Schale heraus). Als Mittagessen packen Sie sich eine Portion Dr. Gs Bohnen-Chili (Seite 137) oder Schwarze-Bohnen-Suppe mit Avocado-Salsa (Seite 146) ein. Und für ein schnelles Abendessen bereiten Sie (aus eingefrorenem Blumenkohlreis) Gebratenen Blumenkohlreis mit Ingwer (Seite 193) zu und runden das Gericht mit ein paar »Trüffeln« aus getrockneten Feigen (Seite 237) ab. Nicht schlecht für den minimalen Kochaufwand, oder?

Wenn Sie am Wochenende etwas mehr Zeit haben, können Sie sich eine Süßkartoffel-Tortilla (Seite 123) machen oder es richtig krachen lassen und Kokos-Macadamia-Waffeln (Seite 111) herausbacken. Mittags könnten Sie eine Bánh-Mì-Bowl (Seite 154) essen und fürs Abendessen eine herzhafte Wurzelgemüse-Lasagne (Seite 190) oder Spinat-Artischocken-Lasagne (Seite 189) in den Ofen schieben.

In diesem Kochbuch werden Sie zahlreiche schnelle Rezepte für den Alltag finden – meine Frau und ich zum Beispiel starten fast jeden Tag mit Dr. Gs Eiskaffee (Seite 254) oder Dr. Gundrys Nussmix 2.0 (Seite 87), einem leckeren und sättigenden Snack zum Mitnehmen.

Beim Blick auf die »Nein-danke«-Liste mag in Ihnen vielleicht der Eindruck entstehen, Sie würden nie in der Lage sein, ausreichend Lebensmittel zu finden, um Ihren Magen zu füllen und zugleich Ihren Gaumen glücklich zu machen. Ich versichere Ihnen jedoch, dass ein paar Einschränkungen definitiv befreiend sein können. Wenn weniger zur Auswahl steht, kann man sich leichter entscheiden, was man essen möchte. Und sobald man die Vorteile einer (weitgehend) lektinfreien Ernährung kennengelernt hat – weniger Verdauungsbeschwerden und Blähungen, Gewichtsverlust, mehr Energie und weniger Schmerzen und Wehwehchen –, fühlt es sich schnell nicht mehr so an, als müsste man irgendwelche Opfer bringen.

kapitel drei

Das LFE-Programm

An dieser Stelle können Sie das Word »Lektine« vermutlich schon gar nicht mehr hören. Sie haben's schon kapiert, denn Sie haben sich durch Listen mit Lebensmitteln gelesen, die Sie essen beziehungsweise nicht essen sollten.

Das einzige noch fehlende Puzzlestück ist ein strukturierter Ernährungsplan, der die Pfunde purzeln und den Darm mühelos heilen lässt.

Hier kommt das LFE-Programm ins Spiel. Dieser in 3 Phasen aufgeteilte Ernährungsplan liefert Ihnen Richtlinien, was Sie wie und wann essen können – entweder in den nächsten Wochen oder, falls dieser Lifestyle Sie überzeugen kann, ein Leben lang. Der Plan wurde aufgestellt, um Ihrem Körper eine Auszeit von denjenigen Lebensmitteln zu verschaffen, die ihm schaden. Dafür bekommen ausgeklügelt entwickelte Heilungsmechanismen Raum, um zu wirken.

Sie müssen diesem Programm nicht zwingend bis ins Einzelne folgen. Falls Sie bei bester Gesundheit sind, können Sie dieses Kapitel überspringen und direkt zu den Rezepten vorblättern. Die folgenden Ausführungen habe ich für Sie zusammengestellt, damit Sie alle wichtigen Informationen für den perfekten Einstieg parat haben. Ziel ist es, Sie mit dem nötigen Wissen auszustatten, sodass Sie selbst Ihre Wahl treffen können. Hier also die Richtlinien des LFE-Programms.

Die vier Regeln

REGEL 1 Was Sie bei Ihrer Ernährung weglassen, hat einen größeren Einfluss auf Ihre Gesundheit als das, was Sie ihr hinzufügen.

In Magazinen und Blogs liest man immer wieder Mainstream-Ernährungsratschläge, welche wortreich die an Wunder grenzenden gesundheitlichen Vorteile bestimmter Lebensmittel oder spezieller darin enthaltener Nährstoffe schildern. »Geben Sie Antioxidantien die Priorität!«, »Nehmen Sie mehr Omega-3 zu sich!«. Die einzelnen Lebensmittel oder Nährstoffe können in der Tat einen gesundheitsfördernden Effekt haben. Doch eine Handvoll davon zu essen, während man sich sonst absolut grottenschlecht ernährt, wird ganz sicher keine Wunder bewirken. Der Einfluss jedes nährstoffreichen Lebensmittels ist deutlich begrenzt, wenn der Großteil Ihrer Ernährung Ihrer Gesundheit schadet.

Diese Regel habe ich absichtlich an die erste Stelle gesetzt: Denn selbst wenn Sie nicht mehr tun, als nur die stark lektinhaltigen Lebensmittel der »Nein, danke«-Liste aus Ihrer Ernährung zu streichen, kann ich Ihnen trotzdem beinahe eine Garantie darauf geben, dass sich Ihre Gesundheit drastisch verbessern wird. Unsere Darmgesundheit hat so viel Einfluss auf jeden anderen Aspekt unseres Wohlbefindens, dass schon der berühmte griechische Arzt Hippokrates zu der Erkenntnis kam: »Alle Krankheiten beginnen im Darm.« Ein Verzicht auf die Lebensmittel, die Ihre Darmwand angreifen und die freundlichen Mikros ausrotten – und Ihre Gesundheit wird florieren.

REGEL 2 Sorgen Sie für Ihre Mikros und die Mikros werden für Sie sorgen

Vielen führen einen totalen Krieg gegen ihr Mikrobiom. Antibiotika, Säureblocker, Ibuprofen und andere nichtsteroide entzündungshemmende Arzneimittel, Lebensmittel mit Pestizidrückständen und eine Ernährung mit reichlich Zucker, aber wenig Ballaststoffen, dezimieren die Population der nützlichen Darmkeime. Wenn Sie jedoch aufhören, Dinge zu essen, die Ihre freundlichen Mikros killen, werden diese gedeihen und sich zahlreich fortpflanzen. Dann werden sie schädlichen Bakterien und anderen »Gangmitgliedern«, die Ihr Haus besetzen und Sie krank machen, bald an Zahlenstärke überlegen sein und sie verdrängen.

Mit den richtigen Nährstoffen versorgt, gedeihen die nützlichen Bakterien und signalisieren im Gegenzug dem Immunsystem, dass alles cool ist und kein Bedarf an einer Entzündungsreaktion besteht. Und Ihre Mikros tauschen sich nicht nur mit dem Immunsystem aus, die Darmbakterien kommunizieren auch mit Ihrem Gehirn und mit den Mitochondrien, die als »Energiekraftwerke« (Energie produzierende Organellen) in jeder Zelle Ihres Körpers vorhanden sind.

REGEL 3 Obst zählt zu den Süßigkeiten

Diese Regel ist nur schwer zu akzeptieren, denn sie widerspricht allem, was Ihnen (wahrscheinlich) bisher über Obst erzählt wurde. Aber es ist die traurige Wahrheit, denn Obst gehört nicht zu den »gesunden Lebensmitteln«. Enthält Obst Nährstoffe? Ja, es enthält Ballaststoffe, die unsere Mikros füttern, den Verdauungs- und Ausscheidungsprozess unterstützen, sowie Polyphenole, natürliche Verbindungen mit antioxidativer Wirkung. Können Sie diese Nährstoffe auch aus anderen Lebensmitteln beziehen? Ja, zum größten Teil. Einige Polyphenole, zum Beispiel Resveratrol, kommen zwar vor allem in bestimmten Früchten vor (so ist es etwa reichlich in der Schale roter Trauben enthalten), aber auch grünes Blattgemüse und Kreuzblütler enthalten eine Vielzahl von Polyphenolen.

Was Obst uns sonst noch liefert: Lektine und Zucker. Die Schalen und Samen von Früchten sind normalerweise voll von Lektinen, vor allem, wenn die Früchte geerntet wurden, bevor sie richtig reif waren. Nicht vergessen: Zu den Früchten zählen nicht nur die Sorten, die Ihnen direkt auf Anhieb einfallen – Äpfel, Orangen, Beeren, Bananen usw. –, zu den Früchten gehören auch alle Gewächse mit Samen, wie etwa Tomaten, Gurken und Auberginen (die sind übrigens doppelt fies, da zugleich Nachtschattengewächse *und* Früchte). Und auch der Zuckergehalt von Obst ist bedenklich. Abgesehen davon, dass dieser Ihrem Körper signalisiert, er solle Fett für den Winter einlagern, handelt es sich bei dem Zucker in Obst um Fruchtzucker. Diese Fruktose gilt als einer der besten Treibstoffe für Krebszellen.[28] Jede Form von Zucker, inklusive Fruchtzucker, bewirkt zudem einen unmittelbaren Anstieg des Blutzucker- und Insulinspiegels, die ihrerseits eine Entzündungsreaktion des Immunsystems auslösen. Wer zum Frühstück also eine Schüssel Obst isst, tut meiner Meinung nach nichts anderes, als eine Schüssel Kaubonbons zu lutschen – so sehr wird der Gesundheitsnutzen von Obst bisher überschätzt.

Wenn Sie ein Obstfan sind, gibt es aber auch gute Nachrichten. Einige Obstsorten können Sie unbedenklich essen: Bananen, Papayas und Mangos sind Teil des LFE-Plans, solange Sie sie in noch unreifem Zustand beziehungsweise grün verzehren. Die unreifen Früchte sind eine großartige Quelle für resistente Stärken und diese wiederum ein Festmahl für Ihre Mikros. Sie mögen beim Gedanken daran, eine grüne Banane zu essen, das Gesicht verziehen, aber zu Mehl vermahlen ist sie ein großartiges Ersatzprodukt beispielsweise für die Zubereitung von Pancakes (Pfannkuchen) oder Backwaren. Und in feine Scheiben geschnittene grüne Mangos oder Papayas machen sich sehr gut im Salat. Auf der »Ja, bitte«-Liste finden Sie weitere Obstsorten, die Sie in kleineren Mengen verzehren können, wenn gerade Saison dafür ist. Die meisten Vorzüge haben übrigens das Fruchtfleisch von Obst und die Haut reifer Früchte: Holen Sie den Entsafter raus, entsaften Sie Ihre Lieblingsfrüchte, gießen Sie den Saft weg (ja, weg damit!) und essen Sie den Trester, also das Fleisch und die Schale der Früchte! Frieren Sie das Fruchtfleisch in Eiswürfelschalen ein und geben Sie einen oder zwei Würfel in Ihren nächsten Smoothie.

Und schließlich haben wir da eine Frucht, von der Sie, sobald sie reif ist, so viel essen dürfen, wie Sie möchten: Es ist unsere gute Freundin, die Avocado. Sie enthält so gut wie keinen Zucker, dafür aber reichlich gesunde Fette und lösliche Ballaststoffe. Die beste Frucht, die Sie Ihrem Körper geben können!

REGEL 4 Sie essen das mit, was Ihre Nahrung gefressen hat

Dies ist ein wichtiger Punkt, den jedoch viele übersehen – sogar Menschen, die auf ihre Gesundheit achten. Sie können Ihr Gemüse noch so sorgfältig auswählen und auf Getreide verzichten, wenn Sie tierisches Eiweiß zu sich nehmen, das nicht aus Weidehaltung stammt, essen Sie nicht so »clean«, wie Sie vielleicht denken. Kühe, Schweine und Hühner, die mit Mais, Soja oder Weizen gemästet wurden, haben über ihr Futter eine Menge Lektine aufgenommen. Und beim Verzehr von solchem Fleisch essen Sie diese Lektine mit (neben den anderen tollen Sachen, wie etwa Antibiotika). Wenn Sie Lebensmittel mit hohem Lektingehalt von Ihrem Speiseplan streichen, aber weiterhin konventionell produziertes Fleisch, Fisch oder Meeresfrüchte aus Aquakulturen essen, sabotieren Sie sich selbst. Auch mir ist es anfangs schwergefallen, dies zu akzeptieren. Aber diese einfache Regel bildete für viele meiner Patienten die letzte Hürde auf ihrem Weg zu einer guten Gesundheit.

Dies ist – in groben Zügen skizziert – das LFE-Programm. Wenn Sie sich mehr Mühe geben wollen, als nur auf die Lebensmittel auf der »Nein, danke«-Liste zu verzichten, werden Ihnen diese Prinzipien helfen und Sie zurückführen zu einem Ausmaß an Vitalität, wie Sie sie seit Jahren nicht mehr verspürt haben. Den folgenden 3-Phasen-Plan sollten Sie von Anfang bis Ende umsetzen: Sie beginnen in Phase 1, wechseln zu Phase 2 und schließen mit Phase 3 ab – oder bleiben für immer in Phase 3. Falls Sie schon relativ gesund sind und kein Gewicht verlieren möchten, können Sie die reinigende Phase 1 überspringen.

PHASE 1 Kickstart: 3-Tage-Kur zur Körperreinigung

Stellen Sie sich Ihren Darm wie ein brachliegendes Grundstück vor – von Unkraut überwuchert, total zugewachsen, Ranken hängen von allen Bäumen. Um das Grundstück herum führt ein Zaun voller Löcher, sodass alle möglichen Schädlinge eindringen und sich an dem verwahrlosten Ort einnisten konnten. Haben Sie das vor Augen?

Um diesen Schandfleck in ein lebendiges, schönes und prächtig gedeihendes Ökosystem zu verwandeln, müssen Sie erst einmal das Unkraut jäten. Bei der Behandlung Zehntausender von Patienten habe ich immer wieder Beweise für die folgende Wahrheit erhalten: Ist Ihr Darm eine Brutstätte für schädliche Bakterien, Hefen, Pilze und andere Gangmitglieder, können Sie noch so viele gesunde Lebensmittel zu sich nehmen – Ihr Körper wird einfach nicht in der Lage sein, sie entsprechend zu verwerten. Das ist ungefähr so, als würde man Biosamen auf einem von Unkraut völlig überwucherten Feld ausstreuen; auch sie werden nur bedingt sprießen, wachsen und gedeihen. Sie müssen Raum schaffen für Ihre Gesundheit – und die Löcher im »Darmzaun« stopfen –, indem Sie die fiesen Eindringlinge, die den Platz übernommen haben, rauswerfen. Laut vielen gut angelegten Studien[29, 30, 31] wird die Bakterienpopulation in Ihrem Darm schnell auf die Ernährungsumstellung reagieren. Dies bedeutet, eine kurzzeitige Veränderung des Ernährungsplans (Phase 1) ist ein effektiver Weg, um Ihr Mikrobiom unmittelbar neu aufzubauen.

Von hier aus gehen Sie direkt zu Phase 2 über, denn Sie wollen ja nicht, dass sich die schädlichen Bakterien, diese ekligen, fiesen Typen, wieder breitmachen. Das heißt, wenn Sie denken, Ihre Gesundheit würde langfristig profitieren, wenn Sie lediglich eine dreitägige Entschlackungskur machen und danach wieder in Ihre alten Gewohnheiten zurückfallen, dann sind Sie auf dem Holzweg. (So ein Mist, ich weiß.) Ich nenne Phase 1 auch die »Kickstart-Phase«, weil Sie darin die Grundsteine legen für die Ernährungsstrategien, die Sie in Phase 2 anwenden und die dann ihre positiven Wirkungen schnell entfalten werden. Aber Phase 1 ist trotzdem optional. Wenn Sie direkt in Phase 2 einsteigen, seien Sie geduldig, da es bei Ihnen vermutlich etwas länger dauern wird, bis Sie Ergebnisse zu sehen und zu spüren bekommen.

Phase 1 setzt sich aus drei Teilen zusammen:

TEIL 1: Essen Sie keine Milchprodukte, kein Getreide (inklusive Pseudo-Getreide wie Quinoa), kein Obst, keinen Zucker, keine Samen, keine Eier, keine Nachtschattengewächse, kein Wurzel- und kein Knollengemüse. Essen Sie keinen Mais, weder Soja- oder Rapsöl noch jegliche Form von Rindfleisch oder anderes herkömmlich produziertes Fleisch. Wenn Sie diese Lebensmittel vom Speiseplan streichen, wird das dazu beitragen, Entzündungen in Ihrem Körper zu lindern und die schädlichen Mikroben auszuhungern. Zusammengefasst: Essen Sie also nichts außer Biogemüse von der »Ja-bitte«-Liste, Avocados und/oder kleine Mengen Fisch aus Wildfang, Hühnchen aus Weidehaltung, Tempeh, Meeresfrüchte, Hanf-Tofu oder bestimmte Quorn-Produkte (die auf der »Ja, bitte«-Liste aufgeführten), gesunde Fette und erlaubte Nüsse.

Nur in Phase 1 und den ersten beiden Wochen von Phase 2 meiden Sie natives Olivenöl extra und Kokosöl, denn diese ermöglichen es Lipopolysacchariden (LPS) – diese bilden einen Bestandteil der bakteriellen Zellwand, und ihre chemische Struktur ähnelt der von Lektinen stark –, sozusagen per Anhalter durch die Darmwand zu reisen, um dann eine Immunreaktion auszulösen. Und Sie wollen Ihrem Körper in dieser Zeit doch keine Extraarbeit zumuten. Verwenden Sie stattdessen Macadamiaöl, Walnussöl, Avocadoöl, Ghee, MCT-Öl oder Perillaöl (in Asien ein beliebtes Öl zum Kochen, es ist in Asiamärkten oder online erhältlich). Sie können Wasser sowie schwarzen und grünen Tee trinken (falls gesüßt, dann nur mit Stevia). Passende Rezepte für diese Phase sind die Champignons mit Knoblauch-Walnuss-Füllung (Seite 100), die vegane Version von Ralphs Frühstücks-Rührei (Seite 107), die Zitronige Hühnersuppe mit Kohl (Seite 141) sowie der Kokos-Ingwer-Kohl (Seite 220).

TEIL 2: Wenn Sie mögen, können Sie Ihrem Körper helfen bei seinen Bemühungen, das »Unkraut« im Darm auszumerzen, indem sie ein sanftes Abführmittel einnehmen. Ich empfehle ein Produkt auf Kräuterbasis mit Senna. Nehmen Sie es einmalig am Vorabend des Tages ein, an dem Sie mit Phase 1 starten wollen. Bleiben Sie am nächsten Tag, weil dann die Wirkung einsetzt, besser zu Hause.

TEIL 3: Falls Sie unter Verdauungsstörungen wie dem Reizdarmsyndrom, dem Leaky-Gut-Syndrom oder einer Autoimmunerkrankung leiden, können Sie auf

Nahrungsergänzungsmittel zurückgreifen, die Sie dabei unterstützen, die Ihnen feindlich gesinnten Darmbakterien auszurotten. Dazu gehören: Berberin, Grapefruitkern-Extrakt (*kein* Traubenkern-Extrakt) und Heilpilz-Extrakt. Genauere Hinweise zur Dosierung gebe ich Ihnen im Anhang hinten ab Seite 276. Zu den verdauungsregulierenden Gewürzen gehören schwarzer Pfeffer, Nelken, Zimt und Wermut. Benutzen Sie diese beim Kochen oder nehmen Sie sie als Nahrungsergänzung ein.

Es könnte sein, dass Sie sich während dieser 72 Stunden hungrig, unleidlich oder müde fühlen. Am Ende der drei Tage werden Sie dafür einige Pfund verloren (üblicherweise bis zu vier) und Entzündungen so weit reduziert haben, dass Sie weniger Schmerzen als üblich verspüren. Die Balance Ihrer Darmbakterien sollte auch schon in Richtung Mikros tendieren, sodass diese freundlichen kleinen Gesellen den fiesen Typen zahlenmäßig überlegen sind.

Denken Sie daran: Fallen Sie jetzt nicht in alte Gewohnheiten zurück, auch wenn Sie sich besser fühlen. Dies würde nur dazu führen, dass die schädlichen Bakterien und Pilze wieder das Ruder übernehmen. Steigen Sie am Morgen von Tag 4 daher direkt in Phase 2 ein.

PHASE 2 6-wöchige Reparatur und Wiederherstellung

In dieser Phase des Programms trainieren Sie sich neue Essgewohnheiten an. Dadurch schaffen Sie ein gesundes Klima in Ihrem Verdauungssystem, das Ihre nützlichen Mikros hegen und pflegen und die bösen Jungs davon abhalten wird, unter lautem Gegröle wieder einzufallen und sich den Platz zurückzuerobern. In Phase 1 wurde das Unkraut im zugewucherten Garten Ihres Verdauungstrakts gejätet, in Phase 2 geht es darum, den Boden anzureichern und den Zaun zu reparieren, um unwillkommene Schädlinge fernzuhalten. In der Regel benötigt man etwa sechs Wochen, um sich an ein neues Essverhalten zu gewöhnen. Daher dauert Phase 2 des LFE-Programms sechs Wochen.

Es ist schwer, alte Muster zu durchbrechen und sich aus Suchtverhalten zu befreien. Ein paar Wochen nach dem Beginn dieser Phase werden Sie sich jedoch großartig fühlen: Ihre Kleidung wird lockerer sitzen, Ihr Energielevel wird ansteigen und Sie werden versucht sein zu denken, Sie seien jetzt bereits so gesund, dass Sie wieder alles essen könnten, worauf Sie Lust haben. Bitte tun Sie das nicht, sondern bleiben Sie dran und halten Sie diese Phase des Programms die ganzen sechs Wochen lang durch. Auch wenn die positiven Veränderungen, die Sie bemerken, real sind, so dauert es doch seine Zeit, die Löcher in der Darmwand nachhaltig zu versiegeln. Die schädlichen Bakterien nehmen jede Gelegenheit wahr, um wieder die Oberhand zu gewinnen. Sie dürfen ihnen gegenüber nicht nachlassen, sondern müssen sie gnadenlos aushungern – das ist der beste Weg zur Heilung, die Sie nicht nur brauchen, sondern sich auch verdient haben.

Lassen Sie in dieser Phase des Ernährungsplans weiterhin alle Lebensmittel auf der »Nein, danke«-Liste (Seite 40) außen vor, machen Sie einen Bogen um alles Obst, ausgenommen die erlaubten Sorten aus Phase 1, meiden Sie Kuhmilchprodukte so weit wie möglich (Kokosdrinks [Zusammensetzung beachten!] und -joghurts sind kein Problem, aber auch Milch, Käse und Joghurt aus Schafs- und Ziegenmilch sind in Ordnung, solange Sie es damit nicht übertreiben, denn sie enthalten Neu5Gc). Lassen Sie Bohnen und Tofu und andere unfermentierte Sojaprodukte weg (dies gilt für jeden, aber vor allem für Vegetarier oder Veganer – am Kapitelende werde ich spezielle Hinweise für diejenigen anschließen, die kein Fleisch essen). Schränken Sie in den ersten beiden Wochen von Phase 2, wie auch schon in Phase 1, Ihren Konsum von Kokos- und Olivenöl erst einmal ein. In diesem frühen Stadium des Programms sollen Entzündungen in Ihrem Körper so weit wie möglich abklingen, und der Verzicht auf die Öle hilft Ihnen, dieses Ziel zu erreichen. Nach zwei Wochen in Phase 2 können Sie langsam wieder Öle in Ihren Speiseplan aufnehmen.

Sie können bis zu 225 Gramm tierisches Eiweiß pro Tag verputzen (jedoch ausschließlich von Tieren aus Weidehaltung, in Form von Omega-3-Eiern oder Fisch und Meeresfrüchten aus Wildfang, vorzugsweise aufgeteilt in zwei etwa gleich große Portionen pro Tag – jeweils etwa in der Größe Ihrer Handfläche). Ich fände es jedoch besser, wenn Sie weniger Proteine zu sich nähmen. Sie sollten auch Ihren Konsum resistenter Stärken erhöhen, um Ihre frisch sanierten nützlichen Darmbakterien zu unterstützen – Kochbananen, Süßkartoffeln oder Yamswurzeln, Tarowurzeln, Konjak- bzw. Shirataki-Nudeln (eine wohlschmeckende Alternative zu Nudeln, sie sind bisweilen auch im Supermarkt im Kühlregal oder im Tiefkühlfach zu finden), Pastinaken, Steckrüben, Yambohnen, Knollensellerie, Topinambur sowie unreife Mangos, Papayas und grüne Bananen. Anderes »Qualitätsfutter« für Ihre guten Bakterien sind Radicchio, Chicorée, Okra, Artischocken, Zwiebeln, Knoblauch und Champignons. Darin ist ein für Menschen unverdaulicher Zucker (das sogenannte Inulin) enthalten, den die freundlichen Bakterien lieben.

Ihre Mikros sind zudem Fans von grünem Blattgemüse und Kreuzblütengewächsen, greifen Sie daher (wie schon in Phase 1) weiterhin reichlich dabei zu. Wie bereits in Regel Nr. 4 erwähnt, gibt es einen weiteren überraschend leichten Weg, den guten Darmbakterien die geliebten Polyphenole zu liefern. Holen Sie den Obst-Entsafter raus und nutzen Sie ihn quasi umgekehrt: Gießen Sie den Saft weg und essen Sie das Fruchtfleisch, das übrig bleibt. Der Vorteil besteht darin, dass Sie so keine Ladung Zucker an den Darm mitliefern, worauf es die schlechten Bakterien abgesehen haben. Mixen Sie das Fruchtfleisch in einen Smoothie, rühren

Sie es in Kokos-, Ziegen- oder Schafsjoghurt ein oder geben Sie es an Ihr Salatdressing. Auch Nüsse sind ein großartiger Snack für Phase 2, vor allem Pistazien mit ihrem Reichtum an Polyphenolen, Walnüsse, Macadamias und Pekannüsse, bis zu 65 Gramm pro Tag. Frische oder getrocknete Feigen (das sind genaugenommen Blüten und keine Früchte) und Datteln sind gute Quellen für die Ballaststoffe, die nur Ihre guten Mikros gern verspeisen. Sie sind zudem *in begrenzter Menge* genau das Richtige, wenn Sie der kleine Süßhunger überkommt. Streuen Sie sie auch über Ihren Salat oder fügen Sie sie Smoothies bei.

Geeignete Rezepte für Phase 2 sind die Blumenkohl-Parmesan-Muffins (Seite 109), die Mini-Pancakes mit Chocolate Chips (Seite 112), der Rinder-Champignon-Eintopf (Seite 148), die Garnelen-Poké-Bowl (Seite 157) und die Cremigen Spaghetti mit Kohl und Garnelen (Seite 164).

Nehmen Sie in Phase 2 zusätzlich Fischölkapseln ein – die mit dem höchsten Milligrammgehalt an DHA (Docosahexaensäure, Omega-3-Fettsäure). Idealerweise sollten Sie insgesamt 1000 Milligramm DHA täglich zu sich nehmen, entweder vor jeder Mahlzeit oder indem Sie aromatisiertes Dorschleberöl mit einem gesunden Öl von der »Ja, bitte«-Liste mischen. Als Veganer oder Vegetarier greifen Sie stattdessen zu DHA-Kapseln aus Algen. Nehmen Sie als weiteres wichtiges Nahrungsergänzungsmittel täglich Vitamin D3 ein. Versuchen Sie es mit 5000 bis 10 000 I.E. pro Tag, es sei denn Ihr Arzt überwacht Ihre Werte und empfiehlt Ihnen eine höhere Dosis. In meinen fünfzehn Jahren als Restaurativ-Mediziner habe ich regelmäßig bis zu 40 000 I.E. pro Tag verschrieben, um die Vitamin-D-Spiegel meiner Patienten auf mindestens 70 ng/ml zu bringen, das ist nach meinen Erfahrungen der Mindestwert für eine gesunde Basis. (Ich halte mein eigenes Vitamin-D3-Level und das meiner Autoimmun- und Krebspatienten auf mindestens 100 ng/ml oder höher.)

Als letztes Teil in diesem Puzzle nehmen Sie keine verschriebenen Medikamente mehr ein, die das Mikrobiom zerstören. Dies gilt natürlich nur, falls dies bei Ihnen medizinisch möglich ist und auch nur unter Aufsicht Ihres Arztes. Zu diesen Arzneimitteln gehören Antibiotika, Magensäureblocker (ersetzen Sie sie durch Tums-Antacidum-Tabletten, DGL-Tabletten oder Eibischwurzel) und NSAR (wie Ibuprofen oder Naproxen; ersetzen Sie sie durch Tylenol® oder Weihrauchextrakt).

PHASE 3 Den Lohn ernten

Von Patienten, die sich seit mindestens sechs Wochen nach dem LFE-Programm ernährt hatten (unerheblich, ob sie nun in Phase 1 einstiegen oder direkt mit Phase 2 begonnen hatten), hörte ich von allen möglichen erstaunlichen Veränderungen – und sah sie ihnen auch an. Sie verloren ihr Übergewicht oder nahmen ein paar Kilo zu, wenn sie untergewichtig gewesen waren. Hatten sie an Arthritis oder Autoimmunerkrankungen gelitten, staunten sie selbst darüber, wie deutlich ihre chronischen Schmerzen nachließen. Ihre Verdauung hatte sich verbessert, und Darmträgheit oder Durchfallerkrankungen hatten sich von selbst reguliert.

In dieser finalen Phase des LFE-Programms können Sie gewisse lektinhaltige Lebensmittel wieder in Ihren Speiseplan aufnehmen – mit der richtigen Vorbereitung. Dadurch erweitert sich nicht nur Ihre Lebensmittelauswahl, Sie werden auch verstehen, wie sehr Ihr Darm heilen konnte und wie stark Ihre Mikros wieder die Kontrolle über Ihren Darm und Ihr Immunsystem übernommen haben. Sie müssen diesen Schritt nicht exakt nach sechs Wochen vollziehen – wenn Sie sich gut fühlen und Ihren Ernährungsplan nicht ändern möchten, bleiben Sie dabei, bis sich der Wunsch, etwas zu ändern, von selbst einstellt.

Falls eine der folgenden Veränderungen, *noch nicht* eingetreten ist, sollten Sie in Phase 2 bleiben, bis sich etwas tut:

- Ihr Stuhlgang ist wieder regelmäßig.
- Ihre Gelenke schmerzen nicht mehr.
- Der Brain Fog ist zurückgegangen.
- Ihre Haut ist reiner geworden.
- Ihr Energielevel ist merklich gestiegen.
- Ihr Schlaf hat sich verbessert.
- Ihr Gewicht hat sich normalisiert.

Manche Personen reagieren auf Lektine einfach sensibler als andere. Falls Sie unter Hypothyreose (Schilddrüsenunterfunktion) oder Arthritis leiden, Herzerkrankungen oder eine diagnostizierte Autoimmunerkrankung haben, Ihre Mandeln oder Ihr Blinddarm entfernt wurden oder Sie mit chronischen Nebenhöhlenproblemen zu kämpfen haben, rate ich Ihnen, weiter an den Ernährungsstrategien von Phase 2 festzuhalten. Sie wollen bestimmt nicht all die Gesundheitsnutzen, die Sie sich bisher erarbeitet haben, mit einer Portion Bohnen ruinieren, oder?

Für die meisten von Ihnen gilt jedoch: Wenn Sie sich bereit fühlen, manche Lebensmittel wieder zu essen, beginnen Sie Phase 3 des LFE-Programms. In dieser Phase können Sie Ihr Leben lang bleiben, denn sie ist eher ein Lifestyle als Teil eines Ernährungsprogramms.

Essen Sie weiterhin die Lebensmittel aus Phase 2 und wenden Sie die zugehörigen Strategien an. Zusätzlich können Sie ab jetzt mehr Kokosöl sowie junge oder »Baby«-Varianten lektinhaltiger Lebensmittel auf Ihren Speisezettel setzen, zum Beispiel Gurken, Zucchini und japanische Auberginen (die noch nicht ausgereiften enthalten weniger oder keine Samen). Auch bei geschälten und entsamten Tomaten alter Sorten oder geschälten und entsamten Paprika können Sie nun zugreifen. Als Nächstes dürfen Sie kleine Mengen von im Schnellkochtopf durchgegarten Bohnen und Linsen essen. Wenn Sie diese gut vertragen, versuchen Sie es mit kleinen Portionen von weißem Basmatireis (bevorzugt aus Indien) oder Pseudo-Getreide wie Quinoa; kochen Sie beide ebenfalls im Dampfdrucktopf. Führen Sie jedoch *maximal ein neues Lebensmittel pro Woche* wieder ein, sodass Sie die Wirkungen, die es auf Sie und Ihr Mikrobiom hat, genauer verfolgen können. Sollten ein oder zwei Lebensmittel Beschwerden bei Ihnen hervorrufen und Sie dies anhand von Stuhlgang, Gelenken, Ihrer Haut oder Ihrer Stimmung präzise festmachen können, achten Sie darauf, diese künftig zu meiden. Die anderen neuen Lebensmittel, die keine negativen Reaktionen auslösen, können Sie dann umso mehr genießen.

Reduzieren Sie ganz allgemein Ihren Konsum von Rind-, Schweine- und Lammfleisch (auch wenn es aus Weidehaltung stammt) aufgrund seines Neu5Gc-Gehalts; beschränken Sie sich auf maximal 60 Gramm pro Tag. Reduzieren Sie dann zunehmend auch sicherere Tierprodukte wie Fisch aus Wildfang und Hühnchen aus Weidehaltung. Denken Sie daran: Nüsse, Blätter und Pilze enthalten viel Protein, um den Bedarf Ihres Körpers zu decken. Wenn Sie sich mal wieder fragen, ob Sie aus Blattgemüse auch wirklich ausreichende Mengen an Protein beziehen können, denken Sie an die Muskelmasse eines Gorillas oder eines Pferdes!

Essen Sie auch Obst nur in moderaten Mengen und beschränken Sie sich entweder auf die oben genannten unreifen Früchte oder auf saisonale Früchte. Schälen Sie die Früchte vor dem Verzehr und entfernen Sie deren Samen. Halten Sie sich auch bei den akzeptablen Milchprodukten aus Ziegen-, Schafs- und Kuhmilch von südeuropäischen Kühen (siehe »Ja, bitte«-Liste) zurück, denn darin steckt ebenfalls Neu5Gc. So sehr Ihre Mikros die resistenten Stärken in Knollengemüse auch lieben, wenn Sie zu sehr auf diese Lebensmittel setzen, werden Sie an Gewicht zulegen. Füllen Sie Ihren Teller also hauptsächlich mit Gemüse und genießen Sie resistente Stärken nur als Beilage, nicht als Star der Show. Gewöhnen Sie es sich schließlich auch an, zwischen den Mahlzeiten längere Pausen einzuhalten oder intermittierend zu fasten (mehr darüber auf Seite 45). Richten Sie sich nach den Angaben über Nahrungsergänzungsmittel, die ich in Phase 2 skizziert habe. Um dann in Sachen Gesundheit so richtig durchzustarten, gehen Sie für eine Stunde am Tag in die Sonne und setzen Sie sich dem natürlichen Licht aus. Versuchen Sie, jede Nacht acht Stunden zu schlafen und regelmäßig Sport zu treiben. Halten Sie sich abends und nachts von blauem Licht fern (aus dem Smartphone, Computer, Fernseher etc.) und meiden Sie Umweltschadstoffe (hormonaktive Substanzen), von denen auf Seite 18 die Rede war.

Auf einen Blick: Nahrungsmittel für jede Phase des LFE-Programms

Um Ihnen einen besseren Überblick zu verschaffen, in welcher Phase Sie welche Lebensmittel essen können, habe ich die folgende Liste zusammengestellt.

PHASE 1

Grünes Blattgemüse: Endiviensalat, Spinat, Mangold und Wasserkresse

Kreuzblütler: Pak Choi, Brokkoli, Rosenkohl, Weiß- und Rotkohl, Blumenkohl, Grünkohl und Brauner Senf (Sareptasenf)

Artischocken

Spargel

Sellerie

Fenchel

Radieschen

Frische Kräuter wie Minze, Petersilie, Basilikum, Koriander

Knoblauch, Zwiebeln, Lauch und Schnittlauch

Meeresgemüse: Kelp, Algen und Nori

Fisch und Meeresfrüchte aus Wildfang oder Geflügel aus Weidehaltung, nicht mehr als 225 g pro Tag

Quorn, Vegetarisches Hack oder Geschnetzeltes

Tempeh (getreidefrei)

Hanf-Tofu

Avocado, max. 1 Frucht pro Tag

Oliven

Avocado-, Macadamia-, Walnussöl, Hanfsamenöl, Leinöl, MCT-Öl, Perillaöl, Ghee

Nüsse (siehe die »Ja, bitte«-Liste für die jeweiligen Sorten)

Zitronensaft

Essig

Senf

Tee: grün, schwarz, Kräuter

Kaffee

Stevia oder Inulin

PHASE 2

Alles aus Phase 1 plus:

Saisonales Obst oder grüne Bananen, Mangos oder Papayas in begrenzter Menge

Weidehuhn- oder Omega-3-Eier

Kochbananen

Konjak-Nudeln (Shirataki-Nudeln)

Pastinaken

Steckrüben

Yambohnen

Knollensellerie

Topinambur

Süßkartoffeln

Mandelmehl

Maniokmehl

Kokosmehl

Sorghum- und Millethirse

Inulin und Yaconsirup

Okra

Radicchio

Champignons, roh oder gegart

Ziegenmilch-, Schafsmilch- oder Kokosjoghurt, natur

Feigen

Datteln

natives Olivenöl extra und Kokosöl (nach zwei Wochen in Phase 2)

PHASE 3

Alle Lebensmittel aus Phase 1 und Phase 2 plus:

geschälte und entsamte Baby-Gurken, Baby-Zucchini und japanische Baby-Auberginen (immer eine Gemüsesorte nach der anderen hinzufügen; stellen Sie sicher, dass Sie keine negativen Auswirkungen verspüren, bevor Sie die nächste Sorte probieren)

Geschälte und entsamte Tomaten alter Sorten sowie Paprika (testen Sie eine Sorte nach der anderen, um festzustellen, ob sie Ihnen Beschwerden bereiten)

Bohnen und Linsen (im Schnellkochtopf durchgegart)

Indischer weißer Basmati-Reis (im Schnellkochtopf durchgegart)

Beta-Casein-A2-Milchprodukte – Milch und Käse aus Ziegen-, Schafs-, Büffelmilch oder Milch von südeuropäischen Kühen

Sauerteig-Weißbrot (verzichten Sie darauf, wenn Sie unter einer Autoimmunerkrankung, Diabetes oder Prädiabetes leiden oder Krebspatient sind) – es soll jedoch nur als »Transportmittel« für etwas Olivenöl dienen.

Hinweise für Vegetarier und Veganer

Eines möchte ich klarstellen: Ich bin ein Befürworter der vegetarischen und veganen Ernährung, und darauf ist auch das LFE-Programm ausgerichtet. Zusätzlich zu meinen praktischen Erfahrungen als Arzt habe ich mich über die Forschungsergebnisse zu den »Blauen Zonen« informiert. Das sind jene fünf Regionen auf der Welt, wo Menschen das im Durchschnitt höchste Lebensalter erreichen, wie der Journalist Dan Buettner sie in seinem Buch »The Blue Zones, 9 Lessons for Living Longer From the People Who've Lived the Longest« dargestellt hat. Dazu gehören Okinawa (Japan), Sardinien (Italien), die Nicoya-Halbinsel (Costa Rica), Ikaria (Griechenland) und die Siebenten-Tags-Adventisten in Loma Linda, Kalifornien. Dadurch wurde mir klar, dass die dort lebenden Menschen deutlich weniger tierisches Protein zu sich nehmen als in der westlichen Standardernährung üblich. Und doch plädiere ich hier dafür, dass Sie um viele »Pfeiler der vegetarischen Ernährung« einen Bogen machen sollten, wie etwa Reis, Bohnen, Tofu und Pasta. Wie ich darauf komme?

Wenn man die Ernährungsweisen der Bewohner der Blauen Zonen genauer betrachtet und vergleicht, erkennt man, dass diese keineswegs vorrangig auf Vollkorn und Bohnen setzen. Analysiert man zum Beispiel die Küche Okinawas genauer, stellt man fest, dass die Menschen dort 70 Prozent ihrer Kalorien aus einer roten Süßkartoffel beziehen. 6 Prozent ihrer Ernährung bestehen aus weißem Reis, weitere 6 Prozent aus Soja (als Tofu oder Miso), den Rest bilden andere Gemüse und gelegentlich Schweinefleisch. Die Einwohner von Acciaroli (in der süditalienischen Provinz Kampanien am Tyrrhenischen Meer gelegen), einer »neuen« Blauen Zone, decken ihren Kalorienbedarf in erster Linie mit Olivenöl, Anchovis und Rosmarin und nur zu einem geringen Teil mit Fleisch und Getreide. Dort wohnen mehr über 100 Jahre alte Menschen als an irgendeinem anderen Ort der Welt. Übrigens trinken diese Italiener auch jeden Tag Rotwein und rauchen wie die Schlöte. Der Hauptgrund dafür, dass die Menschen in den Blauen Zonen so viel länger leben, ist meiner Meinung nach, dass sie nur wenig tierisches Protein zu sich nehmen und vergleichsweise weniger Getreide und Bohnen essen, als Bohnen- und -Getreide-Befürworter angeblich verzehren.

Ein weiterer Grund, weshalb Sie Ihren Konsum von Fleisch und tierischen Produkten (inklusive Eier und Käse) einschränken wollen? Ganz einfach: Tierisches Eiweiß lässt uns altern – egal, wie artgerecht die Tiere gehalten wurden. Wie auf Seite 32 schon erläutert, enthält tierisches Protein ein Zuckermolekül namens Neu5Gc. Es steht im Verdacht, unser Immunsystem zum Angriff auf unsere Blutgefäße zu veranlassen. Was wiederum Herzerkrankungen fördert und das Krebsrisiko erhöht. Zusätzlich, und das ist wirklich bizarr, benutzen Krebszellen Neu5Gc, um sich vor dem Immunsystem zu verstecken. Es ist eine Tarnvorrichtung – betrachtet man die chemische Zusammensetzung von Tumoren genauer, erkennt man, dass darin sehr viel Neu5Gc enthalten ist. Und schließlich: Bestimmte Aminosäuren, die den Alterungsrezeptor mTOR stimulieren, sind in tierischen Proteinen, inklusive Hühnchen und Fisch, deutlich konzentrierter enthalten als in pflanzlichem Eiweiß. Daher, liebe Vegetarier und Veganer, glaube ich, dass Sie allen anderen voraus sind, wenn es darum geht, beim Altern so jung wie möglich zu bleiben. Bedauerlicherweise machen bestimmte Proteinlieferanten, insofern diese nicht entsprechend zubereitet werden, Sie jedoch eher kränker als gesünder.

Ich will niemandem seinen geliebten Reis oder die geliebten Bohnen wegnehmen. Solange Sie respektieren, dass diese Pflanzen selbst niemals gegessen werden wollten – und auch nicht wollten, dass ihre Nachkommen gegessen werden –, und Sie sie richtig durchgaren (in einem Schnellkochtopf, wodurch die Lektine neutralisiert werden), ist alles in bester Ordnung. Ich bin immer wieder beeindruckt, wenn mir Patienten erzählen, dass schon ihre Großmütter in Brasilien oder Peru Bohnen, Reis oder Quinoa im Dampfdrucktopf zubereiteten und zu hören, dass meine Patienten erst krank wurden, als sie diese »altmodische« Zubereitungsart aufgaben. Wie es scheint, kannten sich die Omas mit der einen oder anderen Sache aus. Sind die Lektine einmal eliminiert, wird aus Bohnen eine köstliche Mahlzeit mit löslichen Ballaststoffen und resistenten Stärken für Ihre freundlichen Mikros. Mit nur etwas Hintergrundwissen und klugen Entscheidungen *können* Sie in Phase 2 beginnen, moderate Mengen an Bohnen und Hülsenfrüchten zu essen. Bei Reis sollten Sie eher Phase 3 abwarten, aber er ist nicht völlig ausgeschlossen. Das Einzige, das bei Ihnen wirklich langfristig nicht auf den Teller kommen sollte, sind Weizen, Roggen, Gerste und Hafer, da selbst das Durchgaren im Schnellkochtopf die Lektine (Gluten) darin nicht zerstören kann.

Ein Leben lang LFE: Die neue Ernährungspyramide

Wenn Sie nun bereit sind, das LFE-Programm als langfristigen Lifestyle anzunehmen, lassen Sie uns weniger über Listen sprechen und mehr darüber, wie die Zusammensetzung Ihrer Ernährung künftig aussehen sollte. Zu diesem Zweck habe ich eine schnell und leicht verständliche Illustration für Sie gestaltet: Die LFE-Ernährungspyramide.

Auf den ersten Blick ähnelt sie der Ernährungspyramide des U.S. Department of Agriculture's Center for Nutrition Policy and Promotion (USDA) sehr stark. [Wir haben hier bewusst die amerikanische Pyramide stehen lassen; die europäischen Versionen sahen bis vor einigen Jahren ganz ähnlich aus, mittlerweile exis-

Quelle: U.S. Department of Agriculture/U.S. Department of Health and Human Services

tieren in Europa jedoch zahlreiche, in den letzten Jahren mehr oder weniger stark modifizierte und teilweise sehr unterschiedliche Modelle; zudem gelangen Sie über den untenstehenden Link auch wieder zur amerikanischen Version. Anm. d. Verlags] Ich habe diese unter die LFE-Pyramide gestellt, damit Sie beide vergleichen können. Sie haben dieselbe dreieckige Form und zeigen Ihnen die Lebensmittel, die Sie am häufigsten oder nur selten zu sich nehmen sollten. Damit enden die Ähnlichkeiten aber auch schon. Während die Ernährung nach der Lebensmittelpyramide des USDA auf schnellstem Weg zu Verdauungsbeschwerden, zur Kontamination mit chemischen Substanzen und zu jeder Menge Krankheiten führt, wird Ihnen die LFE-Pyramide helfen, das für Sie ideale Gewicht zu erreichen und zu halten sowie Entzündungsprozesse, die Ursache so vieler chronischer Erkrankungen, erheblich einzudämmen. Falls Sie sich eine (englischsprachige) Kopie der LFE-Pyramide ausdrucken und an den Kühlschrank hängen möchten (und um die Seite nicht aus diesem schönen Buch herausreißen zu müssen), gehen Sie zu: gundrymd.com/wp-content/pdf/Gundry_Food_Pyramid.pdf.

Was stimmt denn nicht mit der Standard-Lebensmittelpyramide? Nun, schauen Sie sich zuerst einmal die Basis an – dort wird empfohlen, vor allem Getreide in Form von Brot, Nudeln, Zerealien und noch mehr Brot zu essen. Da diese Produkte aber stark verarbeitet sind, gehören sie zu der Lebensmittelgruppe, die mit großer Wahrscheinlichkeit heimtückische Lebensmittelzusätze und tödlich wirkende Disruptoren enthält.

So werden Brot oft Konservierungsstoffe und Zutaten wie Farbstoffe oder High-Fructose-Corn-Syrup (stark fruktosehaltiger Maissirup) zugesetzt. Darüber hinaus erweckt die herkömmliche Lebensmittelpyramide den Eindruck, als sei es nicht nur in Ordnung, elf Scheiben Brot zu vertilgen, sondern sogar gesundheitsfördernd. Übrigens, auf Sardinien (dort ist in der Provinz Nuoro eine der Blauen Zonen) essen die Menschen bis zu elf Scheiben Brot pro Tag. Sie weisen jedoch auch eine der höchsten Raten an Autoimmunerkrankungen in Europa auf! Weizenmehl enthält eine große Ladung an Lektinen wie Gluten und Weizenkeimagglutinin (WGA; Weizenlektin), diese greifen unter anderem die Darmschleimhaut an und veranlassen die Speicherung von Bauchfett.

Den größten Unterschied zwischen der LFE- und der Standard-USDA-Pyramide bildet damit das Basislevel. Wie Sie sehen können, kommt Getreide in der Basis der LFE-Pyramide gar nicht vor. Vielmehr rate ich grundsätzlich dazu, gesunde Fette, grünes Blattgemüse und Kreuzblütengewächse zum Hauptbestandteil der Ernährung zu machen. Diese Lebensmittel unterstützen die Gesundheit und können in unbegrenzter Menge verzehrt werden. Dazu gehören:

- natives Olivenöl extra, Avocadoöl, Walnussöl, Sesamöl und Kokosöl
- Avocados
- Romana-Salat, roter und grüner Blattsalat wie Eichblatt oder Lollo, Kohlrabi, junger Schnittsalat, Spinat, Endivien, Buttersalat, Petersilie, Fenchel, Seetang/Meeresgemüse
- Brokkoli, Blumenkohl, Rosenkohl, Pak Choi, Grün-, Weiß- und Rotkohl, Spargel und Radieschen
- Daneben liegt die dunkle Schokolade, die auch positive Wirkungen auf uns hat, allerdings nur in sehr moderaten Mengen genossen werden darf – bis zu 30 Gramm Bitterschokolade (mindestens 72 Prozent Kakaoanteil) sind vertretbar.

Die zweite Ebene der LFE-Lebensmittelpyramide ist vermutlich der erstaunlichste Teil – denn hier gibt es gar nichts zu essen! Damit möchte ich Sie anregen, regelmäßig intermittierend zu fasten, sei es nun, dass Sie jeden Tag nur in einem bestimmten Zeitfenster essen (zum Beispiel zwischen 10 Uhr und 18 Uhr) oder dass Sie ein oder zwei Tage die Woche jeweils nur um die 500 Kalorien zu sich nehmen – je nachdem, welche Strategie auch immer für Sie am besten funktioniert. Da sich unser Körper im Verlauf der menschlichen Evolution an die regelmäßig wiederkehrenden Fasten- und Hunger-Zeiten gewöhnt hat, profitieren wir sogar davon, wenn wir von Zeit zu Zeit gar nichts essen. Intermittierendes Fasten (siehe Seite 45) ist einer der Schlüssel zu einer umfassenden Gesundheit, und deshalb steht es in der Pyramide an zweiter Stelle.

Die dritte Ebene der LFE-Pyramide umfasst Nüsse, Mehlersatzprodukte und lektinfreies Getreide. Hier können Sie Ihr Verlangen nach Getreide und Brot stillen. Und ja, es ist in Ordnung, wenn Sie in dieser Kategorie täglich sündigen. Aber stellen Sie sicher, dass Sie Ihren Konsum auf kleine Portionen pro Mahlzeit beschränken. Aus Maniokmehl, Mandelmehl, Tapiokastärke und Kokosmehl können Sie viele der beliebtesten Backwaren herstellen. Mit Sorghum- und Millethirsen, zwei lektinfreien Getreidesorten, haben Sie zwei prima Alternativen, um beispielsweise Taboulé nachzukochen. Daneben stehen die resistenten Stärken, da sie die nützlichen »freundlichen« Bakterien füttern. Sie können diese in Maßen jeden Tag bei jeder Mahlzeit essen.

Sie haben sicher bemerkt, dass die tierischen Produkte überhaupt erst sehr weit oben in Richtung der Pyramidenspitze auftauchen (obwohl Eigelb ein guter Lieferant für gesunde Fette ist – Sie können bis zu vier pro Tag verspeisen, am besten jedoch nur ein Eiweiß). Auf der vierten Ebene der Pyramide finden sich also Fisch und Meeresfrüchte aus Wildfang, Geflügel aus Weidehaltung und Eier. Dazu kommt Obst, das aber als Süßigkeit gilt und daher nur in sehr moderaten Mengen gegessen werden sollte. Eine kleine Menge saisonaler Früchte können Sie jeden Tag verzehren. Wenn Sie in einer kühleren Klimazone leben, bekommen Sie in einigen Monaten im Jahr gar keine saisonalen Früchte! Halten Sie sich beim Obst also zurück, und Ihre Hüfte wird es Ihnen danken. Die einzigen Früchte, die Sie das ganze Jahr über konsumieren können, sind grüne Bananen, unreife Mangos und Papayas sowie die immer passende Avocado.

Beinahe an der Spitze der Pyramide kommen Milchprodukte von südeuropäischen Kühen, von Ziegen, Schafen und Wasserbüffeln. Diese Milchprodukte sind erlaubt, da sie aus Milch hergestellt werden, die anstelle von Beta-Casein A1 das Protein Beta-Casein A2 enthält. Betrachten Sie diese Milchprodukte als Genussmittel und konsumieren Sie sie nur in begrenzter Menge.

Daneben stehen die alkoholischen Getränke, und in diesen Bereich gehört auch (obwohl hier nicht noch einmal eingezeichnet) die dunkle Schokolade. Bis zu 30 Gramm Bitterschokolade (mindestens 72 Prozent Kakaoanteil) sind vertretbar. Rotwein in moderaten Mengen kann sogar gesundheitsförderlich wirken. »Moderat« bedeutet in diesem Fall maximal 120 bis 180 Milliliter pro Tag und nur zu den Mahlzeiten. Und wie schon in Kapitel 2 (siehe Seite 33) beschrieben, können Ihnen auch Champagner und dunkle Spirituosen (wie Bourbon oder Roggenwhisky) durchaus gesundheitliche Vorteile bringen.

Orientieren Sie Ihr Essverhalten an dieser neuen Pyramide. Einfach grafisch dargestellt, repräsentiert sie eine vorbildliche gesunde Ernährung.

kapitel vier

Die LFE-Küche

Die Basis jeder erfolgreichen Ernährungsumstellung bilden eine gut ausgestattete Küche und die richtigen Vorräte. Damit lässt sich Meal Prep (Planung, Vor- und Zubereitung von Speisen) leicht und schnell umsetzen und macht Spaß.

Im Hinblick auf die nötigen Vorräte habe ich dieses Buch so konzipiert, dass Sie die meisten Zutaten leicht in einem gut sortierten Supermarkt bekommen werden. Beim Erstellen der Liste bin ich sogar selbst ab und an in den Supermarkt gegangen, um zu prüfen, ob die Produkte dort erhältlich sind. Die meisten, wie zum Beispiel Konjak-Nudeln, findet man, wenn man sich die Zeit nimmt und die Regale mal genauer durchforstet. Kaufen Sie am besten immer die Bio-Varianten der Lebensmittel. Dies wird das LFE-Programm allerdings verteuern, befolgen Sie diesen Ratschlag daher eben so weit, wie es Ihnen möglich ist.

Falls Sie eine Zutat nicht im Supermarkt oder nicht in bezahlbarer Form finden, recherchieren Sie online. Dort sind Lebensmittel von hoher Qualität oft zu etwas günstigeren Preisen erhältlich.

Auch wichtig: Ihre Geschmacksknospen müssen sich erst an die vielen neuen und unterschiedlichen Lebensmittel gewöhnen. Daher mein Tipp: Wenn Sie zunächst mit einer kleineren Auswahl neuer Zutaten beginnen möchten, kaufen Sie sich erst einmal Mandelmehl, Maniokmehl und Kokosmehl. Mit diesen drei Basis-Lebensmitteln können Sie schon viele neue Rezepte ausprobieren, und sie sind gut anstelle anderer Mehlalternativen einsetzbar.

Darüber hinaus stelle ich Ihnen im Folgenden einige Grundnahrungsmittel vor, die im Rezeptteil immer wieder verwendet werden. Es lohnt sich daher, sie vorrätig zu haben und sie regelmäßig in Ihren Speiseplan einzubauen.

Die Grundnahrungsmittel der LFE-Küche

Avocado: Diese reichhaltigen, cremigen Schönheiten sind so gesund, dass Sie ruhig eine ganze pro Tag essen können. Der einzige Haken daran: Die Früchte müssen zum Zeitpunkt des Verzehrs reif sein. Damit Avocados schneller reifen, kann man sie neben grüne Bananen legen. Und wenn Sie der Hunger wirklich drückt, können Sie Ihre Avocado auch mal eben für 10 Minuten bei 175 °C in den Backofen legen, um sie weicher zu bekommen. Sie wird dann zwar nicht perfekt schmecken, aber die Textur ist genau richtig. Ist die Avocado schon ausgereift, legen Sie sie in den Kühlschrank, damit sie bis zu zwei Tage länger frisch bleibt. Alternativ können Sie das Fruchtfleisch herauslöffeln, pürieren und in einem Gefrierbehälter einfrieren. Ich persönlich bevorzuge Hass-Avocados mit dunkelgrüner oder schwarzer ledrig-runzliger Schale, aber Avocados aus Florida schmecken auch gut.

Avocadoöl-Mayonnaise: Die meisten Mayonnaisen werden aus Ölen von minderwertiger Qualität hergestellt und/oder aus Pflanzenölen mit hohem Lektingehalt wie Distel- oder Rapsöl. Mayonnaise aus Avocadoöl ist daher die bessere Wahl. Wenn Sie sie nicht selbst anrühren wollen (siehe das Rezept auf S. 270, dabei einfach das Olivenöl durch Avocadoöl ersetzen), schauen Sie sich mal online danach um.

Avocadoöl: Mit seinem hohen Rauchpunkt und dem milden Geschmack ist Avocadoöl ein exzellentes Allroundöl. Sie bekommen es in den meisten gut sortierten Supermärkten.

Basmati-Reis: In Phase 3 können Sie langsam wieder moderate Mengen Reis in Ihren Speiseplan aufnehmen. Halten Sie sich an weißen Basmati-Reis, da er von allen Reissorten den niedrigsten Lektingehalt aufweist und zugleich mit vielen resistenten Stärken punktet. Kaufen Sie am besten Original-Basmati-Reis aus Indien.

Blumenkohlreis: Bei dieser herzhaften Beilage, die auch Teil vieler Rezepte in diesem Kochbuch ist, handelt es sich eigentlich gar nicht um Reis, sondern um fein gehackten Blumenkohl. Sie können ihn leicht selbst zubereiten, indem Sie einfach Blumenkohlröschen in der Küchenmaschine kleinhäckseln. Wenn Sie ihn bereits gehackt kaufen, haben Sie es etwas bequemer; in ausgewählten Supermärkten ist er tiefgekühlt erhältlich.

Cayennepfeffer: Sie mögen es gerne schärfer? Dann greifen Sie nicht zu roten Chiliflocken – deren Haut und Samen Lektine enthalten –, sondern zu Cayennepfeffer. Es gibt welchen aus gemahlenen Chilischoten, die vorher geschält und entsamt wurden. Das gleiche gilt auch für Paprikapulver.

Eier: Ich liebe Eier, und ich plädiere dafür, mehr Eigelb als Eiweiß zu essen. Eigelb enthält viele gesunde Fette und Nährstoffe! Omeletts bereite ich daher immer aus vier Eidottern und einem Eiweiß zu. Kaufen Sie nur Eier von Hühnern aus Weidehaltung oder Omega-3-Eier.

Ei-Ersatz: Das vom Autor aufgeführte Produkt »VeganEgg« wurde ursprünglich aus Algenmehl, Nährhefe und anderen pflanzlichen Zusatzstoffen hergestellt, in dieser Form ist es jedoch nicht mehr erhältlich. Die Rezeptur wurde in jüngerer Zeit geändert, sie enthält jetzt Sojamilchpulver, ist Ihnen also nicht mehr zu empfehlen – dazu müssten die Sojabohnen fermentiert worden sein. Dem LFE-

Programm am nächsten kommt wohl **No Egg** von Orgran, das der Hersteller als »cholesterin-, laktose-, gluten- und selbstverständlich eifrei« beschreibt, es enthält folgende Stoffe: Kartoffelstärke (Vorsicht!), Tapiokastärke, Backtriebmittel: Kalziumkarbonat, Säureregulator: Zitronensäure, pflanzliches Gummi als Stabilisator: Methylcellulose. Dieses Produkt soll einen ähnlichen Geschmack und ähnliche bindende Eigenschaften wie echtes Ei liefern; spätestens ab Phase 3 dürfen Sie es dann wohl verwenden [Anm. des Verlags].

Erythrit: Dieses natürliche Süßungsmittel gehört zu den Zuckeralkoholen. Ihr Körper verarbeitet es jedoch anders als gewöhnlichen Zucker, und es verursacht keinen plötzlichen starken Anstieg Ihrer Blutzuckerwerte. Erythrit bereitet im Allgemeinen auch weniger Magenprobleme als andere Zuckerersatzstoffe. Und das Beste: Die Pudervariante verhält sich beim Backen ähnlich wie Zucker, das heißt, sie löst sich im Teig gut auf und schmeckt. Es sind verschiedene Marken erhältlich; hinter dem Markennamen Swerve verbirgt sich eine Kombination aus Erythrit und Oligosacchariden, wodurch der Süßungsgrad in etwa dem von Zucker entspricht.

Ghee: Ghee ist auch unter der Bezeichnung »geklärte Butter« bekannt. Bei Ghee handelt es sich um Butter, der die Milchtrockenmasse (die aus Protein besteht, inklusive dem schwierigen Beta-Casein A1) entzogen wurde, was es haltbar und leicht verdaulich macht. Greifen Sie zu Ghee, das aus Milch von Kühen aus Grasfütterung hergestellt wurde, da diese eine größere Menge an Omega-3-Fettsäuren enthält als Milch von herkömmlich gezüchteten Kühen, die mit Mais und Soja gefüttert werden.

Hanfmilch: Ja, hier handelt es sich um denselben Hanf, der verwandt ist mit Marihuana (auch wenn Sie durch den Genuss der Milch nicht high werden). Hanfmilch ist eine weitere Alternative zu Kuhmilch und schmeckt gut in Smoothies und anderen Rezepten. Greifen Sie auch hier zum ungesüßten Produkt ohne Zusatz- und irgendwelche Geschmacksstoffe.

Hanfproteinpulver: Hanfproteinpulver ist eine großartige Alternative zu Whey-Proteinpulver für Veganer und überhaupt jeden, der weniger tierisches Protein zu sich nehmen möchte. Es liefert alle essenziellen Aminosäuren und reichlich Omega-3-Fettsäuren.

Hanf-Tofu: Eine weitere Möglichkeit, um die gesundheitsförderlichen Nährstoffe von Hanf zu genießen, bietet diese Alternative zu normalem Tofu. Hanf-Tofu hat zudem eine festere Textur.

Hirse: Die Hirsearten lassen sich in zwei Hauptgruppen einteilen, in *Sorghumhirsen* (Sorghum) mit deutlich größeren Körnern und *Millethirsen* mit deutlich kleineren Körnern. Die meisten Hirse-Gattungen, etwa Rispen-, Kolben-, Perl- und Fingerhirse sowie Teff gehören zu der zweiten Gruppe. Ihnen kommt Hirse vermutlich bekannt vor, weil sie oft Bestandteil von Vogelfutter ist. Aber Hirse schmeckt nicht nur Vögeln! Dieses schalenfreie (und damit lektinfreie) Getreide ist eine gute, herzhafte Ergänzung für Ihren Speiseplan.

Honig: Auch wenn Honig ein Naturprodukt ist, handelt es sich doch um eine Art Zucker, deshalb sollte man ihn nur in kleinen Mengen verzehren – maximal 1 TL pro Tag und nur in Phase 3 des LFE-Programms. Aber wenn Sie etwas Süße möchten und aus irgendeinem Grund gerade kein Stevia oder Erythrit zur Hand haben oder es geschmacklich nicht passt, sind roher lokaler Honig oder Manuka-Honig (von Bienen, die sich von den Blüten des Manukastrauchs ernähren, der ursprünglich aus Neuseeland und Australien stammt) die einzig gute Wahl. Die Enzyme im Honig bringen uns gesundheitliche Vorteile wie kein anderer natürlich vorkommender Zucker.

Inulin: Inulin wird unter anderem aus der Chicoréewurzel oder aus der blauen Agave gewonnen (aus der auch Tequila hergestellt wird, aber nicht das Süßungsmittel Dicksaft). Es eignet sich gut zum Backen und Kochen als Ersatz für Zucker. Es versorgt zudem Ihre Mikros mit Polysacchariden, die Sie zwar nicht verdauen können, die Ihre nützlichen kleinen Freunde aber lieben.

Joghurt: Meiden Sie herkömmlichen Joghurt aus zwei wichtigen Gründen: Joghurt wird in der Regel aus Kuhmilch hergestellt, die das Beta-Casein A1 enthält, und Fruchtjoghurts werden außerdem viel Zucker und oft künstliche Stabilisatoren sowie Geschmackszusätze untergemischt. Greifen Sie stattdessen zu Ziegenmilch-, Schafsmilch-, Hanf- oder Kokosjoghurt.

Kakaopulver: Nicht zu verwechseln mit Kaba und Co. oder Pulver für heiße Schokolade, da es sich hierbei um einen bereits gesüßten Mix aus Kakaopulver und sehr viel Zucker handelt. Reines Kakaopulver besteht ganz einfach aus gemahlenen Kakaobohnen. Da es an sich ziemlich bitter schmeckt (eine gute Sache, da der Geschmack eine direkte Folge der im Kakao enthaltenen Polyphenole ist), enthalten viele Kakaopulversorten Kaliumkarbonat, um den Geschmack (und damit leider auch die gesundheitlichen Vorteile) der Polyphenole zu neutralisieren. Lassen Sie daher das »normale« Kakaopulver links liegen und greifen Sie stattdessen zu »nicht-alkalisiertem«.

Kokos-Aminos-Würzsauce: Diese Sauce ist ein schmackhafter Ersatz für Sojasaucen. Sie besteht aus nur zwei Zutaten: Blütensaft der Kokospalme und Meersalz. Mehr nicht. Sojasauce ist eine Bohnensauce – und Bohnen sind sind bekanntlich randvoll mit Lektinen. Außerdem enthält Sojasauce auch Weizen, worin wiederum Gluten steckt – ein ziemlich angriffslustiges Lektin. Verzichten Sie also lieber auf die Sojasauce und greifen Sie stattdessen zu Kokos-Aminos-Würzsauce.

Kokoscreme: Dabei handelt es sich um den reichhaltigen cremigen Teil der Kokosmilch. Sie ist in zwei Formen erhältlich: Kaufen Sie die reine Kokoscreme (machen Sie jedoch einen großen Bogen um Ware in Dosen mit BPA-Innenbeschichtung oder Zuckerzusatz). Falls Sie eine solche Kokoscreme nicht finden können, nehmen Sie Kokosmilch und stellen Sie diese über Nacht in den Kühlschrank. Die Creme steigt nach oben, härtet aus, und Sie können sie dann am nächsten Tag einfach vorsichtig mit einem Löffel von oben abnehmen.

Kokosmehl: Eine weitere großartige Mehlalternative ist Kokosmehl. Es ist etwas dichter als andere Mehlsorten, daher saugt es mehr Flüssigkeit auf, als Sie wahrscheinlich erwarten würden. Halten Sie sich daher anfangs an die Rezeptvorgaben, bis Sie durchschaut haben, wie Sie dieses Mehl mit anderen Zutaten zusammen einsetzen können, bevor Sie selbst damit experimentieren.

Kokosmilch und Kokosdrinks: Kokosmilch wird in Dosen oder in kleinen Tetrapaks angeboten. Sie muss nicht gekühlt werden, wodurch sie sich bis zur Verwendung gut lagern lässt. Kokosdrinks gibt es in größeren Tetrapaks, oft auch im Kühlfach. Vor allem die Kokosmilch hat eine reichhaltigere Konsistenz als andere Milchersatzprodukte, daher ist sie eine cremige Alternative. Achten Sie – gerade auch bei den Kokosdrinks – auf die Zusammensetzung und kaufen Sie nur ungesüßte Varianten ohne Zusatz von Geschmacks- und anderen Stoffen.

Kokosöl: Kokosöl eignet sich zum Kochen und Braten, da es einen hohen Rauchpunkt hat und auch in Backwaren gut schmeckt. Suchen Sie nach extra-virgin Kokosöl.

Konjak-Reis: Falls Ihnen Reis wirklich abgeht und eine kleine Menge weißer Basmati-Reis nicht ausreicht, um dieses Verlangen zu stillen, Sie aber auch von Blumenkohl-Reis genug haben, halten Sie nach Konjak-Reis Ausschau. Sie finden ihn oft im Kühlfach, in der Nähe vom Tofu. Er wird aus der Konjakwurzel hergestellt, die keine Lektine enthält.

Leinsamen: Leinsamen sind eine gute Quelle für kurzkettige Omega-3-Fettsäuren und enthalten keine Lektine. Der einzige Haken daran: Sie müssen gemahlen werden, damit der Körper auf die Omega-3-Fettsäuen zugreifen kann. Sobald sie gemahlen sind, oxidieren sie jedoch schnell. Kaufen Sie Leinsamen daher am besten im Ganzen und mahlen Sie sie jeweils nach Bedarf in einer Kaffee- oder Gewürzmühle oder benutzen Sie einen Mörser. Wenn Sie lieber bereits gemahlene Leinsamen kaufen möchten, greifen Sie zu kaltgepresstem Leinsamenmehl, da Hitze die Fette ranzig werden lässt, und bewahren Sie das Mehl dann im Kühlschrank auf, damit es länger frisch bleibt.

Mandelmehl: Diese Mehlalternative besteht aus nichts anderem als sehr fein gemahlenen Mandeln. Mehl aus geschälten oder blanchierten Mandeln ist zu bevorzugen, da die Schalen der Mandeln stark lektinhaltig sind. Bonuspunkte gibt's für die Bio-Variante. Bewahren Sie dieses vielseitige Produkt im Kühlschrank auf, dann hält es sich länger frisch.

Mandelmilch: Diese Milchalternative hat von Natur aus einen guten Geschmack. Meiden Sie also Varianten, die gesüßt sind oder denen Aromen – wie etwa Vanille – zugesetzt wurden. Wie auch beim Mandelmus und dem Mandelmehl ist das Bio-Produkt vorzuziehen.

Maniokmehl: Maniokmehl wird aus der gleichnamigen Wurzelknolle gewonnen, sie ist auch bekannt als Cassava oder Yuca. Die Knolle steckt voller resistenter Stärken. Das Mehl ist die Zutat der Wahl für luftige glutenfreie Backwaren. Falls Sie es in Ihrem Supermarkt nicht finden können, fragen Sie doch mal in Reformhäusern nach oder recherchieren Sie online.

Mandelmus: Erdnussbutter gehört für viele zur Grundausstattung ihrer Speisekammer. Da Erdnüsse aber zu den Lebensmitteln mit dem höchsten Lektingehalt zählen, hat Erdnussbutter im LFE-Vorratsschrank nichts zu suchen. Vielmehr sollte *jeder Mensch* einen Bogen darum machen, ob er sich nun für Lektine interessiert oder nicht. (Cashewbutter und Sonnenblumenkernbutter sind nicht viel besser, da ebenfalls reich an Lektinen.) Aber keine Panik! Mandelmus schmeckt genauso lecker und hat einen niedrigen Lektingehalt. Greifen Sie bevorzugt zu einer Biovariante, die aus rohen Mandeln hergestellt wurde. Falls Ihr Lebensmittelbudget das nicht hergibt, meiden Sie zumindest Mandelmus, das teilgehärtete Öle (sprich Transfette) enthält oder gesüßt ist.

Jodiertes Meersalz: Meersalz enthält mehr Spurenelemente als normales Tafelsalz und ist daher gesünder. Verwenden Sie jedoch mit Jod angereichertes Meersalz. Jod ist essenziell für die Schilddrüsenfunktion, und wir nehmen es üblicherweise auf, indem wir jodiertes Salz essen. Als der Foodie-Trend einsetzte und alle plötzlich zu Meersalz griffen, das normalerweise *nicht* mit Jod angereichert ist, konnte ich bei immer mehr Patienten einen Jodmangel diagnostizieren. Holen Sie sich also das Beste aus beiden Welten und kaufen Sie jodiertes Meersalz.

Mozzarella: Echter Mozzarella, in Form einer abgeplatteten Kugel, wird aus Büffelmilch hergestellt. Daher enthält er kein Beta-Casein A1. Achten Sie also genau auf die Inhaltsstoffe, suchen Sie gezielt nach »Büffel-Mozzarella«. Achtung: Bereits geraspelter Mozzarella (Plastiktüte) besteht meist aus Kuhmilch. Es gibt auch Mozzarella aus Ziegenmilch, er ist aber eher schwer zu bekommen.

Nährhefe: Hierbei handelt es sich nicht um die aktive Hefe, die Brot aufgehen lässt, sondern um Flocken, die reich an Vitamin B sind. Sie können Nährhefe über jedes Gericht streuen, es erhält dadurch einen herzhaften Geschmack nach Käse. Nährhefe finden Sie zum Beispiel in Bioläden oder online.

Nori: Falls Sie sich mal einen Wrap selber zubereiten möchten, probieren Sie es mit diesen papierdünnen Meeresalgen-Blättern, in die meist Sushi eingerollt wird. Gut schmeckt so ein Wrap zum Beispiel mit Rührei, Thunfisch- oder Lachssalat oder einem anderen typischen Sandwichbelag. Kaufen Sie möglichst Bio-Nori.

Olivenöl: Gut ist zum Beispiel hochwertiges italienisches Olivenöl, wählen Sie hier aber auf jeden Fall die Qualität »extra-vergine« bzw. bei Olivenöl aus anderen Ländern »natives Olivenöl extra«. Greifen Sie zu Bio-Öl, wenn der höhere Preis Sie nicht schreckt. Gutes Olivenöl sollte eine deutlich grüne Färbung haben sowie frisch und grasig riechen. Kaufen Sie nur Olivenöl in dunklen lichtundurchlässigen Flaschen, da es lichtempfindlich ist und leicht ranzig wird. Übrigens, wenn Sie beim ersten Probierlöffel husten müssen, haben Sie das richtige Öl! Es bedeutet nämlich, dass es viele Polyphenole enthält.

Paprikapulver: Neben Cayennepfeffer ein weiteres Gewürz aus der Paprikafamilie. Wenn Sie darauf achten, finden Sie auch Paprikapulver aus entsamten Schoten (»Delikatesspaprika«, mild, hellrot), das infolgedessen auch wenig Lektine enthält. Es verleiht vielen Speisen einen kräftigen Geschmack, vor allem wenn Sie geräuchertes Paprikapulver verwenden.

Parmesan: Echter Parmesan, soll heißen Parmigiano Reggiano, trägt das DOP-Siegel und eine geschützte Ursprungsbezeichnung, da er nur in bestimmten Provinzen produziert werden darf. Er stammt von italienischen Kühen, deren Milch kein Beta-Casein A1 enthält. Parmigiano Reggiano wird nur von Frühling bis Herbst hergestellt, wenn Gräser im Überfluss wachsen (d. h. die Kühe bekommen Gras). Echter qualitätvoller Parmesan ist etwas teurer, aber schon eine kleine Menge davon kann geschmacklich viel bewirken. Heben Sie die Käserinde auf und legen Sie sie bei der Zubereitung mit in Brühen, Fonds und Suppen ein, das gibt mehr Aroma.

Pecorino: Dieser aromatische Käse stammt ursprünglich aus Sardinien und wird aus reiner Schafsmilch hergestellt, daher passt er gut ins LFE-Programm. Inzwischen gibt es allerdings auch (billigere) Sorten mit Kuhmilchanteil, achten Sie also darauf.

Perillaöl: Hergestellt aus den Samen der Perillapflanze, enthält dieses Öl wenig Lektine und wird in vielen asiatischen Ländern bevorzugt zum Kochen verwendet. Zudem ist es eine gute Quelle für die Omega-3-Fettsäure Alpha-Linolensäure, davon enthält es mehr als jedes andere Öl. Obendrein steckt Rosmarinsäure darin, und die soll sich positiv auf die Gehirnfunktion auswirken. Da Perillaöl im Handel etwas schwieriger zu bekommen ist, wurde es im Buch nicht verwendet, ich habe stattdessen Olivenöl oder Kokosöl genommen. Möchten Sie dennoch mit Perillaöl kochen, schauen Sie sich doch mal in Asia- oder Bioläden oder online danach um.

Pfeilwurzmehl: Pfeilwurz ist ein Kraut, und dieses Mehl – oft auch als »Pfeilwurzelstärke« bezeichnet – wird aus seinen Wurzeln hergestellt. Es eignet sich sehr gut zum Eindicken von Saucen – als Ersatz für Maisstärke. Gut macht es sich auch zusammen mit Mehlalternativen im Teig für Waffeln und Pancakes, da dieser durch die Pfeilwurzelstärke gut zusammenhält.

Quorn-Produkte: Quorn ist ein Fleischersatzprodukt, das aus Pilzkulturen aus dem Boden hergestellt wird. Es schmeckt jedoch nicht so »fleischig« wie ein typischer Pilz, sondern ähnelt in Geschmack und Textur eher Hühnchen. Nicht alle Quorn-Produkte passen ins LFE-Programm – halten Sie sich an das Hack oder das Geschnetzelte. Ich sollte vielleicht noch darauf hinweisen, dass die *Quorn-Produkte nicht vegan* sind, weil etwas Hühnerei-Eiweiß darin ist. Da die veganen Quorn-Versionen jedoch Kartoffeln und Gluten enthalten, passen sie nicht ins LFE-Programm. Halten Sie sich auch fern von den panierten Quorn-Produkten. Quorn finden Sie in den Kühlfächern gut sortierter Supermärkte.

Wie sich der Lektingehalt in Lebensmitteln reduzieren lässt

Sobald Sie in Phase 3 des LFE-Programms angekommen sind, können Sie langsam wieder lektinhaltige Lebensmittel in Ihren Speiseplan aufnehmen. Achten Sie jedoch darauf, ob Nebenwirkungen wie Schmerzen, Brain Fog oder Verdauungsprobleme auftreten. Wenn Sie wissen, wie Lebensmittel richtig zubereitet werden, können Sie deren Lektingehalt reduzieren. Zu diesem Zweck hier eine praktische Übersicht mit den passenden Zubereitungsarten.

LEBENSMITTEL	VORBEREITUNG	ZUBEREITUNG
TOMATEN	Schale und Samen entfernen. Ein Gemüseschäler mit Wellenschliff-Klinge erleichtert das Schälen. Sie können sie aber auch blanchieren; ritzen Sie dafür auf der Unterseite der Tomate ein X in die Schale und geben Sie diese für 30 Sekunden in kochendes Wasser, damit sich die Schale löst; dann kalt abschrecken und die Haut einfach abziehen.	Bereiten Sie Tomatensuppe oder -sauce im Schnellkochtopf zu, dies reduziert den Lektingehalt in den Tomaten zusätzlich.
PAPRIKA	Entfernen Sie die Haut und Samen aus den Paprika (sowohl bei normalen Paprika als auch bei Chilischoten). Dadurch werden Sie die meisten Lektine los. Auch hier erweist sich ein Schäler mit Wellenschliff-Klinge als nützlich.	Röstet man Paprika – entweder auf dem Grill oder direkt über der Flamme des Gasherds –, lässt sich die Schale leicht abziehen. Wenn man die Paprika fermentiert, reduziert das ebenfalls den Lektingehalt; auch die meisten scharfen Chilisaucen sind fermentiert.
ZUCCHINI UND AUBERGINE	Sie gehören streng genommen zu den Früchten, da sie Samen enthalten. Die jungen Varianten sind lektinärmer (da sie noch weniger Samen ausbilden konnten). Möglichst entkernen und schälen, das reduziert den Lektingehalt noch weiter.	Werden Nachtschattengewächse im Schnellkochtopf gegart, zerstört dies die enthaltenen Lektine. Das im Anschluss zarte und noch saftige Fleisch lässt sich dann gut in vielen Nudelsaucen und -gerichten verarbeiten.
BOHNEN	Die Bohnen für 24 bis 48 Stunden in viel Wasser einlegen und das Wasser mehrmals wechseln. Dadurch reduzieren Sie den Lektingehalt schon vor dem Kochen.	Das Durchgaren im Schnellkochtopf zerstört alle restlichen Lektine. Sollten Sie keinen solchen Topf zu Hause haben, kaufen Sie vorgekochte Bohnen im Glas.

LEBENSMITTEL	VORBEREITUNG	ZUBEREITUNG
REIS	Lektine sind vor allem in der braunen Schale enthalten, die die Reiskörner umschließt. Daher sind in weißem Reis weniger Lektine enthalten als in braunem. Spülen Sie den Reis vor dem Kochen ab, auch das hilft. Da indischer Basmati-Reis den höchsten Gehalt an resistenten Stärken hat, empfehle ich den Verzehr kleiner Mengen dieser Sorte, falls Sie unbedingt Reis essen möchten. Um die Menge an resistenter Stärke noch zu erhöhen, frieren Sie den Reis nach dem Kochen ein und wärmen Sie ihn vor dem Verzehr wieder auf.	Auch beim Reis reduziert das Kochen im Dampfdrucktopf den Lektingehalt.
GURKEN, SPEISE-KÜRBISSE, MELONEN, PFIRSICHE UND ANDERE FRÜCHTE	Kurz gefasst: schälen, entsamen beziehungsweise entkernen/entsteinen.	
SOJA	Durch das Fermentieren von Sojabohnen werden die meisten Lektine daraus entfernt. Daher sind die fermentierten Sojaprodukte wie Miso, Tempeh (die getreidefreie Variante) und Nattō dem Tofu und Edamame vorzuziehen.	

Schokolade: Wenn Sie Schokolade kaufen, wählen Sie eine mit mindestens 72 Prozent Kakaoanteil. Greifen Sie möglichst bevorzugt zu Bio- oder Fair-Trade-Tafeln und essen Sie nicht mehr als 30 g pro Tag. Nehmen Sie zum Backen ungesüßte Schokolade mit hohem Kakaoanteil (ebenfalls mindestens 72 Prozent). Es gibt sogar Schokoladen mit bis zu 99 Prozent Kakaoanteil.

Stevia: Dieses aus Süßkraut *(Stevia rebaudiana)* gewonnene natürliche Süßungsmittel enthält keine Kalorien und verursacht keinen sprunghaften Anstieg des Blutzuckerspiegels. Da es 300-mal stärker süßt als Zucker, reicht schon eine kleine Menge aus. Ich selbst bevorzuge die Steviamischung der Marke SweetLeaf, da ihr im Gegensatz zu manch anderen Produkten kein Maltodextrin beigefügt ist, sie dafür jedoch Inulin enthält – und das lieben unsere Makros.

Tempeh: Tempeh ist ein Produkt aus fermentiertem Soja, das oft gekühlt neben dem Tofu verkauft wird. Suchen Sie nach einer gentechnikfreien bzw. Bio-Variante, da das meiste Soja genmodifiziert ist, sowie nach einer getreidefreien Sorte (Tempeh wird bisweilen mit Getreide angereichert). Wie Tofu hat Tempeh keinen besonderen Eigengeschmack, nimmt aber die Aromen der anderen Zutaten gut an. Zudem ist es eine gute Proteinquelle für Veganer und Vegetarier.

Vanilleextrakt: Kaufen Sie nur »reines« Vanilleextrakt. Alle anderen Produkte sind kein Extrakt der echten Schote, sondern ein künstlich hergestellter Mix, der den Vanillegeschmack imitiert. Falls Sie gesüßte Fruchtjoghurts vermissen, geben Sie ein paar Tropfen Vanilleextrakt und ein paar Tropfen Stevia in Ihren Ziegenmilch-, Schafsmilch-, Hanf- oder Kokosjoghurt – das schmeckt sogar Kindern.

Weinstein-Backpulver: Manche Backpulver enthalten aluminiumhaltige Säureträger – gesund ist das nicht! Greifen Sie daher besser zu Weinstein-Backpulvern (gibt's im Bio-Laden).

Ziegenmilch, -käse und -joghurt: Ziegenmilch enthält kein Beta-Casein A1 (im Gegensatz zur meisten Kuhmilch), daher stellt sie eine darmfreundlichere Alternative zu herkömmlicher Milch dar. Sie können auch Ziegenkäse (auf der Packung steht oft der französische Name *Chèvre*) essen oder Joghurt und Kefir aus Ziegenmilch (jedoch nur in der ungesüßten Variante und ohne Zusatz von Geschmacksstoffen).

Die Küchenausstattung

Grundsätzlich benötigen Sie nur einige Messer, ein paar Pfannen und einen Herd. Wenn Sie das eine oder andere zusätzliche Gerät zur Hand haben, wird das Kochen komfortabler, und die Ergebnisse werden noch köstlicher schmecken. Beides bedeutet, dass Sie mit größerer Wahrscheinlichkeit dranbleiben. Die folgenden Geräte benutze ich am häufigsten; Sie sollten sich überlegen, ob Sie sich diese nicht auch zulegen wollen, insofern Sie sie noch nicht zu Hause haben:

Gemüseschäler: Denken Sie daran: Lektine sind in der Schale und in den Samen der Pflanzen enthalten. Mit einem Schäler können Sie also die Lektindosis deutlich reduzieren. Benutzen Sie am besten zwei verschiedene Schäler: einen mit einer geraden Klinge und einen mit Wellenschliff-Klinge. Mit der gewellten Klinge können Sie gut empfindlichere Lebensmittel wie Tomaten schälen, sodass Sie sich das Blanchieren sparen können.

Küchenmaschine: Eine Küchenmaschine kommt drei Paar zusätzlichen Händen gleich. Sie hackt, mischt, und hobelt mit dem Pulsmodus in kürzester Zeit. Und Sie müssen nie mehr die Zutaten vom Rand des Mixerglases schaben, wenn Sie Pesto zubereiten!

Messer: Mit einem gutem Kochmesser und einem guten Schälmesser sind die Zutaten im Handumdrehen vorbereitet. Lassen Sie die Messer regelmäßig schleifen, da man sich mit einem stumpfen Messer eher verletzt als mit einem scharfen. Ein gutes Messer ist der beste Freund des Kochs.

Mikrowelle: Vermutlich besitzen Sie schon eine. Wenn nicht, müssen Sie sich keine kaufen, um die Rezepte in diesem Buch zu kochen. Falls Sie eine haben, können Sie ein paar der Mahlzeiten in diesem Buch in wenigen Minuten auf den Tisch bringen.

Pfannen: In einer guten Pfanne zubereitet, schmecken die Zutaten besser. Zudem lässt sich eine gute Pfanne leichter reinigen. Kommen Sie aber nicht auf die Idee, eine Pfanne mit Antihaft-Beschichtung zu kaufen. Diese Beschichtungen bestehen nämlich oft aus hormonaktiven Substanzen und Chemikalien, die an die Lebensmittel abgegeben werden. Entscheiden Sie sich stattdessen für eine Pfanne mit Keramikbeschichtung oder für eine hochwertige Edelstahlpfanne. Und werfen Sie bitte alle gusseisernen Pfannen ohne Keramikbeschichtung in den Müll. Ich kann Ihnen gar nicht sagen, wie viele Patienten ich in in meiner Praxis sehe, die einmal wöchentlich eine gusseiserne Pfanne benutzen und gefährlich hohe Eisenwerte aufweisen.

Pürierstab/Stabmixer: Dieses kleine handliche Gerät lässt sich einsetzen wie eine Mischung aus Küchenmaschine und Mixer. Da günstig erhältlich, ist es das perfekte Einsteigergerät. Die einzigen Nachteile sind seine geringe Größe und Leistung; wollen Sie für eine große Familie kochen oder regelmäßig Gäste einladen, sind Sie wahrscheinlich mit einem großen Hochleistungsmixer besser bedient.

Rührschüsseln: Rührschüssel ist nicht gleich Rührschüssel, man benötigt je nach Situation die richtige, um sich die Arbeit zu erleichtern und Spaß beim Kochen zu haben. Schauen Sie sich gleich nach einem Set aus einer großen, einer mittelgroßen und einer kleinen Schüssel um. Diese sollten alle einen hohen Rand haben, sodass die Zutaten nicht darüber hinaus- und auf die Küchenarbeitsplatte oder den Boden schwappen können. Anstelle der Rührschüsseln können Sie auch Ihren Standmixer benutzen – falls Sie einen besitzen; er lässt sich bei der Zubereitung der Rezepte in diesem Buch gut einsetzen. Aber Sie können natürlich auch alle Rezepte von Hand zubereiten.

Salatschleuder: Ich weiß, dass Sie jetzt seufzen: Nicht noch mehr Zubehör! Grünes Blattgemüse ist jedoch ein derart wichtiger Bestandteil gesunder Ernährung, dass sich die Anschaffung einer Salatschleuder wirklich lohnt. Gut getrocknetes Blattgrün hält sich zudem im Kühlschrank länger frisch, das Salatdressing wird nicht verwässert und haftet perfekt an den Blättern. Ich kann kaum glauben, welchen Unterschied die Anschaffung dieses Geräts für mich und meine Frau Penny gemacht hat! Im Ganzen gekaufter Bio-Salat oder Bio-Pflücksalat oder Bio-Schnittsalat und sonstiges Blattgemüse lässt sich im Nu zubereiten: waschen, falls nötig kleinschneiden, in die Salatschleuder packen, dann das Wasser herausschleudern, fertig!

Schnellkochtopf: Falls Sie Bohnen und Tomatensauce essen wollen, ist ein Schnellkochtopf unersetzbar. Ich liebe unseren speziellen Schnellkochtopf, es ist ein elektrischer Mehrzweck-Schnellkochtopf, der den Druck selbsttätig reguliert, weshalb man sich keine Sorgen über eine mögliche Explosion machen muss – eine Gefahr bei den altmodischen Schnellkochtöpfen, die Sie vielleicht noch von Ihrer Großmutter kennen. Sie können so einen elektrischen Schnellkochtopf auch als Slow Cooker oder als Sautierpfanne nutzen. (Er hat eine Einstellung für hohe Temperatur, sodass Sie Fleisch oder Zwiebeln direkt darin anbräunen können und das nicht vorab in einer Pfanne auf dem Herd erledigen müssen.) Ich finde diese

Investition macht sich wirklich bezahlt. Passen Sie unbedingt genau auf, dass Sie Schnellkochtöpfe – welcher Art auch immer, digital oder nicht – nie überfüllen. Die Befülllinienmarkierung ist kein Vorschlag, sondern ein Gebot und dient Ihrer Sicherheit.

Spiralschneider: Mit diesem handlichen Gerät lassen sich alle möglichen Gemüsearten, zum Beispiel Yambohnen, Süßkartoffeln oder Daikon-Rettiche, in »Nudeln« verwandeln. So können Sie nudelähnliche Gerichte genießen, die jedoch Ihren Darm nicht angreifen. Sie brauchen kein raffiniertes elektrisches Gerät, die mechanische Variante tut es genauso und kostet deutlich weniger.

Standmixer: Den benutze ich beinahe jeden Tag. Die derzeit erhältlichen Hochleistungsmixer zaubern im Handumdrehen cremige Smoothies, rühren Suppen an und – falls Sie ein entsprechendes Modell besitzen – erhitzen diese auch noch, sodass Sie keinen Topf schmutzig machen müssen. Außerdem erledigen sie einige Vorarbeiten für Sie, indem sie Zutaten hacken und miteinander vermischen. Falls Sie keinen großen Mixer besitzen oder kaufen möchten, tut es auch eine gute kleinere Ausführung mit Becheraufsatz.

Sie müssen nicht zwingend in eine neue Küchenausrüstung investieren. Doch bedenken Sie: Selbst wenn Sie sich entscheiden sollten, nur das eine oder andere Gerät anzuschaffen, lohnt sich das, denn wie mir die Mehrzahl meiner Patienten berichtet hat, schonen sie mit dem LFE-Programm auch ihren Geldbeutel. Statt Fast Food von unterwegs oder teures, schon weitgehend fertig zubereitetes Convenience-Food gibt es einfache vollwertige Lebensmittel. Ganz zu schweigen von dem Geld, das man spart, wenn man Medikamente (natürlich nur nach Absprache mit dem Arzt) absetzen kann und keine Zuzahlungen mehr leisten muss.

Und jetzt wird gekocht!

1-CUP

teil zwei

Rezepte

kapitel fünf

Vorspeisen und Snacks

BRASILIANISCHE KÄSEBRÖTCHEN
RUSSISCHE AVOCADO-EIER
DR. GUNDRYS NUSSMIX 2.0
BLUMENKOHL-PUFFER
BROKKOLI-KROKETTEN
KOKOS-ZWIEBELDIP
MANIOK-TORTILLAS (UND -CHIPS)
DREIERLEI CHIPS
BUFFALO-BLUMENKOHL-HAPPEN
CHAMPIGNONS MIT KNOBLAUCH-WALNUSS-FÜLLUNG
GETREIDEFREIE CRACKER

Brasilianische Käsebrötchen

In Los Angeles gibt es in einer kleinen Bäckerei *Pão de Queijo*, die süchtig machen. Pão de Queijo sind leckere brasilianische Käsebrötchen, die perfekt ins LFE-Programm passen. Wer jemals Windbeutel selbst gebacken hat, ist mit der Zubereitung des doppelt erhitzten Brandteigs schon vertraut. Dieser ist etwas aufwendiger in der Zubereitung, aber das Ergebnis lohnt die Mühe!

ERGIBT 24 ETWA 5 ZENTIMETER GROSSE BRÖTCHEN

250 ml Ziegenmilch *oder* Beta-Casein-A2-Milch *oder* ungesüßter Kokosdrink

125 ml Avocadoöl

1 TL jodiertes Meersalz

250 g Maniokmehl

2 große Omega-3- *oder* Weidehuhn-Eier *oder* Ei-Ersatz (siehe S. 67)

100 bis 150 g Parmesan (Parmigiano Reggiano), gerieben, *oder* 60 g Nährhefeflocken

1. Zwei Backgitter mit gleichmäßigem Abstand zu allen Seiten in den Backofen schieben. Den Ofen auf 230 °C vorheizen.
2. Zwei Backbleche mit Backpapier oder Silikon-Backmatten auslegen.
3. Milch, Öl und Salz in einen mittelgroßen Topf geben und bei mittlerer Hitze unter gelegentlichem Umrühren zum Köcheln bringen. Sobald sich Blasen bilden, den Topf vom Herd nehmen.
4. Das Maniokmehl mit einem Holzlöffel in die Flüssigkeit einrühren, bis sich beides gut verbunden hat und sich ein gelatineartiger Teig bildet.
5. Den Teig in die Schüssel eines Standmixers mit Flachschlägel oder Knethaken* umfüllen und einige Minuten auf mittlerer Geschwindigkeit durchkneten, bis er glatt ist und zudem ausreichend abgekühlt, sodass man ihn gut anfassen kann.
6. Den Mixer weiterhin auf mittlerer Geschwindigkeit laufen lassen und währenddessen *die Eier nacheinander* in den Teig einrühren. Das zweite Ei erst dazugeben, wenn das erste komplett in den Teig eingearbeitet ist. Zwischendrin den Mixer immer wieder anhalten und den Teig am Rand der Schüssel nach unten schaben, damit der Teig gleichmäßig vermengt wird.
7. Während der Mixer auf mittlerer Geschwindigkeit läuft, den Käse einstreuen. Es sollte sich nun ein zäher, klebriger Teig ergeben, der weicher ist als Plätzchenteig, aber fester als Kuchenteig.
8. Den Teig mit einem Eisportionierer in gleichmäßigen Abständen auf den Backblechen verteilen (etwa 12 Kugeln pro Blech). Den Eisportionierer nach jeder Kugel kurz in

** Wenn Sie keinen Standmixer (wie zum Beispiel die KitchenAid) haben, ist das kein Problem. Sie können den Teig auch von Hand kneten, aber stellen Sie sich auf ein kleines Workout ein: mindestens 10 bis 15 Minuten energisches Kneten.*

eine Schüssel mit Wasser tauchen, damit der Teig nicht daran kleben bleibt.

9. Die Bleche in den Ofen schieben und die Temperatur auf 175 °C reduzieren. Die Brötchen 15 Minuten backen, dann das untere Blech auf die obere Schiene und das obere Blech auf die untere Schiene wechseln.

10. Die Brötchen weitere 10–15 Minuten backen, bis sie goldbraun sind. Die Bleche aus dem Ofen nehmen und die Brötchen vor dem Servieren einige Minuten abkühlen lassen.

Russische Avocado-Eier

Russische Avocado-Eier sind ein Partyklassiker, eine schnell und einfach angerichtete Vorspeise, ein richtig gesunder Snack oder – vorbereitet – ein schnelles Frühstück. Die Russischen Avocado-Eier hier schmecken so, wie Sie sie noch aus Ihrer Kindheit kennen – nur dass sie eben grün sind! Ich habe die Mayonnaise einfach durch cremige Avocado ersetzt. Vollgepackt mit Proteinen und gesunden Fetten ist dieser gesunde, leckere Snack in wenigen Minuten fertig.

ERGIBT 12 STÜCK

6 Omega-3- *oder* Weidehuhn-Eier, hartgekocht und geschält

1 reife Avocado, Fruchtfleisch ohne Kern und Schale

1 EL Dijonsenf

1 TL geriebener Meerrettich

1 TL jodiertes Meersalz

Saft 1 Zitrone

Paprikapulver, edelsüß, zum Verzieren

1. Die Eier längs halbieren, das Eigelb herauslösen und in die Schüssel einer Küchenmaschine* geben.
2. Avocadofruchtfleisch, Senf, Meerrettich, Meersalz und Zitronensaft mit in die Schüssel geben und alles zu einer glatten Masse verrühren.
3. Mit einem Löffel die Eigelb-Avocado-Mischung in die Eihälften füllen und am Schluss zum Garnieren mit etwas Paprikapulver bestäuben.

** Falls Sie keine Küchenmaschine besitzen, geben Sie die Zutaten in eine Rührschüssel und vermischen Sie sie mit einer Gabel oder einem Kartoffelstampfer, bis eine glatte Masse entstanden ist.*

Dr. Gundrys Nussmix 2.0

Als mein Buch »Böses Gemüse« veröffentlicht wurde, waren die Leser begeistert von dem darin beschriebenen Nussmix. Also dachte ich mir, wieso nicht einen Schritt weiter gehen und ihnen etwas geben, worüber sie noch lange reden werden? Durch die Zugabe der gesündesten Zutaten der Welt – wie Olivenöl, Knoblauch und reichlich Rosmarin – wurde dieser einfache Snack auf ein neues Level gehoben.

ERGIBT 12 BIS 15 PORTIONEN

100 g rohe Walnusskerne

150 g rohe Pistazienkerne

55 g rohe Pekannüsse

55 g rohe Macadamianüsse

2 EL natives Olivenöl extra

2 Knoblauchzehen, fein gehackt

2 EL frischer Rosmarin, fein gehackt

1 TL Paprikapulver, edelsüß

1 TL jodiertes Meersalz

1. Die Nüsse in einer großen Schüssel vermengen und beiseitestellen.
2. Das Olivenöl in einer kleinen Sautierpfanne bei mittlerer Temperatur erhitzen. Knoblauch und Rosmarin hinzugeben und 2–3 Minuten anbraten, bis die Gewürze fein duften.
3. Temperatur reduzieren und die Ölmischung über den Nussmix gießen. Anschließend Paprika und Meersalz darüberstreuen.
4. Nüsse und Co. gründlich vermischen, sodass die Nüsse rundherum eingeölt sind, und servieren.

Blumenkohl-Puffer

Inspiration für diese leckeren Puffer war ein Rezept von Sylvie Shirazi, das sie auf ihrem Foodblog »Gourmande in the Kitchen« veröffentlicht hat. Ich verwende jedoch Blumenkohl statt Brokkoli. Das Gericht ist der perfekte Einstieg für Menschen, die denken, sie könnten Blumenkohl nicht ausstehen, liefert aber auch allen Blumenkohlsüchtigen eine ordentliche Dosis.

ERGIBT 4 PORTIONEN

FÜR DIE PUFFER

200 g Blumenkohlröschen, weich gedämpft

2 große Omega-3- *oder* Weidehuhn-Eier *oder* Ei-Ersatz (siehe S. 67)

2 EL ungesüßter Kokosjoghurt

2 Frühlingszwiebeln, in feine Ringe geschnitten

1 EL glatte Petersilie, gehackt

1 EL Minzblätter, gehackt

1 Knoblauchzehe, fein gerieben

2 EL Parmesan (Parmigiano Reggiano), gerieben, *oder* Nährhefeflocken

5–6 EL Maniokmehl

2 EL Kokosmehl

¼ TL Natron

1 TL jodiertes Meersalz

⅛ TL schwarzer Pfeffer, frisch gemahlen

3–4 EL Kokosöl zum Braten

FÜR DIE JOGHURTSAUCE

170 g ungesüßter Kokosjoghurt

2 EL natives Olivenöl extra

1 EL Tahinipaste

Saft ½ Zitrone

1 TL Paprikapulver, edelsüß

1 Prise jodiertes Meersalz

1. In einer Küchenmaschine mit S-Klinge Blumenkohlröschen, Eier, Joghurt, Frühlingszwiebeln, Petersilie, Minze und Knoblauch im Pulsmodus zerkleinern, bis alle Zutaten fein gehackt und gut vermischt sind.
2. Die Blumenkohlmischung in eine Rührschüssel geben und den Parmesan oder die Hefe sowie 2 EL des Maniokmehls, das Kokosmehl, Natron, Salz und Pfeffer hinzugeben und alles vermengen. Das Gemisch sollte einen festen Teig ergeben. Ist er noch zu flüssig, teelöffelweise mehr Maniokmehl einstreuen.
3. Den Blumenkohlteig 5 Minuten ruhen lassen – die perfekte Gelegenheit, um die Joghurtsauce zuzubereiten.
4. Joghurt, Olivenöl, Tahinipaste, Zitronensaft, Paprika und Meersalz verquirlen und beiseitestellen.
5. Kokosöl in einer mittelgroßen Pfanne bei mittlerer Temperatur erhitzen.
6. Den Blumenkohlteig mit einem Esslöffel in kleinen Portionen in die Pfanne geben und diese mit dem Löffel oder einem Pfannenwender zu Puffern flachdrücken. Die Puffer je 2 Minuten braten, dann vorsichtig wenden. Nie mehr als drei oder vier Puffer gleichzeitig anbraten, damit die Pfanne nicht zu voll ist.
7. Nach und nach den ganzen Teig zu Puffern verarbeiten. Diese dann direkt aus der Pfanne servieren und die Joghurtsauce dazu reichen.

Brokkoli-Kroketten

Ob Sie nun ein Fan der guten alten Kroketten sind oder einfach Fingerfood lieben, diese Brokkoli-Kroketten sind eine raffinierte Variante des Klassikers und werden Sie begeistern. Obendrein kann man darin im Kühlschrank etwa vorhandene Reste von gedämpften Brokkoli perfekt verarbeiten. Probieren Sie die Kroketten mit einer scharfen Chilisauce oder Guacamole als Dip oder servieren Sie sie einfach als »Riesencroutons« auf Ihrer Lieblingssuppe.

ERGIBT ETWA 20 STÜCK

Öl zum Einfetten des Backblechs

150 g Brokkoliröschen, weich gedämpft

1 Ei *oder* Ei-Ersatz (siehe S. 67)

½ Zwiebel, fein gehackt

1 Knoblauchzehe, fein gehackt

60 g Maniokmehl

30 g Mandelmehl aus blanchierten Mandeln

½ TL schwarzer Pfeffer, frisch gemahlen

½ TL Yaconsirup *oder* Honig aus der Region

1 TL jodiertes Meersalz

1 EL glatte Petersilie, fein gehackt

25 g Parmesan (Parmigiano Reggiano), gerieben, *oder* 3 EL Nährhefeflocken

Scharfe Chilisauce oder LFE-Guacamole (Seite 267) zum Dippen (nach Belieben)

1. Den Ofen auf 200 °C vorheizen. Ein Backblech dünn mit Öl bestreichen und beiseitestellen.
2. In einer Küchenmaschine mit S-Klinge* Brokkoliröschen, Ei, Zwiebel, Knoblauch, Maniokmehl, Mandeln, Pfeffer, Sirup oder Honig, Salz, Petersilie sowie Käse oder Nährhefe im Pulsmodus zerkleinern und vermischen.
3. Jeweils 1½ EL Brokkolimix mit den Händen zu Kroketten formen. Zwischendrin die Hände immer mal wieder mit Wasser abspülen, damit der Teig nicht daran kleben bleibt. Die Kroketten mit gleichmäßigem Abstand zueinander auf dem Backblech verteilen.
4. Die Kroketten 18–20 Minuten im Ofen backen, bis sie sich goldbraun färben, und im Anschluss nach Belieben mit Chilisauce oder Guacamole servieren.

** Sie können auch einen Hochleistungsmixer wie den VitaMix verwenden. Arbeiten Sie dann portionsweise und überfüllen Sie ihn nicht, damit die Brokkolimischung nicht am Gefäßboden kleben bleibt. Sie wird sonst zu stark püriert und breiig.*

Kokos-Zwiebeldip

Diese gesunde Variante des klassischen Zwiebelschmalzes enthält die bekannten süßlich-herzhaften Aromen des Schmalzes, ist dabei jedoch *um einiges gesünder*. Der Dip schmeckt zu allen Chips aus diesem Kapitel, ich serviere ihn jedoch am liebsten mit frischen, knusprigen Yambohnen-Sticks.

ERGIBT 6 BIS 8 PORTIONEN

2 EL natives Olivenöl extra

2 große Zwiebeln, in dünne Ringe geschnitten

1 Knoblauchzehe, fein gehackt

1 EL frische Thymianblättchen

1 TL frischer Rosmarin, fein gehackt

1 TL jodiertes Meersalz

1 TL schwarzer Pfeffer, frisch gemahlen

Zesten und Saft von 1 Bio-Zitrone (ersatzweise 1 unbehandelte)

500 g Kokosjoghurt, natur (also ungesüßt)

Schnittlauch, in feine Röllchen geschnitten, zum Garnieren

1 Yambohne, geschält und in Sticks geschnitten

1. Das Olivenöl in einer großen Pfanne bei niedriger Temperatur erhitzen. Die Zwiebeln hineingeben und unter regelmäßigem Rühren etwa 8 Minuten anschwitzen, bis sie weich und glasig sind.
2. Knoblauch, Thymian, Rosmarin, Meersalz, Pfeffer und Zitronenzesten hinzugeben und alles anbraten, bis die Zwiebeln gleichmäßig braun werden. (Sollte der Knoblauch braun werden, die Temperatur reduzieren.)
3. Den Zitronensaft einrühren. Die Pfanne dann vom Herd nehmen und die Zwiebelmischung auf Raumtemperatur abkühlen lassen.
4. Den Joghurt in eine Schüssel geben und die abgekühlte Zwiebelmischung unterrühren. Den Dip mit den Schnittlauchröllchen garnieren und zu den Yambohnen-Sticks oder alternativ zu anderem frischem Gemüse, Chips oder Crackern servieren.

Maniok-Tortillas (und -Chips)

Niemand möchte auf Tortilla-Chips und Guacamole verzichten müssen ... und im LFE-Ernährungsplan ist das auch nicht nötig. Diese etwas festeren Tortillas eignen sich gut als Fladenbrot oder Tacos, weniger als Wraps; so richtig überzeugen sie jedoch, wenn man sie zu Tortilla-Chips verarbeitet – der perfekte Begleiter zur Guacamole.

ERGIBT 10 GROSSE ODER 18 KLEINE TORTILLAS

250 g Maniokmehl

250 ml ungesüßter Kokosdrink *oder* Ziegenmilch

125 ml Avocadoöl

125 ml Wasser

2 TL jodiertes Meersalz

Olivenöl *oder* Ghee *oder* Avocadoöl zum Braten

ACHTUNG: *Maniok-Tortillas sind nicht so leicht zu händeln wie Weizenmehl-Tortillas – sie sind ziemlich empfindlich. Gehen Sie also mit Fingerspitzengefühl vor, wenn Sie sie in die Pfanne legen und auch beim Wenden, damit sie nicht auseinanderbrechen. Ratsam ist es, zuerst kleinere Tortillas zuzubereiten, bis man ein Gefühl für den Umgang mit diesem heiklen Teig entwickelt hat.*

ZUBEREITUNG DER TORTILLAS

1. In einer mittelgroßen Schüssel Maniokmehl, Milch, Avocadoöl, Salz und Wasser mit einem Holzlöffel gut verrühren. Der Teig sollte eine glatte, gut bindende Konsistenz haben.
2. Den Teig in 10 große oder 18 kleine gleichgroße Portionen aufteilen und zu Kugeln formen. Diese mit einem Nudelholz auf Backpapier zu Fladen ausrollen, die etwas dicker als Tortillas sind. (Sollten Sie eine Tortillapresse besitzen, können Sie die natürlich auch gerne verwenden.) Das Nudelholz mit einer kleinen Menge Maniokmehl bestäuben, falls der Teig daran kleben bleiben sollte.
3. Eine Bratpfanne auf dem Herd bei mittlerer bis niedriger Temperatur erhitzen. Den Pfannenboden mit Öl oder Ghee bestreichen, dann die Tortillas auf jeder Seite 3–4 Minuten (je nachdem, wie knusprig oder weich sie werden sollen) anbraten.
4. Insofern Sie keine Chips zubereiten, die Tortillas sofort servieren.

ZUBEREITUNG DER CHIPS

1. Den Backofen auf 220 °C vorheizen. Ein Backblech mit Öl einfetten und beiseitestellen.
2. Die Tortillas auf beiden Seiten mit Avocadoöl bestreichen und in etwa chipsgroße Ecken schneiden.
3. Die Ecken nebeneinander in einer Lage auf dem Backblech verteilen und 10–15 Minuten backen, bis sie knusprig sind.
4. Die Chips mit der LFE-Guacamole (Seite 267) servieren.

Dreierlei Chips

Was vielen bei der Ernährung nach dem LFE-Programm fehlte, waren Snacks wie beispielsweise Chips. Aber ich möchte, dass sich jeder bestärkt fühlt, und nicht so, als sei ihm oder ihr etwas weggenommen worden. Also habe ich mich mit meiner Freundin Irina Skoeries, der Gründerin der »Catalyst Cuisine«, zusammengesetzt, um nicht nur ein, sondern gleich drei verschiedene Chips-Rezepte zu entwickeln. Der Appetit auf Junkfood wird so auf gesunde Weise gestillt!

Süßkartoffel-Chips

1 japanische Süßkartoffel, geschält

½ – ¾ l Avocadoöl *oder* natives Olivenöl extra

2 EL jodiertes Meersalz

1. Mit einem Gemüseschäler oder -hobel die Süßkartoffel in feine Scheiben schneiden.
2. Eine große Bratpfanne mit hohem Rand 3–5 Zentimeter hoch mit Öl füllen.
3. Das Öl bei mittlerer Temperatur erhitzen, bis es »schimmert«.
4. Einige Süßkartoffelscheiben hineingeben und frittieren, bis sie auf einer Seite goldbraun werden. Dann wenden und auch die zweite Seite frittieren.
5. Die goldbraunen Chips zum Fettabtropfen auf Küchenpapier legen und mit Salz bestreuen.
6. Alle Zubereitungsschritte wiederholen, bis alle Süßkartoffelscheiben goldbraun sind.

Kochbananen-Chips

2 grüne Kochbananen, geschält und in dünne Scheiben geschnitten

1½ EL Olivenöl

¾ TL Salz

Schwarzer Pfeffer aus der Mühle nach Geschmack

1. Den Backofen auf 200 °C vorheizen. Ein Backblech mit Backpapier auslegen und beiseitestellen.
2. Die Kochbananenscheiben in einer Schüssel vorsichtig mit den Händen mit dem Olivenöl, Salz und Pfeffer vermischen.
3. Die Kochbananenscheiben nebeneinander in einer Lage auf dem vorbereiteten Backbleck auslegen.
4. Die Bananen dann im Backofen 15–20 Minuten lang backen. Nach der Hälfte der Backzeit (etwa 8 Minuten) die Scheiben auf dem Blech wenden.
5. Die Kochbananen-Chips aus dem Ofen nehmen, wenn sie an den Rändern allmählich braun werden.

Schinken-Chips

10 dünne Scheiben roher Schinken vom Schwein aus Weidehaltung

1. Den Backofen auf 175 °C vorheizen. Ein Backblech mit Backpapier auslegen.
2. Die Schinkenscheiben nebeneinander in einer Lage auf dem Backblech auslegen.
3. Den Schinken etwa 5–7 Minuten im Ofen backen, bis er knusprig wird, und im Anschluss abkühlen lassen (kalt ist er noch knuspriger).
4. Die Scheiben in kleinere Stücke brechen und auf allen möglichen Vorspeisen als Topping, über Salat gestreut oder einfach als Snack servieren. Aber Achtung – diese Chips machen süchtig!

Buffalo-Blumenkohl-Happen

Nichts geht über einen Teller voll würzig-feuriger Chicken Wings, während man ein Spiel schaut. Aber mal ehrlich: Eigentlich ist die Sauce leckerer als das Hühnchen selbst, stimmt's? Meine LFE-Abwandlung bietet den süchtig machenden Geschmack und den Crunch dieser Schlemmerei – jedoch ohne die Halbzeit-Bauchschmerzen!

ERGIBT 4 BIS 6 PORTIONEN

FÜR DIE BUFFALO-SAUCE

125 ml Frank's Red Hot Sauce (ist auf jeden Fall online zu bekommen)

2½ TL Avocadoöl *oder* Ghee

1 EL Kokos-Aminos-Würzsauce

1 TL Apfelweinessig *oder* Apfelessig

FÜR DIE BLUMENKOHL-HAPPEN

Natives Olivenöl extra zum Einfetten des Backblechs

1 mittelgroßer Kopf Blumenkohl, grob zerteilt

2 EL natives Olivenöl extra

2 EL Maniokmehl

1 TL jodiertes Meersalz

1 TL schwarzer Pfeffer, frisch gemahlen

2 TL Knoblauchpulver

125 ml Buffalo-Sauce (Zutaten siehe oben)

Kokosjoghurt, natur, zum Dippen

1. Den Backofen auf 230 °C vorheizen.
2. Zubereitung der Buffalo-Sauce: Hot Sauce, Avocadoöl oder Ghee, Kokos-Aminos-Würzsauce und Apfel(wein)essig in ein Schraubglas mit Deckel füllen, es fest verschließen und gut schütteln. Die Sauce im Kühlschrank aufbewahren.
3. Ein Backblech großzügig mit Olivenöl bestreichen oder alternativ mit Backpapier auslegen. Das Blech beiseitestellen.
4. Blumenkohl, Olivenöl, Maniokmehl, Salz, Pfeffer und Knoblauchpulver in einer großen Schüssel gut miteinander vermischen, bis der Blumenkohl vollständig davon umhüllt ist.
5. Den Blumenkohl auf dem vorbereiteten Backblech verteilen und 30 Minuten im Ofen rösten. Dabei den Blumenkohl alle 10 Minuten wenden, damit er von allen Seiten knusprig wird.
6. Blumenkohl aus dem Ofen nehmen, mit der Buffalo-Sauce einpinseln, dann weitere 10 Minuten rösten.
7. Den fertig gegarten Blumenkohl mit dem Kokosjoghurt und etwas Buffalo-Sauce zum Dippen servieren.

Champignons mit Knoblauch-Walnuss-Füllung

Gefüllte Champignons sind einfach einer *der* Partyklassiker. Aber eine aus Wurst und Reis bestehende Füllung passt nicht ins LFE-Programm. Daher werden meine Champignons mit Walnüssen und viel Knoblauch gefüllt – und sie schmecken sogar besser als die fleischhaltige Variante! Wenn Sie es gerne etwas schärfer mögen, rühren Sie mit der Kokoscreme noch einen Spritzer scharfe Chilisauce ein.

ERGIBT 12 GEFÜLLTE CHAMPIGNONS

12 happengroße braune Champignons, mit einem feuchten Tuch geputzt

6 EL natives Olivenöl extra

½ Zwiebel, fein gehackt

4 Knoblauchzehen, fein gehackt oder durchgepresst

1 TL frischer Thymian

130 g Walnusskerne, grob gehackt

½ TL Salz

½ TL Gewürzmischung für Geflügel (ohne Paprika)

½ TL Paprikapulver, edelsüß

4 EL ungesüßte Kokoscreme

15 g glatte Petersilie, fein gehackt, zum Garnieren (nach Belieben)

1. Die Stiele der Champignons herausdrehen, klein hacken und beiseitestellen.
2. 2 EL Olivenöl in einer großen Pfanne mit Deckel erhitzen. Sobald das Öl schimmert, Zwiebeln, Knoblauch, Thymian und die Pilzstiele in die Pfanne geben und bei mittlerer bis hoher Temperatur anbraten, bis sie weich werden.
3. Walnüsse mit Salz, Geflügel-Gewürzmischung und Paprikapulver hinzugeben und kurz anbraten, bis alles duftet.
4. Pfanne vom Herd nehmen und die Kokoscreme mit dem Schneebesen einrühren.
5. Die Mischung mit einem Löffel in die Pilze füllen und andrücken.
6. Das restliche Olivenöl in einer Pfanne (mit passendem Deckel) bei mittlerer Temperatur erhitzen.
7. Die gefüllten Champignons mit der Füllung nach oben in die Pfanne geben und offen bei mittlerer Temperatur 2–3 Minuten garen.
8. Die Temperatur reduzieren, den Deckel auf die Pfanne setzen und die Pilze weitere 10–15 Minuten garen, bis sie weich sind. Die fertigen Champignons mit Petersilie garniert servieren.

Getreidefreie Cracker*

Diese köstlichen (und wirklich vielseitigen) Cracker werden bald zum Basisvorrat in Ihrer Speisekammer gehören. Die Zubereitung mag Ihnen am Anfang etwas knifflig erscheinen, aber mit etwas Übung werden Sie in kürzester Zeit zum Profi. Mit dem Zwiebel-Chutney mit Bourbon (Seite 262) bestrichen, werden die Cracker zu einem einfachen, aber eleganten Appetizer.

ERGIBT ETWA 16 CRACKER

100 g Mandelmehl aus blanchierten Mandeln

90 g plus 1 EL Tapiokastärke

2½ EL Pfeilwurzelmehl

1 TL Zwiebelpulver

1 TL jodiertes Meersalz

½ TL weißer Pfeffer, gemahlen

⅛ TL Xanthan

etwa 250 ml Wasser

3 EL Toppings Ihrer Wahl

TOPPING-IDEEN:

Salz, Mohnsamen, Röstzwiebeln und geröstete schwarze Sesamsamen

Kümmelsamen und Salz

Fenchelsamen und Salz

Rosmarin und Salz

Parmesan (Parmigiano Reggiano)

1. Den Backofen auf 175 °C vorheizen. Das Backblech mit einer nichthaftenden Silikon-Backmatte auslegen.
2. Zuerst werden die Cracker zubereitet: In einer mittelgroßen Schüssel Mandelmehl, Tapiokastärke, Pfeilwurzelmehl, Zwiebelpulver, Salz, weißen Pfeffer und Xanthan vermischen. Mit einem Schneebesen gründlich verrühren.
3. Langsam das Wasser in die Mischung gießen. Der Teig soll einem dünnen Pfannkuchenteig ähneln. Bei Bedarf mehr Wasser zugießen und die Mischung gut verquirlen.
4. Mit einem großen Servierlöffel vorsichtig 3 Reihen à 4 Teigkreise auf dem Backblech verteilen. Die Kreise sollten etwa 7 cm Durchmesser haben. (Nach dem Auftragen auf das Blech gehen sie noch etwas in die Breite.)
5. Die Teigkreise mit dem gewünschten Topping bestreuen.
6. Die Cracker dann 10 Minuten bei 175 °C backen, die Temperatur anschließend auf 200 °C erhöhen. (Durch die anfänglich niedrigere Temperatur bilden sich in der Mitte der Cracker keine Blasen, und sie bleiben möglichst flach.)
7. Die Cracker weitere 20 Minuten backen bzw. bis sie sich goldbraun verfärben. Die fertigen Cracker auf einem Rost vollständig abkühlen lassen und in einem luftdichten Behälter aufbewahren – sie halten bis zu 5 Tage. (Nach etwa 2 Tagen sind sie nicht mehr so knusprig, schmecken aber immer noch gut.)

** Auf Seite 263 finden Sie ein Foto der fertigen Cracker!*

kapitel sechs

Frühstück

KAROTTENKUCHEN-MUFFINS

QUICHE AUS GEBRATENEN ZWIEBELN UND GRUYÈRE

RALPHS FRÜHSTÜCKS-RÜHREI

BLUMENKOHL-PARMESAN-MUFFINS

KOKOS-MACADAMIA-WAFFELN

MINI-PANCAKES MIT CHOCOLATE CHIPS

BROKKOLI-CHEDDAR-QUICHE

GEBACKENE EIER MIT PESTO

»PUMPKIN« SPICE SÜSSKARTOFFEL-PANCAKES

LFE-MINI-BAGELS

SÜSSKARTOFFEL-TORTILLA

»BACON«-AND-EGG-FRÜHSTÜCKSSALAT

OMELETT, KLASSISCH UND VARIANTEN

WALNUSSBROT

Karottenkuchen-Muffins

Gibt es etwas Verlockenderes als den süßen und zugleich würzigen Duft von Karottenkuchen? Die meisten Rezepte beinhalten leider zu viel Zucker, Butter oder Rapsöl. Dieses LFE-Rezept hingegen ist zuckerfrei, und es werden eine Menge gesunde Fette verwendet. Ich bereite meist gleich eine größere Menge von Muffins zu und friere die Hälfte ein. Auf diese Weise habe ich immer ein schnelles Frühstück bzw. einen perfekten Snack parat. Tauen Sie die Muffins einfach in 30 Sekunden in der Mikrowelle auf – und fertig!

ERGIBT 12 MUFFINS

120 g Mandelmehl aus blanchierten Mandeln

2 EL Kokosmehl

½ TL Natron

⅛ TL Salz

1½ TL (Ceylon-)Zimt, gemahlen

½ TL Ingwer, gemahlen

¼ TL Muskat, gemahlen

2 Omega-3- *oder* Weidehuhn-Eier *oder* Ei-Ersatz (siehe S. 67)

5 ½ EL MCT- *oder* Avocadoöl

165 ml ungesüßter Kokosdrink

40 g Swerve-Pulver (Erythrit, siehe S. 68)

2 TL Vanilleextrakt

2 große Karotten, geraspelt

35 g Walnüsse, gehackt

1. Den Backofen auf 175 °C vorheizen. Muffinförmchen in die Mulden eines Muffinblechs geben und dieses beiseitestellen.
2. In einer großen Schüssel Mandelmehl, Kokosmehl, Natron, Salz, Zimt, Ingwer und Muskat gut miteinander vermischen.
3. In einer kleinen Schüssel Eier, Öl, Kokosdrink, Erythrit und Vanilleextrakt verquirlen.
4. Die feuchten Zutaten in die trockenen einrühren.
5. Im Anschluss die Karotten und Walnüsse unterheben.
6. Den Teig gleichmäßig auf die 12 Muffinförmchen verteilen.
7. Die Muffins im Ofen 12–18 Minuten backen. Mit einem Zahnstocher (oder Schaschlikspieß) einstechen und prüfen, ob noch Teig am Holz haftet oder die Muffins in der Mitte schon durchgebacken sind. Die Muffins vor dem Servieren etwas abkühlen lassen. In einem luftdicht verschlossenen Behältnis aufbewahrt, bleiben die Muffins im Kühlschrank 5 Tage, im Gefrierfach 3 Monate lang frisch.

Quiche aus gebratenen Zwiebeln und Gruyère

Gruyère (Greyerzer) ist bekannt dafür, dass er geschmeidig schmilzt, deshalb ist er oft die Hauptzutat im Käsefondue. Da er aus Milch von südeuropäischen Kühen hergestellt wird, ist er frei von dem lektinartigen Protein Beta-Casein A1. In diesem Rezept verschmilzt der Gruyère perfekt mit den Eiern, Pilzen und gebräunten Zwiebeln zu einem Schlemmergericht, das aber immer noch als gesundes Frühstück durchgeht.

ERGIBT 6 PORTIONEN

1 LFE-Pie-Boden (Seite 246)

2 EL natives Olivenöl extra

1 mittelgroße Zwiebel, in dünne Scheiben geschnitten

225 g gemischte Pilze, zum Beispiel braune Champignons, Austern-Seitlinge und Shiitake-Pilze, in Scheiben geschnitten

2 große Omega-3- *oder* Weidehuhn-Eier *oder* Ei-Ersatz (siehe S. 67)

2 große Eidotter (Weidehuhn *oder* Omega-3) *oder* Ei-Ersatz (siehe S. 67)

90 g Gruyère, gerieben

300 ml Ziegenmilch *oder* ungesüßter Kokosdrink

¼ TL jodiertes Meersalz

¼ TL weißer Pfeffer, gemahlen

1 Prise Muskatnuss, frisch gerieben (nach Geschmack)

1. Den Backofen auf 190 °C vorheizen.
2. In einer mittelgroßen Pfanne das Öl erhitzen und die Zwiebeln darin bei niedriger Temperatur und unter ständigem Rühren langsam anschwitzen, bis sie gut gebräunt sind. Die Pilze nach ungefähr der Hälfte der Garzeit hinzugeben.
3. In einer großen Schüssel Eier und zusätzliche Eidotter miteinander verquirlen. Käse, Ziegenmilch oder Kokosdrink, Salz und Pfeffer sowie (falls verwendet) Muskat einrühren.
4. Die Zwiebel-Pilz-Mischung und den Käse in die vorgebackene Teigform geben und gleichmäßig verteilen, dann den Ei-Mix darübergießen. Nach Belieben noch etwas Muskat darüberreiben.
5. Die Quiche etwa 30–35 Minuten im Ofen backen, bis die Oberfläche leicht angeröstet ist.

Ralphs Frühstücks-Rührei

Als Ralph zum ersten Mal in meine Praxis kam, begleitete er seinen Mann Steve, der mit einer Reihe gesundheitlicher Probleme zu kämpfen hatte. Als Steve begann, sich nach dem LFE-Programm zu ernähren, verbesserte sich sein Zustand bald. Ralph wie auch Steve sind beide hervorragende Köche und versorgen mich seither fortlaufend mit neuen LFE-kompatiblen Rezepten, die ich nun mit Ihnen teilen möchte. Ralph entwickelte dieses Rezept, da er und Steve nicht so gerne süß frühstücken – ein herzhaftes Gericht, um das nächtliche Fasten zu brechen.

ERGIBT 1 BIS 2 PORTIONEN

1 EL natives Olivenöl extra

½ mittelgroße Zwiebel, gewürfelt

½ TL jodiertes Meersalz

½ TL Paprikapulver, edelsüß

3 Omega-3- *oder* Weidehuhn-Eier *oder* Ei-Ersatz (siehe S. 67)

¼ TL schwarzer Pfeffer, frisch gemahlen

½ TL Basilikum, getrocknet

½ TL Zwiebelpulver

¼ TL Cayennepfeffer

½ reife Avocado, gewürfelt

1. Das Öl in einer mittelgroßen bis großen Pfanne bei niedriger Temperatur erhitzen.
2. Zwiebelwürfel, Salz und Paprikapulver dazugeben und etwa 20 Minuten lang anschwitzen, bis die Zwiebeln leicht gebräunt sind.
3. Währenddessen Eier, Salz, Pfeffer, Basilikum, Zwiebelpulver und Cayennepfeffer in einer mittelgroßen Schüssel gut miteinander verquirlen.
4. Die Avocadowürfel behutsam in die Ei-Mischung einrühren.
5. Die Ei-Avocado-Mischung dann zu den Zwiebeln in die Pfanne geben und bei mittlerer Hitze anbraten. Das Ei unter Rühren stocken lassen und die Pfanne vom Herd nehmen, sobald das Rührei die gewünschte Konsistenz erreicht hat.

Blumenkohl-Parmesan-Muffins

Diese Muffins eignen sich perfekt zum Mitnehmen, wenn es morgens schnell gehen muss. Sie schmecken zudem herzhaft nach Käse und Ei – genau das, worauf man morgens Appetit hat. Einen Extrakick erhalten die Muffins mit einem Spritzer scharfer Chilisauce!

ERGIBT 12 MUFFINS

1 EL natives Olivenöl extra

375 g Blumenkohlreis (Seite 67)

½ TL jodiertes Meersalz

¼ TL Knoblauchpulver

¼ TL Paprikapulver, edelsüß

½ TL getrockneter Basilikum

3 Omega-3- *oder* Weidehuhn-Eier *oder* Ei-Ersatz (siehe S. 67)

50 g Parmesan (Parmigiano Reggiano), gerieben, *oder* 30 g Nährhefeflocken

30 g Maniokmehl

½ TL Weinstein-Backpulver

1 Spritzer scharfe Chilisauce (nach Belieben)

1. Den Backofen auf 190 °C vorheizen. Muffinförmchen in die Mulden eines Muffinblechs geben und dieses beiseitestellen.
2. Olivenöl in einer Sautierpfanne bei mittlerer bis hoher Temperatur erhitzen. Blumenkohlreis und Meersalz hineingeben und unter ständigem Rühren 3–5 Minuten anbraten, bis der Blumenkohl weich ist.
3. Knoblauchpulver, Paprikapulver und Basilikum einrühren und alles weitere 2 Minuten lang braten. Den Pfanneninhalt im Anschluss auf Zimmertemperatur abkühlen lassen.
4. In einer großen Schüssel die Blumenkohlmischung, Eier und Parmesan oder Nährhefeflocken verquirlen.
5. In einer kleinen Schüssel Maniokmehl und Backpulver verrühren.
6. Die trockenen Zutaten zusammen mit der Chilisauce (falls verwendet) unter die Blumenkohlmischung heben, diese dann gleichmäßig auf die Muffinförmchen verteilen.
7. Die Muffins 20–25 Minuten backen, bis sie innen nicht mehr feucht sind (Stäbchenprobe!), und vor dem Servieren mindestens 5 Minuten lang abkühlen lassen.

Kokos-Macadamia-Waffeln

Diese Frühstückswaffeln liebt einfach jeder – jung und alt. Sie sind süß genug, dass man sie einfach pur wegfuttern kann. Wer es etwas dekadenter liebt, setzt noch einen Schlag Kokoscreme auf die Waffeln. Sollten Sie kein Waffeleisen besitzen, können Sie aus dem Teig auch Pancakes zaubern.

ERGIBT 3 BIS 4 PORTIONEN

4 EL MCT-Öl *oder* geschmolzenes Kokosöl plus etwas extra zum Einfetten des Waffeleisens

4 Omega-3- *oder* Weidehuhn-Eier *oder* Ei-Ersatz (siehe S. 67)

165 ml ungesüßter Kokosdrink

5–6 Tropfen Flüssig-Stevia

½ TL Vanilleextrakt

½ TL jodiertes Meersalz

½ TL Weinstein-Backpulver

25 g Kokosmehl

½ TL (Ceylon-)Zimt, gemahlen

30 g Macadamianüsse, fein gehackt

125 ml Kokoscreme

1. Das Waffeleisen nach Herstellerangabe aufheizen.
2. In einer großen Schüssel Öl, Eier, Kokosdrink, Stevia und Vanilleextrakt verquirlen.
3. Die trockenen Zutaten hinzufügen und alles kräftig verrühren, bis ein glatter Teig entstanden ist.
4. Die Macadamianüsse unterheben.
5. Das Waffeleisen einölen, dann die Waffeln portionsweise herausbacken.
6. Die Waffeln vor dem Servieren mit je einem Klacks Kokoscreme bekrönen.

Mini-Pancakes mit Chocolate Chips

Schokochips und Pancakes kommen einem wohl kaum als Erstes in den Sinn, wenn man überlegt, was ein gesundes Frühstück ausmacht. Diese Pancakes sind nicht nur glutenfrei, sondern auch noch zuckerarm und vollgepackt mit Proteinen. Durch die Zugabe von Schokolade mit einem hohen Kakaoanteil erhalten die Pancakes obendrein noch eine ordentliche Portion Antioxidantien, Magnesium und Eisen mit auf den Weg... und schmecken dabei wie ein Dessert!

ERGIBT 3 BIS 4 PORTIONEN (12 BIS 14 MINI-PANCAKES)

6 Omega-3- *oder* Weidehuhn-Eier *oder* Ei-Ersatz (siehe S. 67)

375 ml Wasser

2 TL Mandelextrakt (gibt's online; ersatzweise 1–3 Tropfen Bittermandelaroma, bitte den Teig zwischendurch probieren, es ist sehr geschmacksintensiv)

150 g Kokosmehl

60 g Tapiokastärke

60 g Pfeilwurzelmehl

2 Prisen Stevia-Pulver (»Süßschnäbel« dürfen auch eine 3. Prise nehmen)

1 TL Weinstein-Backpulver

1 TL Natron

¼ TL jodiertes Meersalz

170 g Bitterschokolade (85–90 Prozent Kakaoanteil), fein gehackt

1 EL Ghee *oder* Kokosöl

1. Den Backofen auf 90 °C vorheizen (um die fertigen Pancakes darin warmzuhalten).
2. In einer großen Schüssel Eier, Wasser und Mandelextrakt verquirlen.
3. Kokosmehl, Tapiokastärke, Pfeilwurzelmehl, Stevia, Backpulver, Natron und Salz hinzufügen.
4. Alles miteinander zu einem glatten Teig verrühren. Die gehackte Schokolade untermischen.
5. Eine Grillpfanne oder eine Pfanne mit keramischer (!) Antihaftbeschichtung bei mittlerer Hitze erwärmen und das Ghee oder Kokosöl hineingeben.
6. Portionsweise Mini-Pancakes mit etwa 8 cm Durchmesser zubereiten.
7. Die Pancakes wenden, sobald sich Blasen bilden, und auf der anderen Seite weitere 2–3 Minuten backen, bis sie goldbraun sind.
8. Die Pancakes einzeln direkt aus der Pfanne servieren oder im vorgeheizten Ofen warmhalten. Wenn Sie Ihre Pancakes erst später essen oder vorerst einfrieren wollen – im Toaster können Sie sie leicht wieder aufwärmen. (Gefrorene Pancakes sollten vor dem Toasten etwa 1 Stunde lang auftauen.)

Brokkoli-Cheddar-Quiche

Diese Quiche lässt sich einfach anmischen und obendrein gut vorab für Frühstück zubereiten, wenn sich Übernachtungsbesuch angesagt hat. Man kann sich am Abend vorher die Zutaten bereitlegen (oder sogar schon den Boden backen), sodass man die Quiche am Morgen, wenn die Gäste aufwachen, nur noch in den Ofen schieben muss. Voilà, und schon steht ein warmes, sättigendes Frühstück auf dem Tisch!

ERGIBT 8 PORTIONEN

FÜR DEN TEIG (ALTERNATIV NEHMEN SIE DEN LFE-PIE-BODEN, SEITE 246)

Olivenöl zum Einfetten der Quicheform

175 g Kokosmehl

55 g geröstete Macadamianüsse, fein gehackt

250 ml Kokosöl

1 Omega-3- *oder* Weidehuhn-Ei *oder* Ei-Ersatz (siehe S. 67)

FÜR DIE FÜLLUNG

150 g Brokkoli, in kleine Röschen zerteilt

5 Omega-3- *oder* Weidehuhn-Eier *oder* Ei-Ersatz (siehe S. 67)

165 ml ungesüßte Kokoscreme

¼ TL Muskat, gemahlen

1 TL jodiertes Meersalz

120 g Ziegenmilch-Cheddar, gerieben, *oder* 30 g Nährhefeflocken

1. Den Backofen auf 200 °C vorheizen. Eine Quicheform (Ø 20 cm) mit Olivenöl einsprühen.
2. Für den Teig Kokosmehl, Macadamianüsse, Kokosöl und das Ei in einer Küchenmaschine im Pulsmodus verquirlen, bis sich die Mischung gut verbunden hat. Sollte der Teig zu trocken sein, teelöffelweise Wasser hinzufügen, bis die Masse zusammenhält. Der Teig sollte jedoch leicht krümelig sein, vergleichbar mit einem Keksboden.
3. Den Teig aus der Küchenmaschine nehmen, zu einer Kugel formen und in Frischhaltefolie gewickelt im Kühlschrank 1 Stunde lang kalt stellen.
4. Den Teig im Anschluss mit den Fingerspitzen in die Quicheform drücken, 10 Minuten backen, dann beiseitestellen und abkühlen lassen. Die Ofentemperatur auf 175 °C reduzieren.
5. Den Brokkoli 2–3 Minuten dämpfen, anschließend abgießen und beiseitestellen.
6. Eier, Kokoscreme, Muskat und Salz gut verquirlen.
7. Die Quicheform mit dem Teigboden auf ein Backblech stellen, für den Fall, dass der Inhalt beim Backen überlaufen sollte.
8. Den Teigboden mit dem Cheddar oder den Nährhefeflocken bestreuen, dann den Brokkoli darauf verteilen.
9. Die Eimischung darübergießen und die Quiche im Ofen bei 175 °C 35–40 Minuten backen. Die fertige Quiche vor dem Servieren ein paar Minuten abkühlen lassen.

Gebackene Eier mit Pesto

Dies ist eines meiner liebsten Brunchgerichte, weil es uns ermöglicht, schon mit der ersten Mahlzeit des Tages grünes Gemüse (und Olivenöl) in unseren Speiseplan einzubauen! Machen Sie sich keine Sorgen, falls sich das Pesto etwas bräunlich verfärbt – es schmeckt trotzdem köstlich.

ERGIBT 4 PORTIONEN

5 TL natives Olivenöl extra

100 g Grünkohl *oder* Mangold, in feine Streifen geschnitten

2 Knoblauchzehen, fein gehackt

½ TL jodiertes Meersalz

4 Omega-3- *oder* Weidehuhn-Eier *oder* Ei-Ersatz (siehe S. 67)

4 EL Klassisches Basilikumpesto (Seite 266)

1. Den Backofen auf 175 °C vorheizen. Je 1 TL Olivenöl in vier Mini-Auflaufförmchen gießen.
2. Den restlichen TL Öl in einer großen Sautierpfanne erhitzen. Kohl oder Mangold, Knoblauch und Meersalz hineingeben und etwa 3 Minuten anschwitzen, bis der Kohl zusammenfällt und der Knoblauch weich ist.
3. Das Gemüse gleichmäßig in die Auflaufförmchen verteilen, dann jeweils 1 Ei darüber aufschlagen.
4. Je 1 EL Pesto obendrauf setzen und die Kohl-Pesto-Eier 10–15 Minuten im Ofen backen – bzw. bis das Ei fest ist.

»Pumpkin« Spice Süßkartoffel-Pancakes

Falls Sie beim Geschmack von Kürbiskuchengewürz auch schwach werden, aber auf den stark lektinhaltigen Kürbis, mit dem es oft verbunden ist, verzichten wollen, sind diese Süßkartoffel-Pancakes genau das Richtige für Sie. Sie können diese als spezielle Leckerei während des Urlaubs auftischen oder einfach rund ums Jahr – zum Frühstück oder als Dessert mit etwas Kokoscreme!

ERGIBT 1 BIS 2 PORTIONEN

300 g Süßkartoffel, gebacken, geschält und gestampft

4–5 Tropfen Flüssig-Stevia

2 TL ungesüßter Kokosdrink (*oder* ungesüßte Kokosmilch, wenn der Teig etwas dicker werden soll)

2 Omega-3- *oder* Weidehuhn-Eier *oder* Ei-Ersatz (siehe S. 67)

½ TL Weinstein-Backpulver

3 EL Mandelmehl aus blanchierten Mandeln

¼ TL (Ceylon-)Zimt, gemahlen

¼ TL Muskat, gemahlen

⅛ TL Nelken, gemahlen

¼ TL Ingwer, gemahlen

Zesten von 1 Bio-Orange (ersatzweise eine unbehandelte)

Französische oder italienische Weidemilchbutter *oder* Ghee *oder* Avocadoöl zum Kochen und Servieren

1. Süßkartoffelstampf, Stevia, Kokosdrink und Eier miteinander zu einer glatten Masse verrühren.
2. Backpulver, Mandelmehl, Gewürze und die Orangenzesten in den Mix einrühren.
3. Eine Pfanne bei mittlerer bis hoher Temperatur erhitzen und die Butter hineingeben. Sobald sie geschmolzen ist, mit einem Schöpflöffel eine kleine Menge Teig in die Pfanne gießen und 3–4 Minuten braten. Den Pancake dann mit einem Pfannenheber wenden und weitere 3–4 Minuten braten – bzw. bis er goldbraun ist.
4. Weitere Pancakes auf die gleiche Weise zubereiten, bis der Teig aufgebraucht ist. Die Pancakes dann nach Belieben mit einem Klacks Butter garniert servieren.

LFE-Mini-Bagels

Diese lektinfreien Bagels schmecken anders als ihre bekannten teigigen, klebrig-zähen »großen Brüder«, ich bevorzuge mittlerweile den Geschmack und die Textur dieser feineren Mini-Bagels. Belegen Sie sie mit Räucherlachs und/oder einer Portion Bio-Doppelrahmfrischkäse, mit Weidemilchbutter oder mit einem Rührei von Hühnern aus Weidehaltung sowie ein paar Avocadoscheiben, und schon haben Sie eine vollwertige Mahlzeit!

ERGIBT 11 BIS 12 KLEINE BAGELS

2 TL plus ¼ TL jodiertes Meersalz

300 g Mandelmehl aus blanchierten Mandeln

120 g Tapiokastärke (plus etwas mehr, falls der Teig zu feucht sein sollte)

2 TL Weinstein-Backpulver

2 Prisen Stevia-Pulver

2 EL Champagner- oder Weißweinessig

1 Omega-3- *oder* Weidehuhn-Ei *oder* Ei-Ersatz (siehe S. 67)

Topping nach Belieben

1. Den Backofen auf 200 °C vorheizen. Ein Backblech mit Backpapier auslegen und beiseitestellen.
2. Einen Topf mit 24 cm Durchmesser etwa 12 cm hoch mit Wasser füllen und ¼ TL Salz hineingeben. Das Wasser langsam zum Kochen bringen.
3. In einer mittelgroßen Schüssel Mandelmehl, Tapiokastärke, das restliche Salz, Backpulver und Stevia verrühren.
4. Kurz bevor das Wasser aufkocht, eine halbe Tasse abschöpfen und beiseitestellen.
5. Das abgeschöpfte Wasser und den Essig in den Trockenmix einrühren. Sollte der Teig zu klebrig sein, mit etwas Tapiokastärke bestreuen. Sollte er zu trocken sein, etwas mehr Wasser einkneten.
6. Den Teig in 11 bis 12 kleine Bällchen aufteilen und diese auf das Backblech legen.
7. Jedes Bällchen mit der Hand flachdrücken und mithilfe eines Löffelstiels oder mit dem Finger jeweils eine kleine Öffnung in die Mitte drücken, um die typische Bagelform zu erhalten. Jeder Bagel sollte einen Durchmesser von etwa 6 cm haben.
8. Jeweils 3 oder 4 Bagels vorsichtig ins kochende Wasser gleiten lassen.
9. Die Bagels nach etwa 1 Minute – sobald sie an die Wasseroberfläche steigen – abseihen und auf das Backblech legen.

(Fortsetzung siehe nächste Seite)

10. Die Bagels nach dem Kochen 10 Minuten im Ofen backen. Währenddessen das Ei in eine kleine Schüssel aufschlagen und verquirlen.
11. Die Bagels aus dem Ofen holen, einen nach dem anderen mit dem verschlagenen Ei bestreichen und – falls gewünscht – mit einem Topping verzieren. (Nacheinander deshalb, damit das Ei nicht trocknet, bevor das Topping richtig haften kann.)
12. Die Bagels zurück in den Ofen geben und weitere 10 Minuten backen. Dann die Temperatur auf 220 °C erhöhen, die Bagels noch einmal 5–10 Minuten backen – bzw. bis sich die Böden goldbraun färben.

TOPPING-IDEEN:

»Everything«-Topping (Röstzwiebeln, Mohn, gerösteter schwarzer Sesam), Kümmelsamen, Kräuter der Provence oder Rosmarin mit Meersalz

Süßkartoffel-Tortilla

Bei meinem ersten Besuch in Spanien war ich schier überwältigt von der Qualität der spanischen Küche. Besonders begeistert hat mich die Tortilla Española – ein klassisch spanisches Omelett aus in feine Scheiben geschnittenen Kartoffeln, vielen Zwiebeln und frischen Eiern. Meine lektinfreie Version mit Süßkartoffeln schmeckt genauso gut. Genießen Sie das Omelett zum Frühstück oder verwandeln Sie es in ein herzhaftes »Alles-aus-einer-Pfanne«-Abendessen, indem Sie einen einfachen grünen Salat dazu reichen.

ERGIBT 9 PORTIONEN

6 Omega-3- *oder* Weidehuhn-Eier *oder* Ei-Ersatz (siehe S. 67)

15 g glatte Petersilie, fein gehackt

½ TL jodiertes Meersalz

½ TL Paprikapulver, edelsüß

½ TL schwarzer Pfeffer, frisch gemahlen

2 EL natives Olivenöl extra

150 g Süßkartoffeln, in dünne Scheiben geschnitten

1 süße Zwiebel, in dünne Scheiben geschnitten

100 g Babyspinat

1. Den Backofen auf 220 °C vorheizen. Eier, Petersilie, Meersalz, Paprikapulver und Pfeffer in einer großen Schüssel verquirlen und beiseitestellen.
2. 1 EL des Olivenöls in einer mittelgroßen ofenfesten Pfanne bei mittlerer Temperatur erhitzen und die Süßkartoffeln und die Zwiebeln hineingeben.
3. Das Gemüse etwa 8–10 Minuten anbraten, dabei gelegentlich umrühren, bis die Süßkartoffeln gar und die Zwiebeln glasig sind.
4. Den Spinat zur Süßkartoffelmischung in die Pfanne geben und alles weitere 2 Minuten dünsten, bis der Spinat zusammenfällt.
5. Die Flüssigkeit aus der Pfanne abgießen. Die Pfanne dann auf den Herd zurück stellen und das restliche Olivenöl hineingießen.
6. Die Eier über die Süßkartoffelmischung geben und unter gelegentlichem Umrühren 3–5 Minuten mitanbraten, bis die Eimasse langsam stockt.
7. Die Pfanne in den Ofen stellen und die Tortilla weitere 5–7 Minuten backen.
8. Die Tortilla in Stücke schneiden und servieren.

»Bacon«-and-Egg-Frühstückssalat

Salat zum Frühstück? Na klar! Diese Kombination drängt sich einem vielleicht nicht unbedingt auf, doch ergänzt man die traditionellen Frühstückszutaten mit grünem Gemüse und krönt das Ganze mit einem würzigen Dressing, erhält man einen Salat, der beste Aussichten hat, zur neuen Leibspeise zu werden. Vor allem im Sommer, wenn es schon morgens warm wird, ist dieses sättigende und zugleich erfrischende Gericht optimal.

ERGIBT 2 PORTIONEN

Saft von 1 Zitrone

4 EL Rotweinessig

125 ml natives Olivenöl extra

½ TL Dijonsenf

100 g Babyspinat

100 g Grünkohl, entstielt und grob zerteilt

2 hartgekochte Eier, grob in Stücke zerteilt

85 g gewürfelter roher Schinken *oder* ein veganes Ersatzprodukt

50 g Brokkolistrunk, fein gestiftelt

½ Avocado, gewürfelt

30 g getrocknete, ungesüßte Cranberrys

1. In einer großen Schüssel Zitronensaft, Rotweinessig, Olivenöl und Senf verquirlen.
2. Spinat und Kohl in die Schüssel geben und mit dem Dressing vermischen.
3. Eier, Schinkenwürfel (oder Ersatzprodukt), Brokkolistiftchen, Avocadowürfel und getrocknete Cranberrys darüberstreuen. Den Salat sofort genießen.

Omelett, klassisch und Varianten

Das Gute am klassischen Omelett ist seine Vielseitigkeit – es schmeckt nicht nur zum Frühstück gut, sondern ist eines jener Gerichte, die zu jeder Tageszeit passen. Tatsächlich backen sich die meisten Köche, die ich kenne, nach einem langen, anstrengenden Arbeitstag am liebsten ein Omelett.

Sobald Sie die Zubereitung eines einfachen klassischen Omeletts beherrschen, eröffnen sich Ihnen endlose Variationsmöglichkeiten. Im Folgenden habe ich ein paar meiner liebsten Rezeptvarianten aufgeführt. Dazu gibt es eine Anleitung zur Zubereitung des perfekten Omeletts.

ERGIBT 1 PORTION

2 Omega-3- *oder* Weidehuhn-Eier *oder* Ei-Ersatz (siehe S. 67)

1 Prise jodiertes Meersalz

1 EL französische oder italienische Weidemilchbutter *oder* natives Olivenöl extra

1. Die Eier in eine kleine Schüssel aufschlagen, Salz hinzugeben und mit einer Gabel sanft verquirlen, bis sie gut vermischt sind.
2. Eine Pfanne mit etwa 20 cm Durchmesser bei mittlerer Temperatur erhitzen. Butter oder Olivenöl hineingeben.
3. Sobald die Butter (falls verwendet) geschmolzen ist, die Eier langsam in die Pfanne gießen. Dabei die Pfanne nacheinander zu allen Seiten neigen, um die Eimasse gleichmäßig zu verteilen. 4–5 Minuten braten, dabei immer wieder mit einem Teigschaber einen kleinen Teil der stockenden Eimasse von außen, vom Rand, nach innen ziehen und dann die Pfanne leicht hin und her bewegen, damit das noch flüssige Ei mit dem Pfannenboden in Kontakt kommt. (Das Omelett ist an diesem Punkt noch relativ feucht in der Mitte, die Eimasse gart jedoch nach dem Zusammenfalten noch nach.)
4. Die Pfanne zu einer Seite neigen und mit einem Teigschaber oder Pfannenheber ein Drittel des Omeletts in die Mitte klappen (als würde man ein Blatt Papier falten, damit es in den Umschlag passt).
5. Die Pfanne so schräg über den Teller halten, dass das Omelett herausrutscht und sich dabei das noch offene Drittel unter das Omelett faltet.
6. Das Omelette pur oder mit Salat servieren.

(Fortsetzung siehe nächste Seite)

Kräuter

Für ein Kräuteromelett vor dem Braten 1–2 EL frische gehackte Kräuter, zum Beispiel Petersilie, Thymian und Dill, in das verquirlte Ei einrühren. Falls gewünscht, der Ei-Mischung noch 1 EL geriebenen Parmesan (Parmigiano Reggiano) zugeben.

Pilze

50 g gewürfelte Champignons zusammen mit ½ TL frischen Thymianblättern in 1 EL Olivenöl oder Butter anschwitzen. Die Pilzmischung vorerst beiseitestellen, dann bevor Sie das Omelett zusammenklappen (»falten«; Schritt 4) in dessen Mitte geben und die Seiten des Omeletts darüberschlagen.

Grüne Eier und Prosciutto (ital. Schinken)

1 EL Klassisches Basilikumpesto (Seite 266) vor dem Braten mit den Eiern verquirlen. Dann das Omelett nach Beschreibung zubereiten und vor dem Zusammenklappen 1 Scheibe Prosciutto daraufgeben.

Spinat

50 g Babyspinat in 1 EL nativem Olivenöl extra bei mittlerer Temperatur andünsten. Wenn der Spinat zusammengefallen ist, eine Prise jodiertes Meersalz, eine winzige Prise gemahlenen Muskat und 1 EL geriebenen Parmesan (Parmigiano Reggiano) darüberstreuen. Die Füllung zunächst beiseitestellen, dann vor dem Zusammenklappen des Omeletts (in Schritt 4) daraufgeben und das Ganze »einfalten«.

Walnussbrot

Dieses Brot ist eine darmfreundliche Alternative zu Roggenbrot – ein bisschen süß, ein bisschen sauer, mit festerer Textur und perfekt geeignet für Sandwiches – leicht gebuttert oder mit Bio-Doppelrahmfrischkäse bestrichen. Falls Sie ein luftigeres Brot bevorzugen, ersetzen Sie das Haselnussmehl durch zusätzliche 200 g Mandelmehl.

ERGIBT 1 LAIB

Avocado- *oder* Kokosöl zum Einfetten der Brotbackform (ersatzweise Backpapier)

4 EL Avocado- *oder* Kokosöl, geschmolzen

150 g Mandelmehl aus blanchierten Mandeln

50 g Haselnussmehl (gekauft oder selbst gemahlen)

6 EL Pfeilwurzelmehl

4 EL Leinsamen, fein gemahlen

130 g Walnusskerne, grob gehackt

2 EL Tapiokastärke

½ TL jodiertes Meersalz

¾ TL Natron

4 große Omega-3- *oder* Weidehuhn-Eier *oder* Ei-Ersatz (siehe S. 67)

125 ml ungesüßte Kokosmilch

2 EL Yaconsirup

1 ½ TL Rotweinessig

1. Den Backofen auf 175 °C vorheizen. Eine Brotbackform (Kastenform) aus Glas oder Metall großzügig mit Avocado- oder Kokosöl einfetten (oder mit Backpapier auslegen).
2. Mandelmehl, Haselnussmehl (falls verwendet), Pfeilwurzelmehl, Leinsamen, Walnüsse, Tapiokastärke, Salz und Natron in einer großen Schüssel vermengen.
3. In einer kleineren Schüssel Avocado- oder Kokosöl, Eier, Kokosmilch, Yaconsirup und Essig verquirlen.
4. Die feuchten Zutaten in einem Schwung in die trockenen eingießen und alles verrühren, bis eine glatte Masse entstanden ist. Dabei den Teig jedoch nicht zu lange kneten, da das Brot dadurch zäh werden könnte.
5. Den Teig sofort in die vorbereitete Kastenform füllen und 40–45 Minuten backen, einen Zahnstocher oder Schaschlikspieß in die Mitte des Laibs einstechen und prüfen, ob noch Teigreste daran kleben, falls ja, weiterbacken und wieder testen.
6. Das Brot auf einem Gitter abkühlen lassen, dann in Scheiben schneiden und servieren. Reste lassen sich – gut eingepackt – bis zu 5 Tage im Kühlschrank aufbewahren.

kapitel sieben

Suppen und Eintöpfe

HÜHNERSUPPE MIT KONJAK-REIS
CREMIGE SÜSSKARTOFFELSUPPE
DR. GS BOHNEN-CHILI
LAUCH-BLUMENKOHL-SUPPE
ZITRONIGE HÜHNERSUPPE MIT KOHL
CREMIGE CHAMPIGNONSUPPE
CHAMPIGNON-KOKOS-CURRY
NICHT GANZ FRANZÖSISCHE ZWIEBELSUPPE
SCHWARZE-BOHNEN-SUPPE MIT AVOCADO-SALSA
RINDER-CHAMPIGNON-EINTOPF
SÜSSKARTOFFEL-SPINAT-CURRY
GEMÜSE-LIMETTEN-SUPPE MIT MANIOK-CHIPS

Hühnersuppe mit Konjak-Reis

Hühnersuppe mit Reis kommt wie gerufen, wenn man gesundheitlich angeschlagen ist oder eine kleine Stärkung benötigt. Diese Hühnersuppe enthält die bewährten Heilkräfte, ist jedoch lektinfrei! Falls Sie eine größere Menge zubereiten und einfrieren, lassen Sie den Konjak-Reis erst einmal weg und geben Sie ihn erst vor dem Erhitzen in die Suppe, da er durch das Einfrieren breiig werden könnte.

ERGIBT 4 PORTIONEN

4 EL natives Olivenöl extra

1 Zwiebel, gewürfelt

3 Selleriestangen, gewürfelt

2 Knoblauchzehen, fein gehackt

180 g braune Champignons, in Scheiben geschnitten

1 TL getrockneter Salbei

1 TL frischer Thymian, zerzupft

½ TL frischer Rosmarin, grob gehackt

½ TL schwarzer Pfeffer, frisch gemahlen

Zesten und Saft von 1 Bio-Zitrone (oder von einer unbehandelten)

1 TL jodiertes Meersalz

160 g Hühnchenfleisch aus Weidehaltung, gegart und in kleine Stück zerteilt, *oder* 110 g Quorn-Hack

1 l Knochenbrühe (Seite 265) *oder* natriumarme Bio-Hühner- oder Gemüsebrühe

450 g Konjak-Reis

1. Das Olivenöl in einem großen Suppentopf bei mittlerer bis hoher Temperatur erhitzen. Zwiebel- und Selleriewürfel dazugeben und 5–6 Minuten anbraten, bis sie weich und glasig sind.
2. Knoblauch und Champignons zusammen mit Salbei, Thymian, Rosmarin, Pfeffer, Zitronenzesten, Zitronensaft und Salz dazugeben und unter regelmäßigem Rühren etwa 3–5 Minuten mitbraten, bis die Champignons gar sind.
3. Hühnchen (oder Quorn) und Brühe dazugeben. Die Temperatur dann reduzieren und die Suppe 15–20 Minuten köcheln lassen. Vor dem Servieren den Konjak-Reis in die Suppe geben und 1–2 Minuten mitkochen, bis er erwärmt ist (er ist blitzschnell gar).

Cremige Süßkartoffelsuppe

Ich lieben den Geschmack von Kürbis, daher habe ich in der Vergangenheit immer Butternuss- oder Riesenkürbissuppe bestellt, wenn ich sie auf einer Menükarte im Restaurant entdeckte. Lange Zeit war mir jedoch nicht bewusst, dass der Kürbis deutlich weniger Sympathien für mich hegte. Falls Ihnen die Kürbis-Aromen genauso gut schmecken wie mir, wird diese süßlich-herzhafte und samtig-weiche Suppe ein »Selbstläufer« in Ihrem Rezeptrepertoire werden.

ERGIBT 4 BIS 6 PORTIONEN

2 EL natives Olivenöl extra

1 kleine Zwiebel, gewürfelt

3 Selleriestangen, gewürfelt

1 kg Süßkartoffeln (3–4 Stück), geschält und in 2,5 cm große Würfel geschnitten

2 Knoblauchzehen, gehackt

1–2 TL jodiertes Meersalz

1 TL schwarzer Pfeffer, frisch gemahlen

1 TL Paprikapulver, edelsüß

1 TL frischer Thymian

½ TL (Ceylon-)Zimt, gemahlen

1 l Hühner- oder Gemüsefond (Seite 273)

Parmesan (Parmigiano Reggiano), gerieben, zum Garnieren (optional)

Schwarzer Pfeffer aus der Mühle zum Abschmecken

1. Das Olivenöl bei mittlerer bis hoher Temperatur in einem großen Suppentopf erhitzen. Zwiebel- und Selleriewürfel dazugeben und anbraten, bis sie weich und glasig sind.
2. Süßkartoffeln, Knoblauch, Meersalz, Pfeffer, Paprika, Thymian und Zimt dazugeben und mitbraten, bis der Thymian duftet und die Süßkartoffeln außen langsam weich werden.
3. Den Fond angießen und die Temperatur reduzieren. Den Deckel auf den Topf setzen und die Suppe zugedeckt 30 Minuten köcheln lassen, bis die Süßkartoffeln zerfallen.
4. Die Suppe in einem Hochleistungsmixer oder mit einem Zauberstab pürieren, bis sie seidenglatt ist.
5. Die Suppe mit Pfeffer abschmecken und (falls gewünscht) mit geriebenem Parmesan oder ein bisschen edelsüßem Paprikapulver garniert servieren.

STAUB

Dr. Gs Bohnen-Chili

Ja, Sie haben richtig gelesen, dieses Chili besteht aus Bohnen. Durch die Zubereitung im Schnellkochtopf reduziert sich der Lektingehalt der Bohnen, und das Chili passt zu 100 Prozent in Phase 3 des LFE-Programms.

ERGIBT 4 PORTIONEN

4 EL Olivenöl

1 große Zwiebel, gewürfelt

5 Knoblauchzehen, fein gehackt

1 rote Paprika, geschält, entsamt und klein geschnitten

1 Poblano, geschält, entsamt und klein geschnitten

1 Jalapeño, geschält, entsamt und gewürfelt

200 g getrocknete Kidney-Bohnen, verlesen, abgespült und 24–48 Stunden eingeweicht (das Wasser 2-mal wechseln)

200 g getrocknete schwarze Bohnen, verlesen, abgespült und eingeweicht (das Wasser 2-mal wechseln)

200 g getrocknete Linsen, verlesen und eingeweicht (das Wasser 2-mal wechseln)

7 Tomaten, geschält, entsamt und fein gehackt

750 ml Wasser oder Gemüsebrühe

2 EL Chilipulver

1 EL Kreuzkümmel, gemahlen

1 EL Chipotle-Paste (Chipotles sind geräucherte Jalapeños), optional

1 TL jodiertes Meersalz

60 g Ziegenmilch-Cheddar, gerieben, zum Garnieren (optional)

60 g Koriandergrün, grob gehackt, zum Garnieren (optional)

Jodiertes Meersalz zum Abschmecken

1. Das Olivenöl in einem großen Topf (oder im Schnellkochtopf auf Sautiereinstellung) bei mittlerer bis hoher Temperatur erhitzen.
2. Zwiebeln, Knoblauch, Paprika- und Chilischoten 5–7 Minuten anbraten, bis sie intensiv duften, und dann in den Schnellkochtopf umfüllen.
3. Bohnen, Linsen, Tomaten, Brühe oder Wasser, Gewürze, Chipotle-Paste (falls verwendet) sowie Salz hinzugeben und alles gut umrühren.
4. Das Chili unter hohem Druck, je nach Gebrauchsanweisung des Schnellkochtopfs, 10 Minuten kochen.
5. Den Druck aus dem Schnellkochtopf ablassen, den Topf dann vom Herd nehmen, das Chili umrühren und vor dem Servieren nach Belieben mit Cheddar und/oder Koriandergrün garnieren.

Lauch-Blumenkohl-Suppe

Lauch-Blumenkohl-Suppe ist eines dieser außergewöhnlichen Gerichte, das sowohl heiß als auch mit Zimmertemperatur oder kalt schmeckt. Diese einfache Variante des Klassikers mit Kartoffeln ist genauso vielseitig. Es verwundert mich immer wieder, wie gut sich Blumenkohl in den meisten Gerichten als Ersatz für Kartoffeln macht und wie wunderbar sie damit schmecken.

ERGIBT 4 BIS 6 PORTIONEN

3 EL natives Olivenöl extra

500 g Lauch, gewaschen und gehackt

2 Selleriestangen, gewürfelt

3 Knoblauchzehen, fein gehackt

1 großer Kopf Blumenkohl, in etwa 5 cm große Röschen zerteilt

½ TL Muskatnuss, frisch gerieben

1 TL feines jodiertes Meersalz

2 TL schwarzer Pfeffer, grobkörnig gemahlen

2 l salzfreier Hühner- *oder* Gemüsefond (Seite 273)

25 g Parmesan (Parmigiano Reggiano), gerieben (ggf. etwas zum Garnieren zurückbehalten; optional, aber köstlich)

1 Lorbeerblatt

Jodiertes Meersalz zum Abschmecken (nach Belieben)

Schnittlauch, in ganz feinen Röllchen, *oder* ein paar Thymianzweige zum Garnieren

1. Das Olivenöl bei mittlerer bis hoher Temperatur in einem großen Suppentopf erhitzen. Lauch, Sellerie, Knoblauch und Blumenkohl zusammen mit Muskat, Salz und Pfeffer in den Topf geben. Das Gemüse bei mittlerer Temperatur unter regelmäßigem Rühren anschwitzen, bis der Lauch zusammenfällt.
2. Fond, Parmesan (falls verwendet) und das Lorbeerblatt dazugeben und alles zugedeckt 35–45 Minuten kochen lassen, bis der Blumenkohl sehr weich ist.
3. Das Lorbeerblatt aus dem Topf fischen und die Suppe mit einem Zauberstab pürieren oder in einen Mixer geben und das Gerät laufen lassen, bis sie glatt ist (falls nötig, die Suppe portionsweise in den Aufsatz füllen, damit er nicht überläuft).
4. Die glatt pürierte Suppe in den Topf zurückgießen, den Topf wieder auf den Herd stellen und die Suppe weitere 10–15 Minuten kochen lassen.
5. Die Suppe mit den gehackten Kräutern und – nach Belieben – mit weiterem Parmesan bestreut anrichten.

Zitronige Hühnersuppe mit Kohl

Entwickelt habe ich dieses Rezept für die Leser meines Blogs. Doch schnell stellte sich heraus, dass die Suppe nicht nur ein Lieblingsgericht der LFE-Fans ist, sondern auch einen festen Platz in meinem wöchentlich wechselnden Ernährungsplan bekommen sollte. Ich bereite immer gleich eine große Menge zu und friere dann einzelne Portionen in Einmachgläsern ein.

ERGIBT 4 BIS 6 PORTIONEN

3 EL natives Olivenöl extra

1 mittelgroße Zwiebel, fein gewürfelt

4 Knoblauchzehen, fein gehackt

2 Selleriestangen, fein gehackt

Schwarzer Pfeffer aus der Mühle zum Abschmecken

Jodiertes Meersalz zum Abschmecken

160 g Hühnchenfleisch aus Weidehaltung (weißes oder dunkleres Fleisch – perfekt zur Resteverwertung), gegart sowie gewürfelt oder in kleine Stücke zerteilt, *oder* 110 g Quorn-Hack

½ TL Dijonsenf

2 Bund Grünkohl, in etwa 2,5 cm große Stücke geschnitten

Zesten von 1 Bio-Zitrone (ersatzweise eine unbehandelte)

1¼ l Knochenbrühe (Seite 265) aus Hühnerknochen *oder* Gemüsefond (Seite 273)

1 TL Balsamico-Essig

2 EL Zitronensaft, frisch gepresst

Parmesan (Parmigiano Reggiano), frisch gerieben, zum Anrichten (optional)

1. Das Olivenöl bei mittlerer Temperatur in einem großen Suppentopf erhitzen. Zwiebel, Knoblauch und Sellerie zusammen mit dem schwarzen Pfeffer und einer *winzigen* Prise Meersalz hineingeben und anschwitzen, bis die Zwiebeln und der Sellerie sehr weich sind.
2. Hühnchen oder Quorn, Senf, Kohl und Zitronenzesten dazugeben und weitere 5 Minuten mitbraten.
3. Fond, Balsamico-Essig und Zitronensaft angießen, sofort die Temperatur reduzieren und die Suppe dann zugedeckt 35 Minuten kochen lassen.
4. Zum Anrichten die Suppe in Schüsseln schöpfen und mit frischem schwarzem Pfeffer und (falls gewünscht) mit Käse bestreuen.

Cremige Champignonsuppe

In meiner Familie gibt es als besonderes Festtagsgericht immer Champignoncremesuppe. Meine Variante des Klassikers ist mindestens genauso dekadent! Cremig wird sie durch eine unerwartete Zutat – Blumenkohl – und einen Klacks Kokoscreme, der am Ende eingerührt wird.

ERGIBT 8 PORTIONEN

3 EL natives Olivenöl extra

1 kg Champignons, fein gewürfelt

1 TL frische Thymianblättchen

Zesten von 1 Bio-Zitrone (ersatzweise eine unbehandelte)

1 Zwiebel, gewürfelt

2 Knoblauchzehen, fein gehackt

2 Selleriestangen, gewürfelt

1 großer Kopf Blumenkohl, die äußeren Blätter entfernt und grob zerteilt

1½ TL jodiertes Meersalz

½ TL schwarzer Pfeffer, frisch gemahlen

½ TL Zwiebelpulver

1 TL Dijonsenf

1 l Knochenbrühe (Seite 265) *oder* natriumarme Bio-Hühner- oder Gemüsebrühe

250 ml ungesüßte Kokoscreme

1. 2 EL Olivenöl in einem großen Suppentopf bei mittlerer Temperatur erhitzen. Die Champignons hineingeben und anbraten, bis sie goldbraun und weich werden. Thymian und Zitronenzesten hinzufügen und weitere 2 Minuten mitbraten, bis sie kräftig duften.
2. Eine Hälfte der Pilze beiseitestellen, die andere Hälfte im Topf lassen. Das restliche Olivenöl angießen sowie Zwiebelwürfel, Knoblauch und Sellerie dazugeben und anbraten, bis die Zwiebeln und der Sellerie glasig sind.
3. Blumenkohl zusammen mit Salz, Pfeffer, Zwiebelpulver und Senf in den Topf geben.
4. Alles anschwitzen, bis es duftet, dann mit der Brühe übergießen. 5–7 Minuten kochen lassen, bis der Blumenkohl weich ist, und die Suppe im Anschluss im Mixer glatt pürieren.
5. Die beiseitegestellten Champignons und die Kokoscreme in die Suppe geben, gut einrühren und die Köstlichkeit servieren.

Champignon-Kokos-Curry

Ich liebe traditionelle Thai-Currys, weil sie so reichhaltig und geschmacksintensiv sind. Dieses cremige aromatische Gemüse-Curry schmeckt köstlich zusammen mit Blumenkohlreis oder einfach pur. So merkwürdig es klingen mag, dazu passt auch wunderbar ein schönes Glas erfrischender trockener Sekt.

ERGIBT 8 PORTIONEN

1 EL Kokosöl

1 kleine weiße Zwiebel, gewürfelt

2 Knoblauchzehen, durchgepresst oder fein gehackt

1 EL frischer Ingwer, fein gehackt

200 g Brokkolistrunk, fein gestiftelt

180 g braune Champignons, in Scheiben geschnitten

2 EL rote Thai-Curry-Paste

400 ml ungesüßte Kokosmilch

125 ml Wasser *oder* Brühe

60 g Grünkohl, in feine Streifen geschnitten

5–6 Tropfen Flüssig-Stevia

1 EL Fischsauce *oder* Kokos-Aminos-Würzsauce

Saft von 1 Limette

1 kleine Handvoll Basilikum *oder* Koriandergrün, gehackt

1. Das Olivenöl bei mittlerer bis hoher Temperatur in einem großen Suppentopf erhitzen. Zwiebelwürfel darin anschwitzen, bis sie glasig sind, dann Knoblauch und Ingwer dazugeben.
2. Sobald Knoblauch und Ingwer duften, Brokkolistiftchen und Champignonscheiben hinzufügen und 4–6 Minuten bei mittlerer bis hoher Temperatur anbraten.
3. Die Curry-Paste einrühren, bis sie sich gut verteilt hat, und alles 1–2 Minuten weitergaren, bis köstlicher Duft aufsteigt.
4. Kokosmilch und Wasser oder Brühe angießen und Kohl, Stevia sowie Fischsauce dazugeben und die Temperatur reduzieren. Das Curry 20 Minuten köcheln lassen, dann den Topf vom Herd nehmen. Auf Teller verteilen und vor dem Servieren Limettensaft sowie Basilikum oder Koriandergrün über das Curry geben.

Nicht ganz französische Zwiebelsuppe

Nichts geht über einen dampfend heißen Teller französische Zwiebelsuppe ... aber mit der Rinderbrühe, den Croutons, haufenweise Käse und dem beigefügten Zucker (ja, tatsächlich), ist sie dem Darm nicht gerade zuträglich. Diese vegetarische französische Zwiebelsuppe schmeckt genauso köstlich und macht auch den Darm glücklich, denn sie enthält keine Lektine. Um sie wirklich zu etwas Besonderem zu machen, kochen Sie sie mit selbst gemachter Knochenbrühe statt mit Gemüsefond.

ERGIBT 6 BIS 8 PORTIONEN

4 EL natives Olivenöl extra

5 große süße Zwiebeln, in dünne Scheiben geschnitten

2 EL Rotweinessig

6 Knoblauchzehen, in dünne Scheiben geschnitten

2 Lorbeerblätter

1 TL frischer Thymian, gehackt

½ TL schwarzer Pfeffer, frisch gemahlen

1¼ l Knochenbrühe (Seite 265) *oder* Gemüsefond (Seite 273) *oder* Wasser *oder* eine Kombination aus allen dreien

Jodiertes Meersalz zum Abschmecken

Gruyère oder Parmesan (Parmigiano Reggiano), gerieben, zum Abschmecken und Garnieren

1. Das Olivenöl in einem großen Suppentopf bei niedriger Temperatur erhitzen. Die Zwiebeln hineingeben und unter häufigem Umrühren etwa 15 Minuten anschwitzen, bis sie dunkelbraun werden und zerfallen.
2. Essig und Knoblauch hinzufügen und unter ständigem Rühren etwa 2 Minuten andünsten, bis der Knoblauch duftet.
3. Lorbeerblätter, Thymian, Pfeffer und Brühe oder Fond dazugeben und alles zugedeckt 15–20 Minuten kochen lassen. Den Deckel vom Topf nehmen und die Suppe weitere 10–15 Minuten köcheln lassen. Den Topf vom Herd nehmen, die Lorbeerblätter herausfischen und die Suppe mit Meersalz abschmecken.
4. Die Suppe in kleine Auflaufförmchen oder feuerfeste Schüsselchen füllen und mit geriebenem Käse bestreuen. Falls der Käse nicht schmilzt, weil die Suppe nicht mehr heiß genug ist, die Schüsselchen auf ein Blech stellen und im Ofen mit der Grillfunktion 30–60 Sekunden lang von oben erhitzen.

Schwarze-Bohnen-Suppe mit Avocado-Salsa

Diese Suppe ist an sich schon köstlich, mit einem Klacks Kokosjoghurt oder Avocado-Salsa abgerundet, wird sie jedoch wirklich genial. Ich serviere sie gerne mit Maniok-Chips, dann schmeckt sie wie beim Lieblingsmexikaner.

ERGIBT 6 BIS 8 PORTIONEN

FÜR DIE SUPPE

4 EL natives Olivenöl extra

1 große (gelbe) Zwiebel, gewürfelt

1 EL mildes Chilipulver

1½ TL Kreuzkümmelsamen, ganz

1½ TL getrockneter Oregano

½ TL Paprikapulver, edelsüß

1 TL nicht-alkalisiertes Kakaopulver

1¾ l Pilz- oder Knochenbrühe (Seite 265)

450 g getrocknete schwarze Bohnen, verlesen, abgespült und eingeweicht (das Wasser 2-mal wechseln)

6 Knoblauchzehen, fein gehackt

2 Lorbeerblätter

Jodiertes Meersalz zum Abschmecken

Ihre bevorzugte scharfe Chilisauce zum Abschmecken

FÜR DIE AVOCADO-SALSA

2 große reife Avocados, Fruchtfleisch gewürfelt

⅓ rote Zwiebel, gehackt

15 g Koriandergrün, gehackt

80 g Granatapfelkerne (in Saison von September bis Januar)

1 Jalapeño, geschält, entsamt und gewürfelt (optional)

1. Das Olivenöl in einem mindestens 6 Liter fassenden Schnellkochtopf bei mittlerer bis hoher Temperatur auf dem Herd erhitzen – oder auf der Sautiereinstellung in einem elektrischen Mehrzweck-Schnellkochtopf.
2. Sobald das Öl ausreichend erhitzt ist, Zwiebel, Chilipulver, Kreuzkümmel, Oregano, Paprika- und Kakaopulver hineingeben und unter häufigem Umrühren 2–3 Minuten anbraten, bis die Zwiebeln langsam weich werden.
3. Brühe, Bohnen, Knoblauch und Lorbeerblätter hinzufügen.
4. Den Topf mit dem Deckel verschließen und diesen einrasten lassen.

   Schnellkochtopf auf dem Herd: Bei hoher Temperatur hohen Druck aufbauen. Die Temperatur gerade so weit reduzieren, dass der hohe Druck erhalten bleibt und die Suppe 30 Minuten kochen kann. Im Anschluss den Druck 15 Minuten lang natürlich abbauen. Vom eigenen Körper abgewandt den Deckel vom Topf lösen und ihn dabei öffnen, damit der heiße Dampf entweichen kann.

   Elektrischer Kocher: Die Suppe 30 Minuten bei hoher Temperatur kochen, dann den Druck nach der Gebrauchsanweisung absenken.
5. Die Lorbeerblätter herausfischen, die Suppe gut umrühren und mit Salz und Chilisauce abschmecken.

2–3 EL Limettensaft, frisch gepresst

250 g ungesüßter Kokosjoghurt

Maniok-Chips (Seite 94) als Beilage

6. Vor dem Servieren die Avocado-Salsa zubereiten. Dafür Avocadowürfel, Zwiebel, Koriander, Granatapfelkerne, Jalapeño, Limettensaft und Joghurt in einer Schüssel behutsam vermischen. Die Suppe in Schüsselchen schöpfen und jeweils einen großen Löffel Avocado-Salsa obendrauf setzen. Nach Belieben die Suppe mit Maniok-Chips servieren.

Rinder-Champignon-Eintopf

Dieser Eintopf ist ein sättigendes und wohlig-wärmendes Gericht für die kühleren Monate. Ich serviere ihn als herzhafte, aber nicht zu schwere Mahlzeit gerne mit gestampftem Blumenkohl oder mit Süßkartoffelpüree.

ERGIBT 6 BIS 8 PORTIONEN

450 g Sirloin-Steak aus Weidehaltung *oder* 450 g Tempeh, in Würfel geschnitten

2 EL Maniokmehl

4 EL natives Olivenöl extra

1 große Zwiebel, gewürfelt

3 Selleriestangen, fein gehackt

3 Knoblauchzehen, fein gehackt

450 g Champignons, in Scheiben geschnitten

1 TL jodiertes Meersalz

1 EL frische Thymianblättchen

250 ml Rotwein

500 ml Knochenbrühe (Seite 265) *oder* Gemüsebrühe

1 EL Rotweinessig

1. In einer Schüssel das Fleisch (oder das Tempeh) im Maniokmehl wälzen, bis es rundherum gleichmäßig paniert ist.
2. Olivenöl in einem großen Suppentopf bei mittlerer Temperatur erhitzen.
3. Die Fleisch- oder Tempehwürfel hineingeben und von allen Seiten scharf anbraten, bis sie goldbraun sind.
4. Zwiebel, Sellerie, Knoblauch und Champignons dazugeben und unter regelmäßigem Umrühren etwa 4–6 Minuten braten, bis das Gemüse weich ist und der Knoblauch kräftig duftet.
5. Meersalz und Thymianblättchen einstreuen und 1 weitere Minute mitbraten, bis auch der Thymian duftet.
6. Die Mischung mit Wein, Brühe und Essig ablöschen. Alles gut umrühren und auch die braunen, am Topfboden haftenden Rückstände loskochen bzw. abschaben, um dadurch die herrlichen Röstaromen zu gewinnen.
7. Die Temperatur reduzieren und den Eintopf 45–60 Minuten köcheln lassen – falls nötig, Wasser zugeben –, bis das Fleisch sehr zart ist.
8. Den Eintopf mit gestampftem Blumenkohl oder Süßkartoffelpüree servieren.

Süßkartoffel-Spinat-Curry

Dieses herrliche Rezept haben wir freundlicherweise über GundryMD.com von Preethi Hulikeremath, der Drittplatzierten unseres Rezeptwettbewerbs, erhalten. Wir waren sofort süchtig nach diesem Curry, nachdem wir die reichhaltigen, aber perfekt ausbalancierten Aromen probiert hatten. Auch Sie werden dieses Gericht lieben – vor allem, wenn Sie ein Fan der indischen Küche sind. Falls Sie nicht alle Gewürze, die Preethi empfiehlt, zu Hause haben, verwenden Sie stattdessen 2 Esslöffel Curry-Pulver. Die Aromen werden nicht ganz so vielschichtig sein, das Curry wird aber trotzdem köstlich schmecken.

ERGIBT 2 BIS 4 PORTIONEN

3–4 TL Avocadoöl

⅓ TL Senfkörner

⅓ TL Kreuzkümmelsamen

1 grüne Kardamomkapsel

3 Gewürznelken, ganz

3 Knoblauchzehen, fein gehackt

1 rote Zwiebel, fein gehackt

1 mittelgroße Süßkartoffel, geschält und gewürfelt

½ TL Kurkuma, gemahlen

⅓ TL (Ceylon-)Zimt, gemahlen

1 TL schwarzer Pfeffer, grob gemahlen

500 ml ungesüßter Kokosdrink (falls das Curry sämiger sein soll: ungesüßte Kokosmilch) *oder* Wasser

100 g Babyspinat

Jodiertes Meersalz zum Abschmecken

1. 1 TL Avocadoöl in einer großen Edelstahlpfanne bei niedriger Temperatur erhitzen. Senfkörner und Kreuzkümmel hineingeben und 20 Sekunden rösten.
2. Kardamomkapsel und Nelken hinzufügen und unter ständigem Rühren 1 Minute rösten.
3. Die Pfanne vom Herd nehmen, die Gewürze herauslöffeln und in einer Gewürzmühle zu Pulver vermahlen.
4. Das restliche Öl zusammen mit dem Knoblauch und der Zwiebel in die Pfanne geben.
5. Beide bei mittlerer Temperatur 2–4 Minuten anschwitzen, bis sie goldbraun sind.
6. Süßkartoffel hinzugeben und 3–4 Minuten mitbraten, im Anschluss Kurkuma, Zimt, schwarzen Pfeffer sowie die in Schritt 3 gemahlenen Gewürze darüberstreuen.
7. Kokosdrink (oder Kokosmilch, falls verwendet) oder Wasser angießen und den Spinat dazugeben. Alles 15–20 Minuten kochen lassen, bis die Süßkartoffeln gar sind.
8. Das Curry mit Salz abschmecken und servieren.

Gemüse-Limetten-Suppe mit Maniok-Chips

Wenn ich etwas angeschlagen bin, könnte ich die kräftige Brühe – die Basis dieser Suppe – wie Limonade trinken, so gut tut sie mir. In diesem Rezept ist Hühnchen enthalten; für eine vegetarische Version können Sie es aber auch gerne weglassen, die Suppe wird dennoch genauso fein schmecken.

ERGIBT 6 PORTIONEN

- 4 EL natives Olivenöl extra
- 1 große Zwiebel, gewürfelt
- 3 Selleriestangen, fein gehackt
- 2 Knoblauchzehen, fein gehackt
- 1 TL Kreuzkümmel, gemahlen
- ¾ TL Chilipulver
- 1½ TL Salz
- 1½ l Gemüsebrühe
- 4 kleine Tomaten, geschält, entsamt und fein gehackt
- 100 g Grünkohl, entstielt und in dünne Streifen geschnitten
- 350 g Hühnchenfleisch aus Weidehaltung, ohne Haut, gegart und in kleine Stücke zerteilt (optional)
- Saft von 4 Limetten
- 4 EL frisches Koriandergrün, gehackt
- 1½ reife Avocados, in dünne Streifen geschnitten
- Salz zum Abschmecken
- 150 g Maniok-Tortillas (und -Chips) (Seite 94)

1. Olivenöl in einem großen Suppentopf bei mittlerer bis hoher Temperatur erhitzen. Zwiebel und Sellerie hineingeben und 3–5 Minuten lang anbraten, bis beide weich und glasig sind.
2. Knoblauch, Kreuzkümmel, Chilipulver und Salz mit in den Topf geben und unter häufigem Umrühren etwa 2 Minuten mitbraten, bis der Knoblauch duftet.
3. Mit Gemüsebrühe aufgießen, Tomaten hinzugeben und alles zugedeckt 15–20 Minuten kochen lassen.
4. Den Deckel vom Topf nehmen und Grünkohl, Hühnerfleisch (falls verwendet) und Limettensaft einrühren. Die Suppe etwa 3–5 Minuten weiterkochen, bis der Kohl zusammenfällt.
5. Den Topf vom Herd nehmen, die Suppe kosten und nötigenfalls nachwürzen, dann noch heiß auf Schüsselchen verteilen. Vor dem Servieren mit Koriandergrün, Avocadoscheiben und Tortilla-Chips garnieren.

kapitel acht

Nudeln und Bowls

BÁNH-MÌ-BOWL
BURRITO-BOWL
GARNELEN-POKÉ-BOWL
SOMMERROLLEN-BOWL
SORGHUMHIRSE-BOWL
BABY-ZUCCHINI-NUDELN MIT CREMIGER AVOCADOSAUCE
CREMIGE SPAGHETTI MIT KOHL UND GARNELEN
FEINES PAD THAI
GETRÜFFELTE »MAC AND CHEESE« MIT AUSTERNSEITLINGEN

Bánh-Mì-Bowl

Haben Sie schoh mal ein Bánh Mì, ein klassisches vietnamesisches Sandwich, probiert? Dann wissen Sie ja, dass man danach süchtig werden kann. Aber Sie wissen vermutlich auch, dass Sie dieses Brot und das kommerziell produzierte Fleisch nicht essen sollten. Was Sie hingegen genießen *können*, ist das würzig-süße Aroma des klassischen Bánh Mì – nur eben ohne Brot. Hätten Sie es gerne etwas herzhafter? Servieren Sie es mit Konjak-Reis oder Blumenkohlreis anstelle von Salat!

ERGIBT 1 PORTION

FÜR DAS DRESSING

¼ Avocado

15 g Koriandergrün

Saft von 1 Limette

1 TL Knoblauch-Chili-Sauce *oder* Sriracha-Sauce (sehr scharfe Chilisauce)

1 TL Sesamöl

1 TL Reisweinessig

FÜR DIE BOWL

1 EL geröstetes Sesamöl

60 g Hühnchenfleisch aus Weidehaltung, gewürfelt, *oder* 55 g Quorn-Hack

½ TL Yaconsirup

½ TL Fischsauce *oder* Kokos-Aminos-Würzsauce

½ TL Reisweinessig

100 g gemischter Salat, grob zerteilt

50 g eingelegter Daikon-Rettich*

40 g eingelegte rote Zwiebeln*

50 g eingelegte Karotten*

1 Omega-3- *oder* Weidehuhn-Ei, weichgekocht und geschält**

1. Für das Dressing alle genannten Zutaten in einem Mixer zu einer glatten Masse verarbeiten, dann beiseitestellen.
2. Für die Bowl das Sesamöl in einer Sautierpfanne bei mittlerer Temperatur erwärmen, bis es duftet. Hühnchen oder Quorn hineingeben und unter gelegentlichem Rühren 3–4 Minuten anbraten.
3. Yaconsirup, Fischsauce oder Kokos-Aminos-Würzsauce sowie Reisweinessig zugießen und die Temperatur reduzieren. Alles köcheln lassen, bis das Fleisch gar und die Mischung schön zähflüssig eingedickt ist.
4. Den Salat mit dem Dressing marinieren und in eine Servierschüssel füllen.
5. Fleisch, Daikon-Rettich, rote Zwiebeln, Karotten und das Ei auf dem Salat anrichten, die köstliche Bowl auf den Tisch bringen und genießen!

** Erhältlich in einigen Asialäden, oder Sie bereiten Ihr eigenes Schnell eingelegtes Gemüse (Seite 216) zu Hause zu.*

*** Um das Ei weichzukochen, in einem Topf Wasser aufkochen. Das Ei hineingeben. Sobald das Wasser wieder sprudelt, das Ei 6–7 Minuten lang kochen. Das Ei im Anschluss kurz in einer Schüssel mit eiskaltem Wasser abschrecken und dann schälen.*

Burrito-Bowl

Denken Sie an den leckeren großen, drei Pfund schweren Burrito in Ihrem Lieblings-Tex-Mex-Restaurant. Genau so einer diente mir als Inspiration für diese Bowl. Sie enthält alles Gute eines klassischen Burritos – den »Reis«, das Gemüse und sogar das »Fleisch«.

ERGIBT ETWA 3 PORTIONEN

FÜR DEN KORIANDER-LIMETTEN-»REIS«

1 EL natives Olivenöl extra

1 weiße Zwiebel, gewürfelt

300 g Blumenkohlreis (Seite 67)

15 g Koriandergrün

Saft von 2 Limetten

½ TL jodiertes Meersalz

FÜR DAS FAJITA-GEMÜSE

1 EL natives Olivenöl extra

1 rote Zwiebel, in Scheiben geschnitten

1 rote Paprikaschote, geschält und entsamt (optional, nur in Phase 3)

100 g braune Champignons, in Scheiben geschnitten

100 g Mangold, in feine Streifen geschnitten

1 TL Kreuzkümmel

¼ TL jodiertes Meersalz

FÜR DAS »FLEISCH«

1 EL natives Olivenöl extra

350 g Quorn-Hack

½ TL Kreuzkümmel

½ TL Paprikapulver, edelsüß

½ TL schwarzer Pfeffer, frisch gemahlen

½ TL jodiertes Meersalz

ZUM ANRICHTEN FÜR JEDE BOWL

100 g Koriander-Limetten-Reis

140 g Fajita-Gemüse

55 g »Fleisch«

2 EL LFE-Guacamole (Seite 267)

1 EL Ziegenmilch-Cheddar, gerieben (optional)

1 EL Ziegenmilchjoghurt (optional)

FÜR DEN KORIANDER-LIMETTEN-»REIS«

1. Olivenöl in einer großen Sautierpfanne bei mittlerer Temperatur erhitzen. Die Zwiebel hineingeben und unter gelegentlichem Umrühren anschwitzen, bis sie glasig ist.
2. Den Blumenkohlreis hinzufügen und gar dünsten.
3. Die Pfanne vom Herd nehmen, dann Koriander, Limettensaft und Meersalz einrühren. Die Pfanne bis zum Anrichten beiseitestellen.

FÜR DAS FAJITA-GEMÜSE

1. Das Olivenöl in einer großen Sautierpfanne bei mittlerer Temperatur erhitzen. Die Zwiebel hineingeben und unter gelegentlichem Umrühren anschwitzen, bis sie glasig ist.
2. Paprika und Champignons zugeben und 3–5 Minuten lang braten.
3. Mangold, Kreuzkümmel und Meersalz hinzufügen und andünsten, bis der Mangold zusammenfällt.

FÜR DAS »FLEISCH«

Das Olivenöl in einer großen Bratpfanne bei mittlerer Temperatur erhitzen. Quorn-Hack und Gewürze hineingeben und unter gelegentlichem Umrühren vollständig durchbraten. Falls das Hack zu schnell braun wird, die Temperatur reduzieren.

ANRICHTEN DER BOWLS

In jede Bowl zuunterst den Blumenkohlreis, dann je eine Schicht Gemüse und Fleisch füllen. Dann jeweils einen Klacks Guacamole obendrauf setzen. Die Bowls sofort servieren und, falls gewünscht, Ziegenmilch-Cheddar und -joghurt dazu reichen.

Garnelen-Poké-Bowl

In Südkalifornien eröffnet gerade ein Poké-Restaurant nach dem anderen und das aus gutem Grund – dieses Gericht, ein hawaiianischer Klassiker, schmeckt erfrischend und ist unglaublich vielseitig sowie leicht an den eigenen individuellen Geschmack anpassbar. Diese Bowl wird mit gebratenen Garnelen aus Wildfang zubereitet, die fast überall erhältlich sind. Sie können stattdessen jedoch auch hochwertigen Sushi-Fisch verwenden.

ERGIBT 1 PORTION

1 EL Reisweinessig

1 EL Kokos-Aminos-Würzsauce

2 EL Avocadoöl-Mayonnaise (Seite 270)

1 TL Sesamsamen

1–2 Tropfen Flüssig-Stevia

1 EL Nori-Blätter, zerkrümelt

1 EL Sesamöl

1 TL frischer Ingwer, fein gehackt

1 Knoblauchzehe, fein gehackt

85 g Garnelen aus Wildfang, entdarmt, geschält (Sie können die Schalen auch mitessen, wenn Sie die darin enthaltenen Lektin blockierenden Kräfte mögen!) und grob gehackt, *oder* Palmenherzen

125 g Blumenkohlreis (Seite 67), gedämpft

¼ Avocado

30 g Algensalat (optional, oft erhältlich in Japan- oder Asia-Läden oder in manchen Supermärkten in der Nähe des Sushis)

Sriracha- oder eine andere scharfe Chili-Sauce (optional)

1. Reisessig, Kokos-Aminos-Würzsauce, Mayonnaise, Sesamsamen, Stevia und Nori-Krümel miteinander vermischen und beiseitestellen.
2. Das Sesamöl in einer Pfanne bei mittlerer Temperatur erhitzen. Ingwer, Knoblauch und Garnelen oder Palmenherzen (falls verwendet) hineingeben und unter gelegentlichem Umrühren 2–3 Minuten lang braten bzw. bis die Garnelen/Palmenherzen gar sind.
3. Die Sauce über die Garnelen/Palmenherzen gießen.
4. Die Garnelen/Palmenherzen mit Blumenkohlreis, Avocado und (falls gewünscht) mit dem Algensalat servieren. Die Bowl nach Belieben mit Sriracha-Sauce beträufeln und servieren.

Sommerrollen-Bowl

Ich lese viele Foodblogs, und einer meiner liebsten heißt »Peace, Love, and Low Carb«, geschrieben von Kyndra Holley. Dieses Gericht ist inspiriert von Kyndras »Crack Slaw«, mit ein paar Abwandlungen, um es LFE-kompatibel zu machen.

ERGIBT 2 BIS 4 PORTIONEN

2 EL Sesamöl

3 Knoblauchzehen, fein gehackt

1 Zwiebel, gewürfelt

4 Frühlingszwiebeln, in feine Ringe geschnitten

1 EL frischer Ingwer, fein gehackt

350 g Garnelen aus Wildfang *oder* Quorn-Hack

Jodiertes Meersalz und schwarzer Pfeffer aus der Mühle zum Abschmecken

1 EL Knoblauch-Chili-Sauce *oder* Sriracha-Sauce zum Abrunden (je nach Geschmack mehr oder weniger verwenden)

300 g Rotkohl, fein gehackt

200 g Brokkolistrunk und Karotten, fein gestiftelt

3 EL Kokos-Aminos-Würzsauce

1 EL Reisweinessig

2 EL geröstete Sesamsamen

1. Das Sesamöl in einer großen Sautierpfanne oder in einem Wok bei mittlerer bis hoher Temperatur erhitzen.
2. Knoblauch, Zwiebel, Frühlingszwiebeln und Ingwer hineingeben und anbraten, bis das Gemüse weich ist und duftet.
3. Garnelen oder Quorn-Hack, Salz, Pfeffer, Knoblauch und (falls gewünscht) Chili-Sauce, einrühren, bis sich die Shrimps leicht pink verfärbt haben bzw. bis das Quorn-Hack komplett erwärmt ist.
4. Kohl, Brokkoli- und Karottenstiftchen, Kokos-Aminos-Würzsauce, Reisweinessig und Sesam in die Pfanne geben. Alle Zutaten gut vermischen und braten, bis der Kohl gar ist.
5. Dekorativ in einer Bowl anrichten und im Anschluss direkt servieren.

HOT CHILI SAUCE
SRIRACHA
SHAKE WELL
HUY FONG FOODS, INC.

Sorghumhirse-Bowl

Sorghumhirsen gehören zu den Getreidearten, die lektinfrei sind und zugleich köstlich schmecken. Manchmal lasse ich Sorghum sogar in einer Pfanne aufpoppen und esse sie während eines Films – statt Popcorn. In diesem Rezept wird sie mit cremiger Avocado und würzig eingelegtem Gemüse kombiniert.

ERGIBT 1 PORTION

1 EL Olivenöl

½ kleine Zwiebel, fein gehackt

1 Knoblauchzehe, fein gehackt

55 g Quorn-Hack

150 g Sorghumhirse, gekocht

50 g eingelegte Karotten*

50 g eingelegte Rote Bete*

40 g eingelegte Zwiebeln*

50 g eingelegter Rettich*

½ Avocado, in Scheiben geschnitten

1. Olivenöl in einer mittelgroßen Bratpfanne bei mittlerer Temperatur erhitzen.
2. Zwiebel hineingeben und 2–3 Minuten anschwitzen, bis sie glasig ist.
3. Quorn-Hack und Sorghumhirse dazugeben und unter regelmäßigem Umrühren mitbraten, bis sie das Zwiebelaroma angenommen haben.
4. Inhalt der Pfanne in eine Servierschüssel umfüllen, mit dem eingelegten Gemüse und der Avocado anrichten und sofort servieren.

** Sie können das eingelegte Gemüse kaufen oder Ihr Schnell eingelegtes Gemüse (Seite 216) selbst zubereiten.*

Baby-Zucchini-Nudeln in cremiger Avocadosauce

Mit Baby-Zucchini wird dieses Seelentröster-Essen unserem LFE-Programm angepasst, denn junge Zucchini enthalten weniger Lektine als reife. Das Gericht eignet sich perfekt für alle, die »Fettuccine Alfredo« lieben – es ist ähnlich cremig und enthält obendrein viel Gemüse, das gut ist für die Darmgesundheit und dem Gericht Biss gibt. Danke Irina Skoeries von »Catalyst Cuisine« für dieses Rezept!

ERGIBT 2 BIS 3 PORTIONEN

1 EL Avocadoöl

120 g Hühnchenbrust aus Weidehaltung (optional)

¼ TL jodiertes Meersalz

¼ TL schwarzer Pfeffer, frisch gemahlen

1 großer Endiviensalat, in feine Streifen geschnitten

12 Stangen frischer grüner Spargel, in etwa 5 cm lange Stücke geschnitten

8 Baby-Zucchini, spiralig geschnitten*

30 g blanchierte Mandelblättchen (alternativ: gestiftelte Mandeln), geröstet

FÜR DIE AVOCADOSAUCE

1 große reife Avocado

125 ml Kokosmilch

125 ml Wasser

Saft von 1 Zitrone

½ TL Salz

¼ TL schwarzer Pfeffer, frisch gemahlen

1 TL frische Thymianblättchen

1. Das Avocadoöl bei mittlerer bis hoher Temperatur erhitzen und das Hühnchen hineingeben. (Gehen Sie direkt zu Schritt 2, wenn Sie kein Geflügel verwenden.) Das Fleisch mit Salz und Pfeffer bestreuen und mindestens 5–6 Minuten braten bzw. bis es komplett durchgegart ist.
2. Endivienstreifen und Spargel dazugeben und 3–4 Minuten mitbraten, bis das Gemüse weich wird.
3. Währenddessen alle Zutaten für die Avocadosauce in einer Küchenmaschine mit S-Klinge zu einer glatten, cremigen Sauce verarbeiten.
4. Die spiralig geschnittenen Zucchini zu dem Hühnchen (falls verwendet) und dem Gemüse in die Pfanne geben und alles gut durchmischen. Die währenddessen abgegebene Hitze ist ausreichend, um die Zucchini zu garen und schön weich werden zu lassen. Die Hühnchenbrust kurz herausnehmen, das Fleisch zerzupfen und in die Pfanne zurück legen.
5. Die Avocado-Sauce in die Zucchini-Hühnchen-Mischung einrühren, dann das Gericht in Schüsselchen anrichten, mit den Mandeln bestreuen und sofort servieren.

** Sollten Sie keinen Spiralschneider zur Hand haben, können Sie die Zucchini auch mit einem Gemüsehobel, einem Julienneschneider oder einem scharfen Messer in dünne Streifen schneiden.*

Cremige Spaghetti mit Kohl und Garnelen

Manchmal im Leben braucht man einfach Nudeln zum Abendessen – wir alle kennen diese Momente. Und was wäre dann besser geeignet als ein cremiges Spaghetti-Gericht, bei dem sich das schlechte Gewissen nicht meldet? Sie können die Garnelen weglassen, wenn Sie eine vegetarische Version vorziehen – dies ist auch ohne die zusätzlichen Proteine eine sättigende Mahlzeit.

ERGIBT 2 PORTIONEN

4 EL natives Olivenöl extra

1 Zwiebel, in dünne Scheiben geschnitten

3 Knoblauchzehen, in feine Scheiben geschnitten

170 g Garnelen aus Wildfang, entdarmt (optional)

100 g Grünkohl, in feine Streifen geschnitten

250 ml ungesüßte Kokoscreme

Saft von 1 Zitrone

25 g Parmesan (Parmigiano Reggiano), gerieben, *oder* 2 EL Nährhefeflocken

FÜR DIE KONJAK-NUDELN NACH GUNDRY-ART

200 g Konjak-Spaghetti

Jodiertes Meersalz nach Geschmack

1. Das Olivenöl in einer großen Bratpfanne bei mittlerer Temperatur erhitzen.
2. Zwiebel hineingeben und 3–4 Minuten anschwitzen, bis sie weich und glasig ist.
3. Knoblauch und Garnelen (falls verwendet) hinzufügen und 2 Minuten mitbraten, bis die Garnelen rosa sind und der Knoblauch duftet.
4. Die Temperatur reduzieren. Grünkohl, Kokoscreme und Zitronensaft dazu in die Pfanne geben und andünsten, bis der Kohl zusammenfällt. Dann den Parmesan oder die Nährhefeflocken einrühren.
5. 3–4 Minuten kochen lassen, dann die vorbereiteten Konjak-Nudeln (siehe unten) hinzufügen. Alles weitere 2 Minuten kochen, dann dekorativ anrichten und servieren.

FÜR DIE KONJAK-NUDELN NACH GUNDRY-ART

1. Salzwasser in einem Topf zum Kochen bringen.
2. Die Nudeln aus der Packung nehmen, in ein Sieb legen und unter fließendem kaltem Wasser 2–3 Minuten abspülen.
3. Nudeln ins sprudelnd kochende Wasser geben und 2–3 Minuten kochen.
4. Die Nudeln dann in eine trockene Pfanne geben und bei mittlerer bis niedriger Temperatur unter Rühren anbraten, damit sie trocknen.

Feines Pad Thai

Als ich auf meinem YouTube-Kanal ein Pad-Thai-Rezept vorstellte, kam es so gut an, dass ich beschloss, eine Variante des Rezepts in mein Kochbuch aufzunehmen. Diese Variante ist sogar besser als das Original! Zudem lässt sich die sättigende, geschmacksintensive Abendmahlzeit schnell zubereiten.

ERGIBT 2 PORTIONEN

2 EL Olivenöl

1 EL Sesamöl

2 Knoblauchzehen

170 g Garnelen aus Wildfang, geschält (optional)

50 g Brokkolistrunk und Karotten, fein gestiftelt (optional)

1 Omega-3- *oder* Weidehuhn-Ei *oder* Ei-Ersatz (siehe Seite 67)

30 g frische Basilikumblätter, gehackt

250 g Konjak-Fettuccine*

Saft von 2 Limetten

4 EL geröstete Macadamianüsse, gehackt

1–2 EL Fischsauce *oder* Kokos-Aminos-Würzsauce

1 EL Reisessig, ungesüßt

1 Prise Stevia-Pulver

1 TL Paprikapulver, edelsüß

1. Beide Öle zusammen in einer großen Bratpfanne bei hoher Temperatur erhitzen. Sie sollten trotz der Temperatur jedoch nicht beginnen zu rauchen.
2. Erst den Knoblauch hineingeben und kurz umrühren, dann die Garnelen sowie Brokkoli- und Karottenstiftchen (falls verwendet) hinzufügen und 1 Minute unter Rühren mitbraten.
3. Das Ei hineinschlagen und 1 Minute unter Rühren anbraten, bis es gestockt ist.
4. Basilikum, Nudeln, Limettensaft, Macadamianüsse, Fischsauce oder Kokos-Aminos-Würzsauce, Reisessig, Stevia und Paprikapulver dazugeben und unter Rühren 3 Minuten lang anbraten, bis die Garnelen nicht mehr glasig sind. Die Pfanne vom Herd nehmen und das Pad Thai sofort anrichten & servieren.

** Für die Zubereitung siehe Seite 164.*

Getrüffelte »Mac and Cheese« mit Austernseitlingen

Dieses Rezept stammt von Jenni Schulz, der Zweitplatzierten unseres LFE-Rezeptwettbewerbs. Sie hat komplett vegane »Mac and Cheese« kreiert, die ebenso gut schmecken wie das mit Milch zubereitete Original, dabei aber für den Darm deutlich verträglicher sind! Jennis geprüftes und erprobtes Rezept enthält Konjak-Nudeln, ich habe das Gericht aber auch schon mit Süßkartoffelnudeln zubereitet.

ERGIBT 1 PORTION

FÜR DIE KÄSESAUCE*

100 g rohe Macadamianüsse, 8 Stunden oder über Nacht in Wasser eingeweicht, gründlich abgespült

185 ml Wasser

Saft von ½ Zitrone

3 EL Nährhefeflocken

1 TL jodiertes Meersalz

½ TL geräuchertes Paprikapulver

⅛ TL Senfpulver

½ Knoblauchzehe

1 Prise schwarzer Pfeffer, frisch gemahlen

FÜR DIE MAC AND CHEESE

200 g Konjak-Nudeln, zum Beispiel Konjak-Penne oder Konjak-Fettucine (in kleine Stücke geteilt)

2 TL (Büffel-)Ghee *oder* Avocadoöl

2 große Austernseitlinge, grob gehackt

4 EL Käsesauce

1 Handvoll frischer Spinat

Jodiertes Meersalz und schwarzer Pfeffer aus der Mühle zum Abschmecken

Nährhefeflocken zum Bestreuen

½ TL Trüffelöl

1. Für die Käsesauce alle Zutaten in einen Hochleistungsmixer oder in die Schüssel einer Küchenmaschine mit S-Klinge geben.
2. Das Gerät hochtourig laufen lassen und die Zutaten vermixen, bis eine glatte Sauce entstanden ist. Falls die Mischung zu dickflüssig sein sollte, esslöffelweise Wasser hinzufügen.
3. Die Konjak-Nudeln auf Gundry-Art zubereiten (Seite 164) und beiseitestellen.
4. Das Ghee oder Avocadoöl in einem kleinen bis mittelgroßen Kochtopf bei mittlerer Temperatur erhitzen und die Austernseitlinge darin anschwitzen.
5. Sobald sie gar sind, Nudeln, Käsesauce und Spinat hinzugeben und bei niedriger bis mittlerer Temperatur erwärmen, bis der Spinat zusammenfällt.
6. Salz, Pfeffer, Nährhefeflocken und Trüffelöl darübergeben und alles gut vermischen.

** Die Käsesauce reicht für etwas mehr als 4 Portionen »Mac and Cheese«. Sie können sie in einem Glasbehälter im Kühlschrank 5 Tage oder im Tiefkühlfach bis zu 2 Monate aufbewahren. Lassen Sie die gefrorene Sauce vor der Verwendung zuerst langsam im Kühlschrank auftauen, damit sie ihre Konsistenz behält.*

kapitel neun

Haupt-gerichte

SUPERFOOD-SALAT
JONATHAN WAXMANS KOHL-SALAT
KRABBENKÜCHLEIN
PIZZA MIT BLUMENKOHLBODEN
HEILBUTT MIT PFIFFERLINGSRAGOUT UND BELUGALINSEN
THAI-ZITRONENGRAS-»FLEISCH«BÄLLCHEN
MAROKKANISCH GEWÜRZTES HÜHNCHEN MIT HIRSE-TABOULÉ
BLUMENKOHLREIS-RISOTTO
SPINAT-ARTISCHOCKEN-LASAGNE
WURZELGEMÜSE-LASAGNE
GEBRATENER BLUMENKOHLREIS MIT INGWER
SÜSSKARTOFFEL-SPAGHETTI MIT HACKBÄLLCHEN
SALAT MIT SPIEGELEI UND ROHEM SCHINKEN

Superfood-Salat

Manchmal braucht man einfach die Energie einer Portion gesunden Grüns, und dann kommt dieser Salat gerade recht. Er schmeckt lecker, macht satt und lässt sich gut im Kühlschrank frischhalten. Wenn Sie ihn mitnehmen möchten, geben Sie das Dressing und die schwereren Zutaten am besten zuunterst in ein großes Glas mit Schraubverschluss und füllen dann mit den grünen Blättern auf. Zum Servieren müssen Sie das Glas dann nur noch in eine Schüssel stürzen und – voilà – schon haben Sie einen leckeren verzehrfertigen Salat mit Dressing!

ERGIBT 1 PORTION

100 g junger Grünkohl und zarter Rucola

50 g TK-Artischockenherzen, aufgetaut und grob gehackt (notfalls Artischockenherzen aus dem Glas verwenden und vor der Verarbeitung gründlich abspülen)

50 g Brokkolistrunk, fein gestiftelt

50 g rohe Rote Bete, fein gestiftelt

50 g Radieschen, fein gestiftelt

2 EL Klassische Balsamico-Vinaigrette (Seite 268)

40 g Granatapfelkerne (in Saison von September bis Januar)

½ Avocado, längs in Spalten geschnitten

1 Omega-3- *oder* Weidehuhn-Ei, hartgekocht und quer halbiert (optional)

1. Salat, Artischockenherzen, Brokkoli, Rote Bete, Radieschen und die Vinaigrette in eine große Salatschüssel geben. Alle Zutaten mit einem Salatbesteck oder sauberen Händen gut miteinander vermischen, bis sich die Vinaigrette überall verteilt hat.
2. Den Salat auf einen (Suppen-)Teller geben und mit den Granatapfelkernen, der Avocado und (falls gewünscht) dem Ei garnieren.

Jonathan Waxmans Kohl-Salat

Dieses Salatrezept haben wir von Jonathan Waxman, dem Koch des New Yorker Restaurants Barbuto, erhalten – und es ist zufällig der weltbeste Kohl-Salat. Falls Sie sich wegen der Anchovis Gedanken machen, keine Sorge: Sie geben dem Dressing lediglich eine salzige, aber keine fischige Note.

ERGIBT 4 PORTIONEN

500 g frischer Grünkohl (falls möglich: junger Grünkohl oder der jüngste erhältliche Palmkohl/Schwarzkohl), in dünne Streifen geschnitten

4 Basilikumblätter, fein gehackt

2 Knoblauchzehen, durchgepresst

2 in Salzlake eingelegte Anchovis *oder* 4 eingelegte Anchovisfilets*, abgespült, ggf. filetiert und fein gehackt

1 Eigelb*

1 EL Dijonsenf

1 EL Zitronensaft (oder der Saft von ¼ großen Zitrone)

4 EL natives Olivenöl extra

Jodiertes Meersalz und schwarzer Pfeffer aus der Mühle zum Abschmecken

30 g junger Pecorino Romano, gehobelt*

1 EL geröstete Walnüsse (Haselnüsse gehen auch), fein gehackt

1. Den Kohl in eine Salatschüssel geben.
2. In einer weiteren Schüssel Basilikum, Knoblauch, Anchovis, Eigelb, Senf und Zitronensaft mit einem Schneebesen gut verquirlen. Olivenöl angießen und schnell einrühren, sodass sich die Flüssigkeiten gut verbinden.
3. So viel Dressing über den Kohl gießen, dass alle Blätter rundum reichlich befeuchtet sind.
4. Den Kohl möglichst kraftvoll mit einem Holzlöffel weichdrücken. (Im Restaurant Barbuto wird das mit den Händen gemacht, natürlich in Handschuhen!) Den Salat mit einer Prise Meersalz und frisch gemahlenem schwarzem Pfeffer abschmecken.
5. Käsespäne und Nüsse über den Salat streuen.
6. Alles gut vermengen, nach Belieben noch einmal abschmecken, anrichten und servieren.

** Für eine vegane Salatvariante lassen Sie die Anchovis, das Eigelb und den Käse weg und rühren stattdessen 2 EL Nährhefeflocken in das Dressing ein.*

Krabbenküchlein

Ich liebe »echte« gut gemachte Krabbenküchlein. Dennoch bereite ich oft die vegetarische Variante zu, selbst wenn ich irgendwo qualitativ hochwertiges Krebsfleisch bekäme. Die vegetarischen Küchlein sind ebenso einfach zu machen, kostengünstig und köstlich – ihr Geschmack kommt dem des Originals so nah, dass ich schon des Öfteren Gäste täuschen konnte!

ERGIBT 2 PORTIONEN

FÜR DEN DIP

125 g Avocadoöl-Mayonnaise (Seite 270)

1 EL Kapern

1 TL Zwiebel, gewürfelt

1 EL grüne Oliven, gewürfelt

Zesten von 1 Bio-Zitrone (ersatzweise eine unbehandelte)

FÜR DIE KRABBENKÜCHLEIN

400 g Krebsfleisch in Stücken *oder* Palmenherzen (gefroren und aufgetaut, aus dem Glas oder aus der Dose, in ungezuckerter Salzlake eingelegt), abgetropft und fein gehackt

2 Selleriestangen, gewürfelt

½ Zwiebel, gewürfelt

2 Knoblauchzehen, durchgepresst

1 TL Old-Bay-Gewürzmischung (gibt's online und dort auch Rezepte zum Selbermischen)

2 EL Maniokmehl

1 Omega-3- *oder* Weidehuhn-Ei *oder* Ei-Ersatz (siehe S. 67)

25 g Mandelmehl aus blanchierten Mandeln

3 EL Avocadoöl

1. Für den Dip alle Zutaten in einer kleinen Schüssel miteinander vermischen, in einen fest schließenden Behälter umfüllen und bis zum Verzehr im Kühlschrank aufbewahren.
2. Für die Küchlein in einer großen Schüssel Krabbenfleisch (oder die Palmenherzen), Sellerie, Zwiebel, Knoblauch, Old Bay-Gewürzmischung, Maniokmehl und das Ei gut miteinander vermengen. Die Mischung soll mit den Händen leicht zu kleinen Küchlein formbar sein. Falls diese zerfallen, teelöffelweise mehr Maniokmehl zugeben, bis sie zusammenhalten.
3. Aus der Krabbenmischung vier gleich große Küchlein formen. Die Küchlein außen vorsichtig mit Mandelmehl »panieren« und sie dann 15–20 Minuten lang kühl stellen, sodass sie fest werden.
4. Avocadoöl in einer großen Bratpfanne bei mittlerer bis hoher Temperatur erhitzen. Die Krabbenküchlein darin 3–4 Minuten anbraten, bis sie gebräunt sind, dann vorsichtig wenden und weitere 4–5 Minuten braten.
5. Die Temperatur reduzieren. Die Küchlein so lange weiterbraten (etwa 1–2 Minuten), bis sie komplett durcherhitzt sind. Zur Prüfung die Klinge eines Messers in die Mitte eines Küchleins stecken und fühlen, ob sie heiß herauskommt.
6. Die Krabbenküchlein mit dem Dip servieren.

Pizza mit Blumenkohlboden

Ist Pizza wirklich Teil des LFE-Ernährungsprogramms? Aber sicher! Dieses Rezept hat Tara Lazar uns zur Verfügung gestellt, eine Köchin aus Palm Springs. Ihr Blumenkohlboden ist der beste, den ich jemals gegessen habe. Wenn Sie schon in Phase 3 sind, kochen Sie sich eine dickflüssige Sauce aus geschälten, entsamten Tomaten dazu, um in den Genuss des vollen Pizzageschmacks zu kommen!

ERGIBT ZWEI BÖDEN À 20 CM DURCHMESSER

Butter *oder* Kokosöl zum Einfetten des Backblechs

350 g Blumenkohlmehl (Seite 180)

25 g Mandelmehl

2 EL Tapiokastärke

250 g Büffelmozzarella, grob zerteilt

1 ½ Omega-3- *oder* Weidehuhn-Eier* *oder* Ei-Ersatz (siehe S. 67)

IDEEN FÜR DEN BELAG

Klassisches Basilikumpesto (Seite 266) mit Prosciutto und Büffelmozzarella

Klassisches Basilikumpesto mit karamellisierten Zwiebeln

Schafsmilch-Ricotta, Zitronenzesten und in Scheiben geschnittene Feigen

Zwiebel-Chutney mit Bourbon (Seite 262), Feigen und Balsamico-Reduktion

Phase-3-Tomatensauce (Seite 181), Büffelmozzarella, Basilikum

1. Den Backofen auf 150 °C vorheizen. Ein Backblech mit Butter oder Kokosöl einfetten.
2. Alle Zutaten in eine große Schüssel geben und mit den Händen gründlich vermengen.
3. Den Teig halbieren und zwei Kugeln daraus formen.
4. Beide Kugeln auf das Backblech geben und mit eingefetteten Händen zu zwei Fladen von je 20 cm Durchmesser plattdrücken. Dabei darauf achten, dass der Teig gleichmäßig verteilt ist und keine Löcher entstehen.
5. Die Böden 15 Minuten backen, nach der Hälfte der Backzeit wenden, damit sie gleichmäßig durchbacken.
6. Das Blech mit den Böden aus dem Ofen nehmen und die Ofentemperatur auf 175 °C erhöhen.
7. Die Pizzen mit den gewünschten Zutaten belegen, dann das Blech zurück in den Ofen schieben und die Pizzen weiterbacken, bis die Ränder knusprig werden.

** Um das Ei zu halbieren, verquirlen Sie es zuerst und wiegen Sie dann die Hälfte ab.*

(Fortsetzung auf den folgenden Seiten)

Blumenkohlmehl

3 mittelgroße Blumenkohlstrünke, Blätter entfernt

75 g Parmesan (Parmigiano Reggiano), gerieben

1½ TL Knoblauchpulver

1½ TL Zwiebelpulver

Salz und schwarzen Pfeffer aus der Mühle zum Abschmecken

Zubereitung mit dem Entsafter: Den Blumenkohl in grobe Stücke schneiden und in einen Entsafter geben, damit die Flüssigkeit aus dem Gemüse herausgedrückt wird.

Den Saft weggießen und den Trester (die Gemüsereste) verwerten. Mit Schritt 1, siehe unten, fortfahren.

Zubereitung mit der Küchenmaschine: Den Blumenkohl klein schneiden, in die Küchenmaschine geben und im Pulsmodus so lange hacken, bis nur noch winzige Stückchen (kleiner als Reiskörner) übrig sind.

Den Blumenkohl in ein sauberes Küchenhandtuch wickeln und möglichst viel Saft herausquetschen. Den ausgedrückten Blumenkohl in eine mikrowellengeeignete Schüssel geben und in der Mikrowelle in 15- bis 20-Sekunden-Intervallen erhitzen, um die Stückchen möglichst weitgehend zu trocknen.

Den Blumenkohl im Anschluss noch einmal in ein Küchenhandtuch wickeln und drücken und quetschen, um die restliche noch verbliebene Flüssigkeit herauszupressen. Im Anschluss mit Schritt 1 fortfahren.

1. Den Backofen auf 175 °C vorheizen.
2. Den Blumenkohl auf einem mit Backpapier ausgelegten Backblech verteilen und in den Ofen schieben. 10–15 Minuten backen, dabei aber gut im Auge behalten. Die Masse des Blumenkohls soll sich um die Hälfte reduzieren, er darf jedoch nicht verbrennen. Falls er zu schnell braun wird, die Temperatur auf 150 °C reduzieren.
3. Den Blumenkohl aus dem Ofen nehmen und mit Parmesan, Knoblauch- und Zwiebelpulver, Salz und Pfeffer bestreuen.
4. Im Anschluss den Blumenkohl bei Raumtemperatur auskühlen lassen.

Phase-3-Tomatensauce

4 EL natives Olivenöl extra

1 große Zwiebel, gewürfelt

3 Knoblauchzehen, fein gehackt

8 große, reife Tomaten, mit einem Wellenschliff-Schäler von der Haut befreit, dann entsamt (alternativ verwenden Sie geschälte Tomaten aus dem Glas oder der Dose)

1 EL Rotweinessig

Salz und schwarzer Pfeffer aus der Mühle zum Abschmecken

1. Das Olivenöl in einer großen Kasserolle bei mittlerer bis hoher Temperatur erhitzen. Zwiebelwürfel hineingeben und unter regelmäßigem Umrühren anschwitzen, bis sie glasig sind. Knoblauch hinzufügen und weitere 1–2 Minuten mitbraten.
2. Tomaten, Essig sowie etwas Salz und Pfeffer dazugeben und die Temperatur reduzieren.
3. Die Sauce zugedeckt 15–20 Minuten köcheln lassen, bis die Tomaten zerfallen.
4. Die Sauce in einem Standmixer (oder mit einem Zauberstab) pürieren, dann in den Topf zurückgießen und offen noch einmal 15–20 Minuten köcheln lassen.
5. Die Sauce noch so lange weiterköcheln lassen, bis sie ausreichend eingedickt ist, dabei gelegentlich umrühren.

Heilbutt mit Pfifferlingsragout und Belugalinsen

Dieses Rezept hat mein Freund Jimmy Schmidt, Koch und Gewinner des James-Beard-Awards, beigesteuert. Die Zubereitung mag Ihnen anfangs vielleicht etwas kompliziert erscheinen, aber dies ist eines jener Rezepte, die leichter umzusetzen sind, als man erwarten würde. Bereiten Sie am besten gleich die doppelte oder dreifache Portion Linsen zu und bewahren Sie den »Überschuss« im Kühlschrank oder im Gefrierfach auf. Die Linsen eignen sich prima als Beilage, wenn es unter der Woche mal schnell gehen muss, oder sogar als eigenständige, vollwertige Mahlzeit.

ERGIBT 4 PORTIONEN

FÜR DIE LINSEN

2 EL Avocadoöl

65 g Schalotten, geschält und fein gewürfelt

2 Knoblauchzehen, geschält und in hauchdünne Scheiben geschnitten

200 g Belugalinsen

625 ml Pilzbrühe (Seite 265) *oder* Gemüsefond (Seite 273)

2 EL Steinpilzpulver, fein gemahlen (Sie können mit einer Gewürzmühle aus getrockneten Steinpilzen auch Ihr eigenes Pulver herstellen)*

2 EL Agavensirup

Jodiertes Meersalz und schwarzer Pfeffer aus der Mühle zum Abschmecken

FÜR DAS RAGOUT

2 EL Avocadoöl

250 g Pfifferlinge, die Stielenden gekappt, dann mitsamt den Hüten längs halbiert; 2 EL des festesten Teils der Pfifferlinge abnehmen, in feine Juliennestreifen schneiden und für den Salat beiseitestellen**

1. Den Backofen auf 220 °C vorheizen.
2. Zubereitung der Linsen: Avocadoöl in einer großen Bratpfanne bei mittlerer Temperatur erhitzen und die Schalotten darin unter gelegentlichem Umrühren anschwitzen, bis sie glasig sind.
3. Knoblauch, Linsen, Pilzbrühe oder Gemüsefond, Steinpilzpulver und Agavensirup hinzufügen, kurz aufkochen lassen, dann großzügig mit Meersalz und Pfeffer abschmecken. Die Mischung in einen Schnellkochtopf umfüllen, den Deckel einrasten lassen und alles unter hohem Druck 15 Minuten kochen. Dann den Topf vom Herd nehmen und den Druck 10 Minuten lang natürlich abbauen.
4. Zubereitung des Ragouts: Avocadoöl in einer großen Bratpfanne bei hoher Temperatur erhitzen. Die halbierten Pfifferlinge und die weißen Ringe der Frühlingszwiebeln etwa 5 Minuten lang anbraten, bis sie braun werden. Weißwein und den Spritzer Balsamico-Essig dazugießen und 2 Minuten kochen, bis die Flüssigkeit etwas eingedickt ist. Die gekochten Linsen und die grünen Enden der Frühlingszwiebeln einrühren. Die Mischung mit Meersalz und Pfeffer abschmecken, dann den geriebenen Parmesan unterrühren.

(Fortsetzung siehe übernächste Seite)

1 kleiner Bund Frühlingszwiebeln, die grünen Enden als Garnitur schräg in Ringe geschnitten, die weißen Zwiebeln in feine Ringe geschnitten

125 ml trockener Weißwein

1 Spritzer Balsamico-Essig

Jodiertes Meersalz und schwarzer Pfeffer aus der Mühle zum Abschmecken

2 EL Parmesan (Parmigiano Reggiano), fein gerieben

Kresse zum Garnieren (optional)

FÜR DEN FISCH

4 Heilbuttfilets aus der dickeren Mitte, à 120–150 g

2 EL gemahlener Koriander

Jodiertes Meersalz und schwarzer Pfeffer aus der Mühle zum Abschmecken

Avocadoöl

30 g Koriander

5. Zubereitung des Fischs: Den Heilbutt mit Koriander, Meersalz und Pfeffer einreiben. Ein paar Tropfen Avocadoöl in einer mittelgroßen ofenfesten Bratpfanne bei hoher Temperatur erhitzen. Den Heilbutt hineingeben und 2 Minuten lang scharf anbraten, dann wenden. Die Pfanne auf einem Bratrost in der unteren Schiene in den Backofen geben und den Fisch etwa 6 Minuten lang fertigbacken, abhängig davon, wie dick die Filets sind und wie stark Sie sie durchgaren möchten.

6. Zum Servieren das Pifferlingsragout mit den Linsen auf Tellern anrichten und jeweils ein Heilbuttfilet obendrauf setzen. In einer kleinen Schüssel Koriander und die rohen Pfifferlingsstreifen mit etwas Meersalz und Pfeffer vermengen und die Mischung über den Heilbutt streuen (alternativ können Sie auch ein bisschen Kresse darüberstreuen), dann das Gericht servieren und genießen.

** Falls Sie weder Steinpilze noch Steinpilzpulver bekommen, können Sie stattdessen auch einen anderen getrockneten Pilz mit intensivem Aroma mahlen und verwenden.*

*** Gute Pfifferlinge gibt es oft in Feinkostläden oder auf Bauernmärkten. Greifen Sie alternativ zu Steinpilzen, braunen Kräuterseitlingen oder Shiitake, falls Pfifferlinge gerade nicht erhältlich sind.*

Thai-Zitronengras-»Fleisch«bällchen

Fleischbällchen ohne Fleisch? Na klar, das klappt sogar sehr gut. In diesem Rezept wird Quorn-Hack anstelle von Fleisch verwendet, wobei Sie natürlich auch echtes Rinderhack aus Grasfütterung oder Weidehaltung verwenden können, wenn Sie möchten. Sollten Sie sich für Quorn entscheiden, hacken Sie es nicht zu klein, da es sonst seine Textur verliert und die Bällchen eine gummiartige Konsistenz erhalten. Möchten Sie ein veganes Gericht? Dann ersetzen Sie das Quorn durch zwei (zusätzliche) Süßkartoffeln.

ERGIBT 4 PORTIONEN

1 EL Sesamöl

1 EL frischer Ingwer, fein gehackt

1 Knoblauchzehe, fein gehackt

1 Stängel Zitronengras, die trockenen Schichten entfernt und in feine Ringe geschnitten

1 TL rote Thai-Curry-Paste

350 g Quorn-Hack *oder* Rinderhackfleisch aus Grasfütterung

1 sehr kleine (etwa 100 g) Süßkartoffel, gebacken, geschält und gestampft

1 Omega-3- *oder* Weidehuhn-Ei *oder* Ei-Ersatz (siehe S. 67)

2 EL Maniokmehl

2 EL Avocadoöl

400 ml ungesüßte Kokosmilch

1 EL Kokos-Aminos-Würzsauce

Gedämpfter Blumenkohlreis (Seite 67) als Beilage

1. Eine kleine Bratpfanne bei mittlerer bis hoher Temperatur erhitzen. Sesamöl, Ingwer, Knoblauch und Zitronengras hineingeben und etwa 2 Minuten unter häufigem Umrühren anbraten, bis die Zutaten duften.
2. Curry-Paste hinzufügen und alles 1 weitere Minute dünsten.
3. Die Mischung in die Rührschüssel einer Küchenmaschine geben, Quorn oder Rinderhack (falls verwendet) und die Süßkartoffel dazugeben und im Pulsmodus verarbeiten, bis sich alle Zutaten gut vermischt haben (der Mix sollte aber noch etwas stückig sein).
4. Alles in eine Schüssel geben, dann das Ei und das Maniokmehl einrühren. Die Mischung wird im nächsten Schritt zu kleinen Bällchen geformt: Sollte sie also jetzt noch zu locker sein, teelöffelweise Mehl hinzufügen, bis sie gut zusammenhält.
5. Mit den Händen oder einem Eiscremeportionierer aus der Quorn-Kartoffel-Mehl-Masse esslöffelgroße Bällchen formen und diese 20 Minuten ins Gefrierfach legen.
6. Avocadoöl in einer großen Bratpfanne bei mittlerer bis hoher Temperatur erhitzen. Die gekühlten Bällchen in die Pfanne geben und unter gelegentlichem Wenden 5–7 Minuten lang von allen Seiten anbraten, bis sie rundherum schön gebräunt sind.
7. Kokosmilch sowie Kokos-Aminos-Würzsauce dazugießen und 5 Minuten mitkochen lassen, bis die Sauce etwas eingedickt ist.
8. Die Fleischbällchen mit dem Blumenkohlreis servieren.

Marokkanisch gewürztes Hühnchen mit Hirse-Taboulé

Dieses Gericht wurde durch eine Prise Marokko und eine Prise Naher Osten inspiriert. Diese Aromen passen nämlich einfach wunderbar zusammen. Die Abwandlung des klassischen Taboulé schmeckt köstlich zu gegrilltem Fisch und Meeresfrüchten, Fleisch, Tempeh oder ganz einfach pur!

ERGIBT 4 PORTIONEN

FÜR DAS HÜHNCHEN

500 g Kokosjoghurt, natur

Saft von 1 Zitrone

Zesten von 1 Bio-Zitrone (ersatzweise eine unbehandelte)

Zesten von 1 Bio-Orange (ersatzweise eine unbehandelte)

½ TL gemahlener (Ceylon-)Zimt

½ TL gemahlener Kreuzkümmel

½ TL Paprikapulver, edelsüß

½ TL schwarzer Pfeffer, frisch gemahlen

½ TL gemahlenes Kurkuma

½ TL jodiertes Meersalz

4 Hähnchenoberschenkel aus Weidehaltung*

FÜR DAS TABOULÉ

300 g Hirse, gekocht

30 g glatte Petersilie, fein gehackt

30 g Minzblätter, fein gehackt

15 g Dill, fein gehackt

1 TL jodiertes Meersalz

1 EL natives Olivenöl extra

Saft von 1 Zitrone

4 EL Rotweinessig

1. Zum Marinieren des Hähnchens: Joghurt, Zitronensaft, Zitronenzesten, Orangenzesten und Gewürze vermischen und in einen großen verschließbaren Plastikbeutel füllen. Das Hähnchen hineinlegen und mindestens 1 Stunde lang marinieren. (Für das Tempeh die gleiche Marinade zubereiten, es jedoch nur 30 Minuten marinieren.)
2. Den Backofen auf 190 °C vorheizen. Eine Bratpfanne oder einen Bratrost mit Auffangschüssel mit Öl besprühen und beiseitestellen.
3. Für das Taboulé: Alle Zutaten in einer großen Schüssel vermengen und mindestens 20 Minuten lang ziehen lassen (was sowieso gelegen kommt, da Sie in dieser Zeit das Hühnchen zubereiten können).
4. Das Hähnchen (oder das Tempeh) aus dem Beutel und der Marinade nehmen, mit Küchenpapier trocken tupfen und auf den vorbereiteten Bratrost legen. Falls die Haut noch am Hähnchen ist, legen Sie es mit der Hautseite nach unten.
5. Die Schenkel 20–25 Minuten braten, dann wenden und weitere 10–15 Minuten braten, nun mit der Hautseite nach oben, bis das Fleisch auf eine Temperatur von mindestens 70 °C erhitzt wurde, also durchgegart und die Haut knusprig ist. Die Hähnchenschenkel aus dem Ofen nehmen und vor dem Servieren 5 Minuten ruhen lassen.

   Das Tempeh 12–15 Minuten im Ofen backen und dabei gelegentlich wenden, bis es knusprig ist. Das Tempeh dann herausnehmen und sofort servieren.

** Für eine vegetarische Variante können Sie 500 g in dicke Scheiben geschnittenes Tempeh zubereiten.*

Blumenkohlreis-Risotto

Was ich an Blumenkohlreis besonders gerne mag, ist die Art, wie er die Aromen der anderen Zutaten, mit denen er in einem Rezept kombiniert wird, annimmt. Dieses Gericht stellt keine Ausnahme dar – der Blumenkohl nimmt den Geschmack der Pilze und der Kokoscreme an, woraus sich eine reichhaltige und mild-würzig schmeckende Mahlzeit ergibt.

ERGIBT 8 PORTIONEN

4 EL Avocadoöl

450 g gemischte Pilze

2 mittelgroße Stangen Lauch, abgespült und in dünne Scheiben geschnitten

1–2 Schalotten, fein gehackt

500 g Blumenkohlreis (Seite 67)

3 EL Pfeilwurzelmehl

500 ml Pilz- *oder* Knochenbrühe (Seite 265)

400 ml ungesüßte Kokoscreme

Zesten und Saft von 1 Bio-Zitrone (ersatzweise eine unbehandelte)

3 EL Nährhefeflocken *oder* 25 g Parmesan (Parmigiano Reggiano), gerieben

Salz und schwarzer Pfeffer aus der Mühle zum Abschmecken

1. Eine trockene Pfanne bei hoher Temperatur erhitzen, dann das Öl in die heiße Pfanne gießen.
2. Die Pilze darin anbraten, bis sie goldbraun sind (etwa 10 Minuten, nur gelegentlich umrühren – sie sollen schön braun werden!)
3. Lauch und Schalotten sowie eine kleine Prise Salz dazugeben und 4–5 Minuten lang anbraten, bis sie glasig sind.
4. Blumenkohlreis hinzufügen und etwa 5 Minuten anbraten, dann das Pfeilwurzelmehl einstreuen und 1 Minute unter Rühren mitbraten.
5. Die Brühe angießen und das Risotto aufkochen – es sollte relativ schnell eindicken, sprich innerhalb von 2–3 Minuten.
6. Die Kokoscreme in das kochende und eingedickte Risotto einrühren, dann die Temperatur reduzieren, sodass die Mischung gerade noch köchelt.
7. Zitronensaft, Zitronenzesten und die Nährhefeflocken oder den geriebenen Parmesan hinzufügen, das Risotto mit Salz und Pfeffer abschmecken und sofort servieren.

Spinat-Artischocken-Lasagne

Lasagne schmeckt einfach immer, die Zutaten lesen sich jedoch wie das »Who is Who« der verbotenen Lebensmittel: Pasta, Tomatensauce, Ricotta. Glücklicherweise brauchen wir sie gar nicht, um eine köstliche Lasagne zuzubereiten. In feine Scheiben geschnittene Süßkartoffeln sind die perfekte Alternative zu Nudelplatten. Darüber hinaus eröffnen sich endlos viele Geschmacksmöglichkeiten!

ERGIBT 8 PORTIONEN

Olivenölspray zum Einfetten der Backform

4 EL natives Olivenöl extra

350 g TK-Artischockenherzen, aufgetaut (aus Dose oder Glas geht auch, wenn in Salzlake eingelegt; gut abspülen!) und fein gehackt

200 g Babyspinat, gewaschen

100 g braune Champignons, fein gehackt

1 TL jodiertes Meersalz

½ TL schwarzer Pfeffer, frisch

½ TL frische Thymianblättchen

Zesten von 1 Bio-Zitrone

1 EL frischer Rosmarin, fein gehackt

400 ml ungesüßte Kokoscreme

500 g Ricottakäse aus Schafs- oder Ziegenmilch *oder* 750 g ungesüßter Kokosjoghurt

2 Omega-3- *oder* Weidehuhn-Eier *oder* Ei-Ersatz (siehe S. 67)

250 g Klassisches Basilikumpesto (Seite 266)

1 TL Knoblauchpulver

1 TL Paprikapulver, edelsüß

25 g Parmesan (Parmigiano Reggiano; optional), plus etwas extra zum Bestreuen

1 große Süßkartoffel, in dünne Scheiben geschnitten/gehobelt (für die Lasagne-Nudelplatten)

1. Den Backofen auf 190 °C vorheizen. Eine große rechteckige Lasagne- oder Auflaufform mit Öl einsprühen und beiseitestellen.
2. Olivenöl in einer großen Sautierpfanne bei mittlerer bis hoher Temperatur erhitzen.
3. Artischocken, Spinat und Champignons hineingeben und unter häufigem Umrühren braten, bis sie gar sind.
4. Salz, Pfeffer, Thymian, Zitronenzesten und Rosmarin darüberstreuen und 3 Minuten mitbraten.
5. Kokoscreme einrühren, die Temperatur reduzieren und alles 10 Minuten lang köcheln lassen.
6. Währenddessen die Käsemischung zubereiten. Dafür in einer großen Schüssel Ricotta oder Joghurt, Eier, Pesto, Knoblauchpulver, Paprikapulver sowie Käse verquirlen und beiseitestellen.
7. Einen großen Schöpflöffel (Suppenkelle) voll von der Artischockenmischung in die Backform geben, darauf die erste Schicht Süßkartoffel-»Nudelplatten« auslegen.
8. Darauf 1–2 Schöpfer Ricottamischung geben sowie einen weiteren Schöpfer der Artischockenmischung. Mit dem Schichten fortfahren, bis die Backform voll ist.
9. Parmesan über die Lasagne streuen und die Form mit Aluminiumfolie abdecken.
10. Die Lasagne 35–40 Minuten backen, dann die Folie entfernen und die Lasagne weitere 15 Minuten offen backen, bis der Käse goldbraun ist.
11. Die Auflaufform aus dem Ofen nehmen und die Lasagne vor dem Servieren 10 Minuten ruhen lassen.

Wurzelgemüse-Lasagne

Pastasauce ohne Tomaten? Das klappt mit einer reichhaltigen, gut gewürzten Sauce aus Wurzelgemüse. Wenn ich dieses Gericht für mich selbst zubereite, gebe ich das Fünffache der angegebenen Knoblauchmenge hinein – aber ich bin echt knoblauchsüchtig. Wenn es Ihnen genauso geht, probieren Sie es mal mit einer ganzen Knolle anstelle einiger weniger Zehen.

ERGIBT 8 PORTIONEN

4 EL Olivenöl, plus etwas mehr zum Einfetten der Backform

1 Zwiebel, gewürfelt

100 g Pastinaken, gewürfelt

100 g Knollensellerie, gewürfelt

100 g Steckrübe *oder* Kohlrabi, gewürfelt

1 Zweig Rosmarin, die Nadeln fein gehackt

2 Knoblauchzehen, fein gehackt

1 TL jodiertes Meersalz

½ TL schwarzer Pfeffer, frisch gemahlen

125 ml Wasser

125 ml ungesüßter Kokosdrink

500 g Ricottakäse aus Ziegen- oder Schafsmilch *oder* 750 g ungesüßter Kokosjoghurt

½ TL getrockneter Oregano

Zesten und Saft von 1 Bio-Zitrone (ersatzweise eine unbehandelte)

60 g Basilikumblätter, in feine Streifen geschnitten

2 Omega-3- *oder* Weidehuhn-Eier *oder* Ei-Ersatz (siehe S. 67)

1 große Süßkartoffel, in dünne Scheiben geschnitten (als Lasagne-Nudelplatten; dabei ist ein Gemüsehobel hilfreich)

50 g Parmesan (Parmigiano Reggiano), gerieben

1. Den Backofen auf 190 °C vorheizen. Eine große rechteckige Lasagne- oder Auflaufform mit Öl einfetten und beiseitestellen.
2. Für die Sauce Olivenöl in einer großen Stielpfanne bei mittlerer bis hoher Temperatur erhitzen.
3. Zwiebelwürfel hineingeben und 2–3 Minuten anbraten, bis sie glasig sind.
4. Pastinaken-, Knollensellerie-, Steckrüben- oder Kohlrabiwürfel, Rosmarin sowie Knoblauch hinzufügen und 15–20 Minuten unter häufigem Umrühren mitanbraten, bis das Gemüse gar ist.
5. Das Gemüse mit Salz und Pfeffer bestreuen und mit einem Zauberstab oder in einem Standmixer zu einer sämigen Masse pürieren. Die Sauce sollte die Konsistenz einer dickflüssigen Tomatensauce haben. Falls sie noch zu dickflüssig ist, nach und nach etwas Wasser einarbeiten. Den Kokosdrink einrühren und die Sauce beiseitestellen.
6. In einer großen Schüssel Ricotta oder Kokosjoghurt, Oregano, Zitronenzesten und -saft, Basilikum sowie die Eier miteinander verrühren und beiseitestellen.
7. Mit einer Suppenkelle einen großen Schöpfer von der Wurzelgemüse-Sauce in die Backform geben, darauf eine Schicht der in dünne Scheiben geschnittenen Süßkartoffel (als Lasagne-»Nudelplatten«) auslegen.
8. Obendrauf einen Schöpfer der Ricottamischung geben, dann mit dem Schichten wie beschrieben fortfahren, bis die Backform voll ist. (Es sollten drei bis vier Schichten hineinpassen.)

9. Parmesan über die Lasagne streuen und die Form mit Aluminiumfolie abdecken.
10. Die Lasagne 35–40 Minuten backen, dann die Folie entfernen und die Lasagne weitere 15 Minuten offen backen, bis der Käse goldbraun ist.
11. Die Auflaufform aus dem Ofen nehmen und die Lasagne vor dem Servieren 10 Minuten ruhen lassen.

Gebratener Blumenkohlreis mit Ingwer

Früher habe ich beim Chinesen am liebsten gebratenen Reis bestellt – und ihn dementsprechend schmerzlich vermisst, als ich begann, mich lektinfrei zu ernähren. Dieses herrlich duftende Gericht mit Ingwer, Knoblauch und Zwiebel ist genauso aromatisch wie mein geliebter gebratener Reis, schmeckt aber um einiges besser und hält zudem noch den Darm bei Laune. Es lässt sich auch gut wieder aufwärmen. Bereiten Sie also einfach die doppelte Menge zu, wenn Sie gerne noch einmal davon essen möchten.

ERGIBT 6 BIS 8 PORTIONEN

2½ EL Sesamöl

1 mittelgroße Zwiebel, gewürfelt

1 Stück Ingwer (etwa 2 ½ cm lang), geschält und fein gehackt

2 Knoblauchzehen, fein gehackt

8–12 getrocknete Shiitakepilze, in heißem Wasser eingeweicht und in feine Streifen geschnitten

115 g Wasserkastanien, grob gehackt

4 Selleriestangen, in dünne Scheiben geschnitten

900 g Blumenkohlreis (Seite 67)

1 EL Kokos-Aminos-Würzsauce

¼ TL Senfpulver

¼ TL Cayennepfeffer (optional)

2 Omega-3- *oder* Weidehuhn-Eier *oder* Ei-Ersatz (siehe S. 67), verquirlt (optional)

1. Sesamöl in einer großen Bratpfanne oder einem Wok bei mittlerer Temperatur erhitzen.
2. Zwiebelwürfel und Ingwer darin 3–4 Minuten anschwitzen, bis die Zwiebeln glasig sind. Knoblauch und Pilze dazugeben und weitere 2–3 Minuten mitbraten, bis der Knoblauch duftet.
3. Wasserkastanien und Sellerie hinzufügen und 3–4 Minuten mitdünsten, bis das Gemüse weich ist.
4. Die Temperatur erhöhen und den Blumenkohlreis einstreuen. 3–4 Minuten lang anbraten, dabei häufig umrühren, damit er nicht anbrennt.
5. Die Kokos-Aminos-Würzsauce einrühren, dann das Senfpulver und (falls verwendet) den Cayennepfeffer.
6. Den Blumenkohlreis weiter bei hoher Temperatur unter häufigem Umrühren braten, bis der Blumenkohl weich ist, aber nicht matschig.
7. Falls Sie Eier verwenden möchten, drücken Sie in die Mitte des Blumenkohlreises eine kleine Kuhle und gießen Sie die verquirlten Eier hinein. Sobald sie stocken, das ganze Gericht gut durchmischen. Sind die Eier durchgebraten, nehmen Sie die Pfanne vom Herd und bringen Sie den Reis auf den Tisch.

Süßkartoffel-Spaghetti mit Hackbällchen

Spaghetti mit Fleischbällchen sind ein Klassiker der amerikanischen Küche und ein schnell zubereitetes Abendessen. Hier werden Bällchen aus zartem Truthahnfleisch in Pesto mit kräftigem Knoblaucharoma gewälzt und dazu Süßkartoffelnudeln gereicht. Das sind übrigens meine liebsten vegetarischen Nudeln, da sie einen Tick süß sind und sehr gut sättigen.

ERGIBT 4 PORTIONEN

1 EL Salz

500 g Truthahnhackfleisch

½ Zwiebel, fein gehackt

1 Knoblauchzehe, durchgepresst

1 Omega-3- *oder* Weidehuhn-Ei *oder* Ei-Ersatz (siehe S. 67)

1 EL Worcestershiresauce *oder* Kokos-Aminos-Würzsauce

40 g Maniokmehl

500 g Süßkartoffel, geschält und spiralig geschnitten*

250 g Klassisches Basilikumpesto (Seite 266)

1 EL natives Olivenöl extra

200 g Babyspinat

250 ml Gemüsebrühe

ALS VEGETARISCHE ALTERNATIVE:

350 g Quorn-Hack in Olivenöl anbraten, dann mit Pesto, Spinat und Süßkartoffelnudeln vermischen.

1. Salz in einen großen Topf mit Wasser streuen und dieses zum Kochen bringen.
2. In der Zwischenzeit Truthahnhackfleisch, Zwiebel, Knoblauch, Ei oder Ei-Ersatz, Worcestershiresauce oder Kokos-Aminos-Würzsauce sowie Maniokmehl miteinander vermengen. Die Mischung sollte fest genug sein, um daraus Bällchen formen zu können. Falls sie nicht zusammenhalten sollte, nach und nach immer ½ TL Maniokmehl einarbeiten.
3. Aus je 2 EL der Fleischmischung kleine Bällchen formen und diese 15 Minuten lang kaltstellen.
4. Sobald das Wasser sprudelnd kocht, die Süßkartoffelnudeln hineingeben und 5 Minuten gar kochen, dann abtropfen lassen und mit dem Pesto vermischen.
5. Eine große Bratpfanne bei mittlerer Temperatur erhitzen. Olivenöl hineingeben und die Fleischbällchen darin unter gelegentlichem Wenden anbraten, bis sie rundherum goldbraun sind.
6. Spinat und Gemüsebrühe mit in die Pfanne geben, die Temperatur reduzieren und den Deckel auf die Pfanne setzen. Alles für weitere 10 Minuten köcheln lassen, bis die Fleischbällchen völlig durchgegart sind und der Spinat zerfallen ist.
7. Die Pfanne vom Herd nehmen und die Fleischbällchen mit Spinat zusammen mit den Süßkartoffelnudeln servieren.

** Sollten Sie keinen Spiralschneider besitzen, können Sie die Nudeln auch mit einem sehr scharfen Messer, einem Gemüsehobel oder einem Gemüseschäler/Julienneschneider fabrizieren.*

Salat mit Spiegelei und rohem Schinken

Schmecken Ihnen Salat, Eier und Schinken? Mir auf jeden Fall ... vor allem mit einem würzigen Dressing! Dieser aufgepeppte Salatteller hält genau die Balance zwischen leicht und dennoch sättigend – das perfekte Gericht für Tage, an denen es schnell gehen muss.

ERGIBT 1 PORTION

4 EL Klassische Balsamico-Vinaigrette (Seite 268)

100 g gemischter junger Schnittsalat

45 g Fenchel, in dünne Scheiben geschnitten oder gehobelt

100 g Brokkolistrunk und Karotten, fein gestiftelt

170 g TK-Artischockenherzen, aufgetaut und in Scheiben geschnitten

½ Avocado, in Scheiben geschnitten

1 EL natives Olivenöl extra

1–2 Omega-3- *oder* Weidehuhn-Eier *oder* die zweite Avocado-Hälfte

60 g roher Schinken, dünn aufgeschnitten (optional)

1. In einer Schüssel Salat, Fenchel, Brokkoli und Karotten sowie die Artischockenherzen gut mit der Vinaigrette vermischen.
2. Avocadoscheiben sanft unterheben und den Salat beiseitestellen.
3. Olivenöl in einer kleinen Bratpfanne bei mittlerer Temperatur erhitzen. Ei(er) hineingeben und als Spiegelei(er) braten.
4. Den Salat in eine Servierschüssel füllen, dann (falls verwendet) den Schinken sowie das Spiegelei/die beiden Spiegeleier darauf anrichten.

kapitel zehn

Gemüse-gerichte und Beilagen

KNUSPRIGER ROSENKOHL MIT BALSAMICO UND DATTELN
DR. GS LEKTINARME INSALATA CAPRESE
OFENGERÖSTETE KRÄUTER-RADIESCHEN
PERFEKT GERÖSTETES GEMÜSE
AUFLAUF AUS HIRSE-TRUTHAHNFÜLLUNG
WILDREISSALAT
WÜRZIGER KRAUTSALAT MIT KAROTTEN UND BROKKOLI
GESCHMORTER KOHL MIT SCHINKENWÜRFELN
RALPHS GERÖSTETER BLUMENKOHL
WÜRZIGE SÜSSKARTOFFEL-FRIKADELLEN
SCHNELL EINGELEGTES GEMÜSE
SÜSS-SAURER KRAUTSALAT MIT GRÜNKOHL
SORGHUMHIRSE-BOHNEN-SALAT
KOKOS-INGWER-KOHL
SÜSSKARTOFFEL-POMMES MIT BLAUSCHIMMELKÄSE-DIP

Knuspriger Rosenkohl mit Balsamico und Datteln

Dieses Rezept wurde uns freundlicherweise von Irina Skoeries, der Gründerin der »Catalyst Cuisine«, zur Verfügung gestellt. Falls Sie in Phase 1 oder 2 sind, lassen Sie die Datteln weg – dieser zarte und doch gleichzeitig knusprige Rosenkohl schmeckt auch ohne sie großartig.

ERGIBT 4 PORTIONEN

500 g Rosenkohl, geputzt und längs halbiert

125 ml Avocadoöl *oder* Olivenöl

2 TL jodiertes Meersalz

1 EL Balsamico-Reduktion*

100 g Datteln, entkernt und fein gehackt

Saft von ½ Zitrone

60 g gestiftelte Mandeln, geröstet

1. Den Backofen auf 175 °C vorheizen.
2. Die halbierten Rosenkohlröschen mit dem Öl übergießen, in einer Schicht auf einem Backblech auslegen und mit 1 TL Salz bestreuen.
3. Rosenkohl im Ofen 20–30 Minuten backen, bis er außen goldbraun und etwas knusprig und innen weich geworden ist.
4. Rosenkohl kurz abkühlen lassen, dann noch warm in eine Schüssel umfüllen, die Balsamico-Reduktion, das restliche Salz, gehackte Datteln, Zitronensaft und geröstete Mandeln darübergeben.
5. Alles gut durchmischen und warm servieren.

** Für die Balsamico-Reduktion einfach 125 ml Balsamico-Essig in eine kleine Pfanne/Kasserolle gießen und bei mittlerer Temperatur kochen, bis er sirupartig eindickt. Die Reduktion kann man dann im Kühlschrank aufbewahren.*

Dr. Gs lektinarme Insalata Caprese

Die Insalata Caprese ist eines der Gerichte, die meine Patienten in Phase 1 und 2 des Ernährungsprogramms am meisten vermissen, vor allem während der Sommermonate, wenn es überall massenhaft frische Tomaten gibt. Die gute Nachricht: Sollten Sie sich bereits in Phase 3 des LFE-Programms befinden und Appetit auf eine Insalata Caprese mit vielen Tomaten verspüren, brauchen Sie nicht länger darauf zu verzichten. Schälen und halbieren Sie die Tomaten, entfernen Sie die Samen und hauen Sie rein!

ERGIBT 4 PORTIONEN

3 große Tomaten

200 g grüner Salat als Basis

4 EL natives Olivenöl extra

2 EL Klassisches Basilikumpesto (Seite 266)

60 g Basilikumblätter

225 g Büffelmozzarella

4 EL Balsamico-Essig

½ TL jodiertes Meersalz

Schwarzer Pfeffer aus der Mühle zum Abschmecken

1. Bereiten Sie zuerst die Tomaten vor: Schälen Sie sie mit einem Gemüseschäler mit Wellenschliff-Klinge, dann halbieren Sie sie längs. Schaben Sie mit einem Löffel vorsichtig Samen und Fruchtfleisch heraus, schneiden Sie die Tomatenhälften dann mit einem gezahnten Messer in Scheiben.
2. Geben Sie den grünen Salat in eine große Schüssel und vermischen Sie ihn mit Olivenöl und Pesto.
3. Arrangieren Sie die Tomaten, den Mozzarella und die Basilikumblätter auf dem Salat.
4. Beträufeln Sie Ihre Insalata Caprese mit Balsamico-Essig, streuen Sie das Meersalz und nach Belieben Pfeffer darüber und bringen Sie die Schüssel auf den Tisch.

Ofengeröstete Kräuter-Radieschen

Im Ofen geröstete Kartoffeln sind eine klassische Beilage. Aber wie Sie wissen, sind Kartoffeln Nachtschattengewächse und sollten daher gemieden werden. Glücklicherweise lassen sich auch Radieschen wunderbar rösten – mit frischen Kräutern und etwas Butter oder Öl verfeinert, sind sie der perfekte Ersatz für Kartoffeln.

ERGIBT 4 PORTIONEN

750 g Radieschen, geputzt und geviertelt

4 TL französische oder italienische Weidemilchbutter, geschmolzen, *oder* Avocadoöl

1 TL jodiertes Meersalz

15 g glatte Petersilie, fein gehackt

15 g Minzblätter, fein gehackt

1. Den Backofen auf 220 °C vorheizen.
2. Radieschen mit der Hälfte der geschmolzenen Butter oder des Öls übergießen.
3. Die Radieschen in einer Lage auf einem Backblech auslegen und mit Salz bestreuen.
4. Das Gemüse 20–25 Minuten im Ofen rösten, bis es gar ist.
5. Währenddessen die restliche Butter oder das restliche Öl bei mittlerer bis hoher Temperatur in einer kleinen Bratpfanne erhitzen. Sobald es heiß genug ist, die Kräuter hineingeben und die Pfanne vom Herd nehmen.
6. Das Backblech mit den Radieschen aus dem Ofen holen und die Knollen auf dem Blech mit der Kräutermischung vermischen, dann heiß oder auf Zimmertemperatur abgekühlt servieren.

Perfekt geröstetes Gemüse

Wenn man Gemüse röstet, verwandelt es sich in eine herzhafte, aromatische Beilage. Falls Sie diese Zubereitungsart noch nicht beherrschen, zeige ich Ihnen meine »idiotensichere« Technik. Die einzige Variable ist die Backzeit – denn manche Gemüsearten garen etwas langsamer als andere. Orientieren Sie sich einfach an der Übersicht unten, dann kann nichts schiefgehen.

ERGIBT 4 BIS 6 PORTIONEN

1 kg Ihres Lieblingsgemüses, in mundgerechte Stücke geschnitten

3 Knoblauchzehen, in feine Scheiben geschnitten

2 EL frischer Rosmarin, fein gehackt

Zesten von 1 Bio-Orange (ersatzweise eine unbehandelte)

1 TL jodiertes Meersalz

125 ml natives Olivenöl extra

1. Den Backofen auf 220 °C vorheizen.
2. Das Gemüse in eine Schüssel geben und mit Knoblauch, Rosmarin, Orangenzesten, Salz und Olivenöl vermischen, dann auf einem Backblech auslegen.
3. Das Gemüse im Ofen rösten, bis es innen weich und außen goldbraun ist (orientieren Sie sich dazu an der Tabelle für genaue Garzeiten).
4. Zum Verfeinern das frisch geröstete Gemüse mit etwas Balsamico-Essig oder Balsamico-Reduktion beträufeln.

GEMÜSE	OFENBACKZEIT	ANMERKUNGEN
SPARGEL	10–15 Minuten	Im Ganzen rösten (Enden gekappt). Probieren Sie ihn mal zusammen mit gestiftelten Mandeln oder tauschen Sie die Orangenzesten gegen Zitronenzesten aus.
BROKKOLI	20–25 Minuten	Die Röschen in mundgerechte Stücke und den Strunk in noch etwas kleinere Stücke schneiden. Probieren Sie ihn mit einer Balsamico-Reduktion (Seite 200) verfeinert!
BLUMENKOHL	30–35 Minuten	Die Röschen vor dem Rösten in mundgerechte Stücke schneiden – bestreuen Sie diese vor dem Servieren mit etwas geriebenem Parmesan (Parmigiano Reggiano).
FENCHEL	20–25 Minuten	Fenchel vor dem Rösten in halbzentimeterdicke Scheiben schneiden; passt hervorragend zu Fisch!
BLATTGEMÜSE	10–15 Minuten	Die harten Stiele entfernen, außer beim Mangold (seine Stiele schmecken sehr lecker). Halten Sie ein Auge auf die Blattgemüse im Ofen, da sie sehr leicht verbrennen – von »perfekt gar« zu »verkohlt« kann's schnell gehen.

GEMÜSE	OFENBACKZEIT	ANMERKUNGEN
PILZE	20–25 Minuten	Kleinere Pilze halbieren oder vierteln, große Exemplare in Scheiben schneiden; würzen Sie sie statt mit Rosmarin auch einmal mit Thymian.
OKRA	15–20 Minuten	Okras längs halbieren und mit der Schnittseite nach oben rösten, damit sie nicht glibberig werden.
ZWIEBELN	25–35 Minuten	Mittelgroße bis große Zwiebeln geviertelt, kleinere Zwiebeln (oder Schalotten) im Ganzen rösten.
SÜSS-KARTOFFELN	30–35 Minuten	Die Süßkartoffeln in mundgerechte Stücke schneiden (vierteln oder achteln, je nach ihrer Größe).

Auflauf aus Hirse-Truthahnfüllung

Dieses Rezept stammt ursprünglich aus einer Thanksgiving-Episode auf meinem YouTube-Kanal, doch dieser Auflauf ist nicht nur zum Erntedankfest köstlich, sondern das ganze Jahr über. Bei der Truthahnfüllung zählt hauptsächlich der herzhafte Geschmack, der vor allem von Zwiebeln und Salbei herrührt, weniger das Brot. Ersetzt man es also, kann man dieses Festmahl ganz ohne schlechtes Gewissen genießen.

ERGIBT 4 BIS 6 PORTIONEN

60 g französische oder italienische Weidemilchbutter plus 1 Extra-EL *oder* Olivenöl plus Olivenölspray zum Einfetten der Auflaufform

450 g gekochte Millethirse (nach Packungsanleitung zubereitet)

2 Zwiebeln, fein gewürfelt

3 Karotten, geputzt und fein gewürfelt

3 Selleriestangen, fein gewürfelt

5 Knoblauchzehen, fein gehackt

1½ EL frischer Salbei, fein gehackt

1 EL glatte Petersilie, fein gehackt

2 EL Gewürzmischung für Geflügel (ohne Paprika und Salz)

500 g Champignons, fein gewürfelt

1 TL frische Thymianblättchen, fein gehackt

½ TL Meersalz

½ TL schwarzer Pfeffer, frisch gemahlen

1. Den Backofen auf 175 °C vorheizen. Eine große rechteckige Auflaufform mit 1 EL Butter oder Olivenölspray einfetten und beiseitestellen.
2. Die gekochte Hirse in eine große Rührschüssel geben und beiseitestellen.
3. Die Hälfte der Butter oder des Olivenöls in eine große Bratpfanne oder einen Wok geben und bei mittlerer bis hoher Temperatur erhitzen. Karotten, Sellerie und Zwiebeln hinzufügen und unter regelmäßigem Rühren braten, bis sie weich sind.
4. Knoblauch, Salbei, Petersilie und Geflügel-Gewürzmischung einstreuen und weitere 2–3 Minuten mitbraten, bis die Kräuter duften. Die Mischung dann in die Schüssel mit der Hirse geben.
5. Restliche Butter oder Öl in derselben Pfanne erhitzen und die Champignons sowie den Thymian hineingeben.
6. Die Champignons anbraten, bis sie goldbraun und weich sind, dann zur Hirse in die Schüssel geben.
7. Alles gut durchmengen und mit Salz und Pfeffer abschmecken.
8. Die Mischung in die Auflaufform umfüllen und 25–35 Minuten im Ofen backen, bis alles Gemüse komplett durcherhitzt und oben goldbraun ist.

Wildreissalat

Dieser herzhafte Wildreissalat ist eine ausgewogene Beilage und eignet sich perfekt für alle in Phase 3 des LFE-Ernährungsprogramms. Da der Wildreis im Dampfdrucktopf durchgegart wird, müssen Sie sich über Lektine – oder eine lange Kochzeit wie bei normal zubereiteten Wildreisgerichten – keine Gedanken machen.

ERGIBT 4 PORTIONEN

- 5 EL natives Olivenöl extra
- 1 Zwiebel, gewürfelt
- 400 g Wildreis
- 750 ml Gemüsefond (Seite 273)
- 65 g geröstete Pinienkerne
- 6 Frühlingszwiebeln, in feine Ringe geschnitten
- 225 g Ziegenmilch-Feta, zerkrümelt (optional)
- Jodiertes Meersalz und schwarzer Pfeffer aus der Mühle zum Abschmecken

1. 1 EL Olivenöl in den Schnellkochtopf gießen und auf dem Herd bei mittlerer bis hoher Temperatur erhitzen – oder in einem elektrischen Mehrzweck-Schnellkochtopf auf der Sautiereinstellung.
2. Zwiebelwürfel hineingeben und anbraten, bis sie glasig sind, dann den Reis hinzufügen und weitere 2–3 Minuten mitbraten.
3. Den Fond angießen und den Schnellkochtopf auf Reis programmieren. Den Reis 30 Minuten kochen.
4. Im Anschluss den Deckel noch 1–2 Stunden auf dem Topf lassen, damit der Reis in der gespeicherten Hitze weitergaren kann.
5. Die restlichen 4 EL Olivenöl über dem Reis verteilen, die Pinienkerne, Frühlingszwiebeln sowie den Feta (falls verwendet) hinzufügen und alles gut vermengen.
6. Den Reis mit Salz und Pfeffer abschmecken und entweder warm oder auf Zimmertemperatur abgekühlt servieren.

Würziger Krautsalat mit Karotten und Brokkoli

Viele schätzen Krautsalat aufgrund seiner perfekten Ausgewogenheit von Süße, Biss und Frische. Bei meiner Version wird der klassische Krautsalat aufgepeppt durch eine marokkanisch inspirierte Würzung, wie man sie normalerweise nicht im Krautsalat erwarten würde.

ERGIBT 4 BIS 6 PORTIONEN

200 g Brokkolistrunk, fein gestiftelt

100 g Rotkohl, gehackt

250 g Karotten, fein gestiftelt

150 g eingelegte rote Zwiebeln (siehe Schnell eingelegtes Gemüse, Seite 216)

4 EL natives Olivenöl extra

2 Knoblauchzehen, fein gehackt

1 EL Ingwer, fein gehackt

½ TL (Ceylon-)Zimtpulver

1 TL Paprikapulver, edelsüß

½ TL gemahlener Kreuzkümmel

1 TL gemahlenes Kurkuma

1 TL jodiertes Meersalz

500 g Kokos- oder Ziegenmilchjoghurt

1. In einer großen Schüssel Brokkoli, Rotkohl, Karotten und eingelegte rote Zwiebeln vermischen.
2. Olivenöl in einer kleinen Sautierpfanne bei mittlerer Temperatur erhitzen. Knoblauch und Ingwer hineingeben und anschwitzen, bis sie duften. Zimt, Paprika, Kreuzkümmel, Kurkuma und Meersalz hinzufügen und 30–60 Sekunden rösten.
3. Die Pfanne vom Herd nehmen und den Joghurt einrühren. Die Joghurtmischung über den Salat geben, alles gut vermengen und mit Raumtemperatur (oder gekühlt) servieren.

Geschmorter Kohl mit Schinkenwürfeln

Weißkohl und Schweinefleisch harmonieren perfekt miteinander. Konventionell produziertes Schweinefleisch stammt jedoch meist von Tieren, die mit Mais und Getreide gemästet wurden. Deshalb gebe ich an meine Gerichte gerne Parmaschinken – diese herkunftsgeschützte Schinkenspezialität stammt aus der italienischen Provinz Parma. Verarbeitet wird nur das Fleisch bestimmter Schweinerassen, die nach strengen Vorgaben gezüchtet werden. Der Schinken in diesem Gericht zergeht unglaublich zart auf der Zunge und verleiht dem Gericht ein köstliches Aroma. Bevorzugen Sie eine fleischfreie, aber trotzdem pikante Variante, erhöhen Sie die in der Zutatenliste angegebene Menge Salz.

ERGIBT 4 PORTIONEN

2 EL natives Olivenöl extra

1 Weißkohlkopf (etwa 750 g), in 6 Segmente zerteilt

115 g roher Schinken, vorzugsweise Parmaschinken, fein gewürfelt (optional)

1 mittelgroße Zwiebel, in dünne Scheiben geschnitten

125 ml Apfel(wein)essig

250 ml Gemüsefond (Seite 273)

1 TL jodiertes Meersalz

4 EL Granatapfelsirup

1. Olivenöl in einer großen Pfanne mit hohem Rand erhitzen, bis es schimmert.
2. Die Kohlschnitze mit der Schnittfläche nach unten hineingeben und bei mittlerer Temperatur 6–8 Minuten lang anbraten, bis sie Farbe angenommen haben. Dabei gelegentlich wenden, damit die Kohlschnitze nicht anbrennen; anschließend aus der Pfanne nehmen und beiseitestellen.
3. Nun Schinken (falls verwendet) und Zwiebel in die Pfanne geben und bei mittlerer Temperatur unter gelegentlichem Rühren anschwitzen, bis die Zwiebelscheiben glasig und die Schinkenwürfel knusprig sind.
4. Essig einrühren und etwa 3 Minuten bei mittlerer Temperatur köcheln lassen, bis er auf die Hälfte reduziert ist. Fond und Salz hinzufügen und alles aufkochen.
5. Den Kohl wieder in die Pfanne zurück geben, einen Deckel aufsetzen und den Kohl bei mittlerer bis hoher Temperatur etwa 20 Minuten dünsten, bis er weich ist. Zwischendurch einmal wenden.
6. Den Kohl mit einem Schaumlöffel (Sieblöffel) oder einem Pfannenwender herausheben, auf die Teller verteilen und sie bis zum Servieren mit Alufolie zudecken.
7. Den Kohl mit Granatapfelsirup beträufeln und servieren.

Ralphs gerösteter Blumenkohl

Als uns meine Patienten – und mittlerweile Freunde – Ralph und Steve einmal zum Abendessen einluden, kredenzten sie uns diesen interessant zubereiteten gerösteten Blumenkohl. Er macht sich sehr eindrucksvoll auf der Tafel, da er statt in Röschen zerteilt im Ganzen serviert wird. Falls Sie also bei irgendeiner besonderen Gelegenheit ein originelles fleischloses Gericht anbieten möchten, bereiten Sie dieses Rezept als Hauptgericht zu.

ERGIBT 4 BIS 5 PORTIONEN

4 EL natives Olivenöl extra plus 3 EL zusätzliches Öl zum Einfetten der Form

1 Blumenkohl, die grünen Blätter entfernt

1 TL jodiertes Meersalz

1 EL frischer Zitronensaft (nach Belieben auch etwas mehr)

1 EL kleine Kapern, abgetropft

2 Prisen Stevia-Pulver

¼ TL schwarzer Pfeffer, frisch gemahlen

15 g glatte Petersilie, gehackt (optional)

1. Einen Rost auf die mittlere Schiene im Ofen schieben und den Backofen auf 230 °C vorheizen. Eine Quicheform mit etwa 22 cm Durchmesser oder eine quadratische Auflaufform einölen.
2. Den Strunk aus dem Blumenkohl schneiden, dabei den Kopf jedoch intakt lassen. Den Blumenkohl dann mit der offenen Seite nach unten in die Form setzen.
3. 3 EL Olivenöl über dem Blumenkohl verteilen, ihn dann mit ½ TL Salz bestreuen und die Form auf dem Rost in den Ofen schieben.
4. Den Blumenkohl 60–75 Minuten rösten, bis er weich ist. (Die Garzeit variiert je nach Ofen und Größe des Kohlkopfs, überprüfen Sie seine Konsistenz daher in regelmäßigen Abständen.) Der Blumenkohl soll gebräunt sein. Sobald er fertig ist, legen Sie ihn auf einen Servierteller.
5. Zitronensaft, Kapern, Stevia, Pfeffer und den restlichen ½ TL Salz in einer kleinen Schüssel vermischen, anschließend die übrigen 4 EL Öl einrühren.
6. Blumenkohl vor dem Servieren mit der Petersilie bestreuen (falls gewünscht), dann das Dressing darüberträufeln.

Würzige Süßkartoffel-Frikadellen

Diese süß-pikanten Frikadellen schmecken wundervoll aromatisch und haben Biss. Sie sind die perfekte Beilage, eignen sich aber auch als Vorspeise oder – in entsprechender Begleitung – sogar als Hauptgericht. Probieren Sie sie auch mal in Kombination mit Blauschimmelkäse-Dip (Seite 223) oder dem Kokos-Zwiebel-Dip (Seite 93).

ERGIBT 8 BIS 10 PORTIONEN

750 g Süßkartoffeln, geschält und spiralig geschnitten*

30 g Tapiokastärke

25 g Mandelmehl aus blanchierten Mandeln

50 g Frühlingszwiebeln, in feine Ringe geschnitten

65 g Schalotten, fein gehackt

½ TL Cayennepfeffer

1–2 Prisen gemahlener Kreuzkümmel

2 Omega-3- *oder* Weidehuhn-Eier *oder* Ei-Ersatz (siehe S. 67)

125–250 ml Kokosöl

1 TL jodiertes Meersalz

1. Die Süßkartoffeln mit einer Küchenschere in etwa 4 cm lange Streifen schneiden und in eine große Schüssel geben.
2. Tapiokastärke, Mandelmehl, Frühlingszwiebeln, Schalotten, Cayennepfeffer, Kreuzkümmel und Eier hinzufügen.
3. Alles gründlich vermengen, bis die Süßkartoffeln ganz und gar mit dem Mehl überzogen sind und die Mischung gut zusammenhält.
4. Daraus kleine Frikadellen mit etwa 10 cm Durchmesser formen.
5. In einer großen Pfanne 2–3 EL Kokosöl bei mittlerer Temperatur erhitzen.
6. Sobald das Öl heiß ist, die Frikadellen in die Pfanne geben und etwa 4–6 Minuten braten, bis sie goldbraun sind, dann wenden und auf der anderen Seite auch 2 Minuten braten. (Für weitere Portionen falls nötig zusätzliches Kokosöl in die Pfanne geben.)
7. Am besten schmecken die Frikadellen direkt aus der Pfanne, mit Meersalz bestreut.

** Sollten Sie keinen Spiralschneider zur Hand haben, können Sie die Kartoffeln auch mit einem Gemüseschäler/Julienneschneider in dünne Nudeln schneiden.*

Schnell eingelegtes Gemüse

Möchten Sie einem Gericht auf möglichst wirksame und gesunde Art Aroma verleihen, sollten Sie ihm klein geschnittenes eingelegtes Gemüse (»Pickles«) untermischen. Die meisten industriell produzierten Pickles passen jedoch nicht ins LFE-Ernährungsprogramm: Sie sind entweder in einer gezuckerten Salzlake eingelegt oder es handelt sich um Gurken mit Samen und Haut. Das hier vorgestellte Einmachrezept ist völlig unaufwendig und könnte nicht leichter umzusetzen sein. Schon der erste Bissen von Ihrem selbst eingelegten Gemüse wird Sie begeistern!

DIE ANZAHL DER PORTIONEN VARIIERT

200 g gemischtes Gemüse, das in den LFE-Ernährungsplan passt (siehe die Tabelle unten), in mundgerechte Stücke geschnitten

5–6 Knoblauchzehen, in Scheiben geschnitten

15–30 g frische Kräuter (siehe die Tabelle)

250 ml Rotweinessig (siehe die Tabelle), bei Bedarf auch mehr

2 EL jodiertes Meersalz

2 Prisen Stevia-Pulver

1. Schichten Sie Gemüse, Knoblauch und Kräuter in ein 1-Liter-Einmachglas bis etwa 1½ cm unter den Rand. (Da das Gemüse im Kühlschrank aufbewahrt wird, müssen Sie das Glas vorher nicht unbedingt auskochen.)
2. In einer Kasserolle Essig, Salz und Stevia aufkochen.
3. Die Essigmischung vorsichtig in das Glas gießen, bis alles Gemüse vollständig bedeckt ist. Das Glas gut verschließen.
4. Den Glasinhalt auf Raumtemperatur abkühlen lassen, dann im Kühlschrank aufbewahren.
5. Das Gemüse ist gekühlt bis zu 3 Wochen haltbar.

GEMÜSE	KRÄUTER/GEWÜRZE	ESSIG	MINDEST-EINLEGEZEIT VOR DEM VERZEHR
ROTE BETE	Orangenzesten, Petersilie	Rotweinessig	3 Stunden
BROKKOLISTRUNK	Zitronenzesten, Petersilie	Rotweinessig	3 Stunden
DAIKON	Schnittlauch, Minze	Reisweinessig	2 Stunden
KAROTTEN	Petersilie, Minze	Weißer Balsamessig	2 Stunden
FENCHEL	Dill, Zitronenzesten	Weißer Balsamessig	1 Stunde
INGWER	Schnittlauch	Reisweinessig	30 Minuten
OKRA	Petersilie, Thymian	Apfel(wein)essig	1 Stunde

GEMÜSE	KRÄUTER/GEWÜRZE	ESSIG	MINDEST-EIN-LEGEZEIT VOR DEM VERZEHR
ZWIEBELN	Rosmarin, Thymian	Apfel(wein)essig	1 Stunde
RADIESCHEN	Thymian, Petersilie	Rotweinessig	1½ Stunden

Süß-saurer Krautsalat mit Grünkohl

Beim Durchlesen der folgenden Zutatenliste bleiben Sie mit den Augen bestimmt an den getrockneten Feigen hängen. Sollten Früchte nicht vom Speiseplan verbannt werden? Ja, das sollten sie; Feigen gehören jedoch zu den Blumen und enthalten unglaublich viele für den Darm gesunde Ballaststoffe. Dennoch: Überspringen Sie in Phase 1 dieses Rezept oder lassen Sie die Feigen weg.

ERGIBT 4 PORTIONEN

100 g Grünkohlblätter, von den Rippen abgezupft und in feine Streifen geschnitten

½ TL jodiertes Meersalz

250 g ungesüßtes Kokosjoghurt

1 EL Dijonsenf

Saft von 1 Zitrone

1 TL Knoblauchpulver

½ TL Paprikapulver, edelsüß

2 EL Granatapfelsirup *oder* Balsamico-Reduktion (Seite 200)

200 g Weißkohl, in feine Streifen geschnitten

1 rote Zwiebel, in dünne Ringe geschnitten

85 g getrocknete ungesüßte Feigen, gewürfelt

1. In einer großen Schüssel das Salz in den Grünkohl einmassieren, bis er weich ist.
2. In einer kleinen Schüssel Joghurt, Dijonsenf, Zitronensaft, Knoblauchpulver, Paprikapulver und Granatapfelsirup oder Balsamico-Reduktion verquirlen.
3. Das Dressing über den Grünkohl gießen. Weißkohl, Zwiebel und Feigenwürfel dazugeben und alles gut miteinander vermischen.
4. Den Krautsalat gekühlt oder mit Raumtemperatur servieren.

Sorghumhirse-Bohnen-Salat

Dieser einfache Salat aus »Getreide« und Bohnen liefert reichlich Ballaststoffe sowie Proteine und kann sowohl warm als auch kalt gegessen werden. Er lässt sich in einem entsprechenden Behältnis gut transportieren und ist daher prima geeignet für ein Picknick im Sommer oder als Mitbringsel zu einer Gartenparty. Außerdem ist die Zubereitung kinderleicht – vor allem wenn Sie bereits vorgekochte Bohnen aus der Dose verwenden. Spülen Sie die Bohnen einfach gut ab, und schon sind sie verzehrfertig!

ERGIBT 6 BIS 8 PORTIONEN

500 g Sorghumhirse

1 l Wasser

3 Dosen Kichererbsen, abgetropft (oder ca. 800 g selbst durchgegart)

4 Selleriestangen (mit den Blättern), in Scheiben geschnitten

1 rote Zwiebel, gewürfelt

60 g glatte Petersilie, fein gehackt

120 g Koriandergrün, fein gehackt

Saft von 6 Limetten

Zesten von 2 Bio-Limetten (ersatzweise unbehandelte)

4 EL natives Olivenöl extra

½ TL Cayennepfeffer

Jodiertes Meersalz zum Abschmecken

1. Sorghumhirse und Wasser in einen Schnellkochtopf geben und etwa 25 Minuten kochen, bis die Hirse gar ist.*
2. Den Druck aus dem Topf ablassen, die Hirse abtropfen und unter fließendem kaltem Wasser abspülen.
3. In einer großen Schüssel Sorghumhirse mit Kichererbsen, Sellerie, roter Zwiebel, Petersilie und dem Koriander vermengen.
4. Limettensaft, Limettenzesten, Olivenöl, Cayennepfeffer und eine Prise Meersalz hinzufügen.
5. Alles gut durchmischen, dann kosten und bei Bedarf nachsalzen.

** Sollten Sie keinen Schnellkochtopf besitzen, bereiten Sie die Hirse wie Reis zu (1 Teil Hirse, 3 Teile Wasser) und kochen Sie sie etwa 1 Stunde lang, sie sollte noch bissfest sein.*

Kokos-Ingwer-Kohl

Dieses köstliche Rezept hat Jessica Murnane entwickelt, sie ist die Autorin des Kochbuchs »One Part Plant« und Gründerin des gleichnamigen Foodblogs. Im Rezept verwendet sie Palmkohl, Sie können dieses Gericht jedoch alternativ auch mit jedem anderen herzhaften Blattgrün zubereiten – Mangold, Blattkohl oder sogar Pak Choi. (Sollen Sie sich für Blattkohl entscheiden, lassen Sie ihm etwas mehr Zeit zum Durchgaren.)

ERGIBT 4 PORTIONEN

1 TL Kokosöl

1 Schalotte, fein gehackt

3 Knoblauchzehen, fein gehackt

Frischer Ingwer, ein etwa 4 cm langes Stück, geschält und fein gehackt

½ TL jodiertes Meersalz

2 Bund Palmkohl, in dünne Streifen geschnitten

250 ml ungesüßte Kokosmilch

1 EL Apfel(wein)essig

1. Kokosöl in einer großen Pfanne bei mittlerer Temperatur erhitzen.
2. Wenn die Pfanne heiß und das Kokosöl geschmolzen ist, die Schalotten darin anschwitzen, bis sie weich und glasig sind.
3. Knoblauch und Ingwer einrühren und 1 Minute mitbraten, bis beide duften, dann mit Salz bestreuen.
4. Kohl dazugeben. Anfangs mag die Menge zu groß erscheinen, der Kohl wird beim Kochen jedoch zur genau richtigen Menge zusammenfallen.
5. Den Kohl in der Pfanne umrühren und gründlich mit dem Schalotten-Knoblauch-Ingwer-Mix vermischen.
6. Wenn der Kohl nach etwa 3 Minuten zusammengefallen ist und in sattem Grün leuchtet, die Kokosmilch einrühren. Alles einige Minuten köcheln lassen, dabei gelegentlich umrühren.
7. Den Apfel(wein)essig angießen. Alles 1 weitere Minute erwärmen und zum Schluss mit Salz abrunden.

Süßkartoffel-Pommes mit Blauschimmelkäse-Dip

Leckere Pommes schmecken wirklich jedem. Diese Variante aus lektinarmen Süßkartoffeln anstelle lektinreicher herkömmlicher Kartoffeln ist genauso köstlich – und zugleich gesund für Ihren Darm. Sie haben Lust auf diesen typischen »Buffalo«-Geschmack? Dann geben Sie einen Spritzer Frank's Red Hot Sauce in den Blauschimmelkäse-Dip.

ERGIBT 4 PORTIONEN

FÜR DEN DIP

1 EL natives Olivenöl extra *oder* Avocadoöl

1 große Knoblauchzehe, fein gehackt

¼ TL schwarzer Pfeffer, frisch gemahlen

1¼ TL Champagneressig

70 g Gorgonzola *oder* Blauschimmelkäse aus Rohmilch, zerkrümelt*

FÜR DIE POMMES

4 EL Olivenöl

1 TL Knoblauchpulver

1 TL Paprikapulver, edelsüß

1 TL jodiertes Meersalz

½ TL schwarzer Pfeffer, frisch gemahlen

1 kg Süßkartoffeln, geschält und zu Pommes geschnitten, *oder* gefrorene Bio-Süßkartoffel-Pommes

1. Für den Dip in einer kleinen Schüssel alle genannten Zutaten miteinander verquirlen, die Masse soll sehr cremig sein. (Sie können auch einen Hochleistungsmixer benutzen.) Den Dip beiseitestellen.
2. Den Backofen auf 230 °C vorheizen. (Verwenden Sie, falls möglich, die Umluftfunktion.)
3. Schieben Sie während des Vorheizens ein großes Backblech in den Ofen – auf einem bereits heißen Blech werden die Pommes knuspriger.
4. In einer großen Schüssel Olivenöl, Knoblauchpulver, Paprikapulver, Salz und Pfeffer miteinander verrühren. Die Süßkartoffel-Pommes in die Schüssel geben und rundherum mit der Sauce überziehen.
5. Das heiße Blech aus dem Ofen nehmen und die Pommes in einer Schicht darauf auslegen.
6. Das Blech auf der oberste Schiene in den Backofen schieben. Die Süßkartoffeln etwa 8 Minuten backen, dann wenden.
7. Die Pommes weitere 15–17 Minuten backen, bis sie knusprig und goldbraun sind, dabei gelegentlich wenden.

** oder 250 g ungesüßter Kokosjoghurt plus 1 EL Nährhefeflocken*

kapitel elf

Süßes und Nachspeisen

MANDEL-KOKOS-SCHOKO-EIS
PISTAZIENEIS
KOKOS-OLIVENÖL-EIS
ZITRONEN-MOHN-KUCHEN
SCHOKOCREME-PIE
SCHOKO-MINZ-COOKIES
OLIVENÖL-ROSMARIN-KUCHEN
FEIGEN-»TRÜFFEL«
STRAUBEN MIT BLAUBEERSAUCE
INGWER-BROWNIES
ZIMT-SÜSSKARTOFFEL-BLONDIES
PEKANNUSS-PIE
LFE-PIE-BODEN

Mandel-Kokos-Schoko-Eis

Diese süße kleine Sünde punktet mit dem Geschmack eines typischen Schokoriegels, enthält dabei aber weder Maissirup noch gehärtete Öle. Mit Kokoscreme, Kokosraspeln, gerösteten Mandeln und Zartbitterschokolade trifft dieses abgefahrene köstliche Dessert genau den richtigen Geschmacksnerv. Die Avocado macht das Eis cremig und üppig, Sie werden sie aber nicht herausschmecken!

ERGIBT ETWA 1 LITER

800 ml ungesüßte Kokoscreme

60 g Swerve-Pulver (Erythrit, siehe S. 68) oder 10 Datteln, entkernt (in Phase 3)

½ TL Vanilleextrakt

1 reife Avocado

40 g ungesüßte Kokosraspel

60 g gestiftelte Mandeln, geröstet

85 g Bitterschokolade (mindestens 72 Prozent Kakaoanteil), gehackt

1. Sorgen Sie dafür, dass die Schüssel Ihrer Eismaschine gut vorgefroren ist.*
2. Die Kokoscreme in einem großen Topf erwärmen. Das Swerve oder die Datteln sowie den Vanilleextrakt hinzufügen und alles bei niedriger Temperatur köcheln lassen, bis die Mischung durchgewärmt ist und sich das Swerve (falls verwendet) aufgelöst hat.
3. In einem Hochleistungsmixer oder einer Küchenmaschine mit S-Klinge die Avocado und die Kokoscreme zu einer glatten Masse verarbeiten.
4. Diese mindestens 4 Stunden oder am besten über Nacht kaltstellen.
5. Im Anschluss die Mischung gemäß Bedienungsanleitung der Eismaschine einfrieren. Wenn die Eiscreme beinahe gefroren ist, Kokosraspel, geröstete Mandeln und Schokolade unterheben.
6. Dann die Eiscreme als »Softeis« genießen oder vor dem Servieren in einem luftdichten Behälter 1–2 Stunden einfrieren. Aber Achtung: Da dieses Eis nach einigen Stunden im Gefrierfach sehr hart wird, müssen Sie es gegebenenfalls antauen lassen, um daraus Kugeln formen zu können.

** Falls Sie keine Eismaschine besitzen, bereiten Sie das Eis gemäß den Schritten 2 und 3 zu, dann heben Sie die Kokosraspel, Mandeln und Schokolade unter und geben diese Mischung in einen flachen, verschließbaren tiefkühlfesten Behälter. Frieren Sie die Mischung ein, aber holen Sie sie alle 20–30 Minuten heraus und rühren Sie sie um, bis sie die Konsistenz von Eiscreme annimmt (möglicherweise müssen Sie in kürzeren Abständen umrühren, je kälter das Eis wird).*

IM UHRZEIGERSINN VON OBEN LINKS:
Pistazieneis (Seite 228),
Mandel-Kokos-Schoko-Eis (Seite 226),
Kokos-Olivenöl-Eis (Seite 229)

Pistazieneis

Immer wenn ich nach Italien reise, bekomme ich Lust auf Pistazieneis – ich liebe den Geschmack und die reichhaltige Konsistenz. Als wir die Rezepte für dieses Buch entwickelten, wollte ich daher unbedingt eine Pistazieneis-Variante aufnehmen, die ins LFE-Programm passt – et voilà! Geröstete Pistazienkerne verleihen diesem Eis seinen intensiven Pistaziengeschmack, cremig-üppig wird es durch die Kokoscreme und die Avocado. Wenn ich jetzt nur dieses Eis löffeln und dabei durch die Straßen Roms schlendern könnte!

ERGIBT ETWA ½ LITER

500 ml Kokoscreme

60 g Swerve-Pulver (Erythrit, siehe S. 68)

1 Vanilleschote, der Länge nach aufgeschlitzt

150 g geröstete Pistazienkerne (möglichst ungesalzene)

1 große Avocado, geschält und entkernt

¼ TL jodiertes Meersalz (weglassen, wenn Sie gesalzene Pistazienkerne verwenden)

1. In einem Topf Kokoscreme, Swerve und die Vanilleschote bei niedriger Temperatur 5–10 Minuten erwärmen (höchstens köcheln lassen, nicht aufkochen), bis sich das Erythrit aufgelöst hat.
2. Die Pistazienkerne hinzufügen und die Mischung weitere 20–30 Minuten bei niedriger Temperatur köcheln lassen, sodass das Aroma der Pistazien darauf übergeht.
3. Die Mischung in einen Hochleistungsmixer füllen und glatt pürieren.
4. Avocado und Meersalz dazugeben und alles wieder zu einer homogenen Masse verarbeiten.
5. Die Mischung im Kühlschrank herunterkühlen, bis sie sehr kalt ist, dann gemäß Bedienungsanleitung der Eismaschine einfrieren.*
6. Das Eis sofort im Anschluss mit Softeis-Konsistenz servieren oder in die Gefriertruhe packen. Aber Achtung: Da dieses Eis im Gefrierfach sehr hart wird, müssen Sie es eventuell antauen lassen, um daraus Kugeln formen zu können.

** Falls Sie keine Eismaschine besitzen, frieren Sie die Masse in einer Kastenform ein und rühren Sie sie alle 20–30 Minuten um, bis sie fest ist.*

Kokos-Olivenöl-Eis

Olivenöl und Rosmarin verschmelzen in dieser Eiscreme wunderbar zu einer sowohl herzhaften als auch süßen Melange. Der Rosmarin wurde hier vorsichtig dosiert, verwenden Sie also gerne mehr, wenn Sie ein etwas stärkeres Rosmarinaroma bevorzugen.

ERGIBT 2 BIS 4 PORTIONEN

400 ml Kokosmilch *oder* Kokoscreme

80 ml Yaconsirup *oder* 65 g Datteln, püriert

1 TL frischer Rosmarin, gehackt (optional, nach Belieben mehr)

3 Eidotter von Omega-3- *oder* Weidehuhn-Eiern *oder* Ei-Ersatz (siehe S. 67)

165 ml sehr hochwertiges natives Olivenöl extra

½ TL Vanilleextrakt

¼ TL Salz

** Falls Sie keine Eismaschine besitzen, bereiten Sie das Eis nach den Schritten 1 bis 8 zu, dann geben Sie die Mischung in einen flachen, verschließbaren tiefkühlfesten Behälter. Frieren Sie die Mischung ein, aber holen Sie sie alle 20–30 Minuten heraus und rühren Sie sie um, bis sie die Konsistenz von Eiscreme annimmt (gegebenenfalls müssen Sie in kürzeren Abständen umrühren, je kälter das Eis wird).*

*** Kocht die Creme auf, gerinnen die Eier. In diesem Fall den Topf schnell vom Herd nehmen und den Inhalt in einem Mixer wieder glatt rühren.*

1. Sorgen Sie dafür, dass die Schüssel Ihrer Eismaschine gut vorgefroren ist.*
2. In einem Topf Kokosmilch oder -creme mit Yaconsirup und Rosmarin (falls verwendet) bei mittlerer bis niedriger Temperatur unter ständigem Rühren erwärmen, bis sie heiß dampft, aber noch nicht köchelt.
3. Die Eidotter in eine hitzebeständige Schüssel geben.
4. Den Eiern einen Schöpfer von der heißen Kokosmilch oder -creme hinzufügen, um sie zu anzuwärmen. Die Eier dabei aber ständig mit dem Schneebesen schlagen, damit sie nicht stocken.
5. Die so temperierten Eidotter mit in den Topf zur Kokosmilch oder -creme geben, dabei ständig umrühren.
6. Die Mischung bei mittlerer bis niedriger Temperatur unter ständigem Rühren 6–8 Minuten lang erwärmen, aber nicht köcheln lassen, bis sie zu einer cremigen Konsistenz eindickt.**
7. Den Topf vom Herd nehmen und den Inhalt zum Abkühlen in eine Schüssel oder einen Messbecher gießen.
8. Die Mischung im Anschluss in einen Mixer umfüllen und die restlichen Zutaten dazugeben. Alles gut miteinander vermischen und dann zum Abkühlen in den Kühlschrank stellen.
9. Die abgekühlte Masse in die Eismaschine geben und gemäß der Bedienungsanleitung des Geräts einfrieren.
10. Das Eis mit Softeis-Konsistenz servieren oder vor dem Genuss 1–4 Stunden lang einfrieren, damit es noch etwas fester wird.

Zitronen-Mohn-Kuchen

Ja, Sie dürfen Kuchen essen! Dieser verlockend nach Zitrone und Vanille duftende Kuchen ist komplett lektinfrei, da er mit Mandel- und Kokosmehl zubereitet wird. Das Rezept ist auf eine Kastenform ausgelegt, Sie können die Zutatenmengen jedoch verdoppeln und den Kuchen in einer Guglhupfform backen, wenn er etwas dekorativer aussehen soll (siehe Foto) und Sie Gäste damit erfreuen möchten.

ERGIBT 8 PORTIONEN

Olivenölspray

150 g Mandelmehl

25 g Kokosmehl

½ TL Salz

1 TL Natron

3 Omega-3- *oder* Weidehuhn-Eier *oder* Ei-Ersatz (siehe S. 67)

60 g Swerve-Pulver (Erythrit, siehe S. 68)

4 EL Avocadoöl

Saft von 3 Zitronen

Zesten von 2 Bio-Zitronen (ersatzweise unbehandelte)

4 EL ungesüßter Kokosdrink

1 TL Vanilleextrakt

2 EL Mohnsamen

1. Eine rechteckige Kastenform mit Olivenölspray einfetten oder mit Backpapier auslegen. Den Backofen auf 175 °C vorheizen.
2. In einer großen Schüssel Mandelmehl, Kokosmehl, Salz und Natron gut vermischen.
3. In einer kleinen Schüssel Eier, Swerve, Avocadoöl, Zitronensaft, Zitronenzesten, Kokosdrink und Vanilleextrakt miteinander verquirlen.
4. Die nassen Zutaten in die trockenen gießen und alles zu einem glatten Teig verarbeiten.
5. Die Mohnsamen unterziehen und den Teig in die vorbereitete Kastenform füllen.
6. Den Teig 35–40 Minuten backen. Dann mit einem Zahnstocher oder Schaschlikspieß in der Mitte des Kuchens einstechen und testen, ob noch Teigreste daran kleben oder der Kuchen schon durchgebacken ist.
7. Den Kuchen aus dem Ofen nehmen und einige Minuten abkühlen lassen. Dann mit einem Messer am inneren Rand der Form entlangfahren und den Kuchen so aus der Form lösen. Den Kuchen noch warm oder auf Zimmertemperatur abgekühlt servieren.

Schokocreme-Pie

Dieses Rezept ist inspiriert von einem Schokoladencremekuchen nach französischer Art, den ich früher immer in einer nahe gelegenen Bäckerei bestellt habe. Er war einfach unwiderstehlich: eine samtweiche schokoladige Füllung gepaart mit einem knusprigen Mürbeteigboden. Meine LFE-taugliche Version macht genauso glücklich, ist aber um einiges leichter. Stellen Sie den Kuchen unbedingt einige Stunden lang im Kühlschrank kalt, damit sich später schöne Stücke herausschneiden lassen!

ERGIBT 8 PORTIONEN

1 LFE-Pie-Boden, gebacken (Seite 246)

125 ml Kokoscreme

80 g Swerve-Granulat (Erythrit, siehe S. 68)

60 g Bitterschokolade (mindestens 72 Prozent Kakaoanteil), grob gehackt

3 große reife Avocados, geschält und entkernt

45 g hochwertiges ungesüßtes nicht-alkalisiertes Kakaopulver

2 TL purer Vanilleextrakt

¼ TL Salz

Frisches saisonales Obst zum Verzieren (Tipp: Feigen oder Beeren)

1. Kokoscreme, Swerve und Schokolade in einem kleinen Topf unter ständigem Rühren erwärmen, bis die Schokolade geschmolzen ist und sich das Swerve aufgelöst hat.
2. In einem Hochleistungsmixer oder einer Küchenmaschine mit S-Klinge Kokoscrememischung, Avocado, Kakaopulver, Vanilleextrakt und Salz zu einer glatten Masse verarbeiten.
3. Die Creme auf dem Kuchenboden verteilen und oben gleichmäßig glatt streichen.
4. Den Kuchen gut zudecken und vor dem Servieren mindestens 2 Stunden lang (maximal 2 Tage) kalt stellen.
5. Den Pie entweder rechtzeitig vor dem Servieren herausnehmen und wieder auf Zimmertemperatur erwärmen lassen oder mit einem heißen Messer aufschneiden, das leicht durch die Schokoladenschicht gleitet. Die Stücke dann dekorativ mit frischem Obst anrichten. Übrig gebliebenen Kuchen im Kühlschrank aufbewahren, vor dem Servieren rechtzeitig herausnehmen und wieder wie gehabt auf Zimmertemperatur erwärmen lassen.

Schoko-Minz-Cookies

Es hat schon seinen Grund, dass Schokolade und Minze oft kombiniert werden – mir fallen keine zwei Aromen ein, die besser zusammenpassen würden. Diese Cookies sind leicht, rasch zubereitet und zudem eine einfache, aber leckere Nachspeise, wenn es unter der Woche mal wieder schnell gehen muss.

ERGIBT 12 GROSSE ODER 18 KLEINE COOKIES

250 g cremiges Mandelmus

40 g Swerve-Pulver (Erythrit, siehe S. 68)

2 EL nicht-alkalisiertes Kakaopulver

2 EL Mandelmehl aus blanchierten Mandeln

1 EL Kokosmehl

2 EL Wasser

2 große Omega-3- *oder* Weidehuhn-Eier *oder* Ei-Ersatz (siehe S. 67)

2 EL gesalzene Butter *oder* Kokosöl, geschmolzen

(Alternativ können Sie auch ungesalzene Butter verwenden und den Zutaten unter Punkt 2 noch 1 Prise Salz beifügen.)

1½ TL purer Pfefferminzextrakt

1 TL Natron

45 g Bitterschokolade (mindestens 72 Prozent Kakaoanteil), gehackt

1. Den Backofen auf 175 °C vorheizen. Ein Backblech mit hohem Rand mit einer Silikon-Backmatte oder Backpapier auslegen.
2. Mandelmus, Erythrit, Kakaopulver, Mandelmehl, Kokosmehl, Wasser, Eier, Butter oder Öl, Pfefferminzextrakt und Natron in eine große Rührschüssel geben.
3. In einem Standmixer mit Flachschlägel oder in der Schüssel mit einem Rührbesen und ordentlichem Einsatz der Armmuskulatur alle Zutaten gründlich miteinander verrühren.
4. Die gehackte Schokolade unterheben.
5. Für die Cookies den Teig zu 12 etwa 5 cm großen Bällchen oder 18 um ein Drittel kleineren Bällchen formen.
6. Die Bällchen auf das vorbereitete Backblech legen und dazwischen ausreichend Abstand lassen, damit der Teig auseinandergehen kann.
7. Die Cookies 10–12 Minuten backen und vor dem Verzehr abkühlen lassen. In einem luftdicht verschlossenen Behälter sind die köstlichen Plätzchen 3 bis 4 Tage haltbar.

Olivenöl-Rosmarin-Kuchen

Dieses Kuchenrezept stammt von Nicola Moores, der Gewinnerin unseres Rezeptwettbewerbs. Wir waren tief beeindruckt vom Geschmack ihres Kuchens und der Sorgfalt, die sie in die Entwicklung des Rezepts gesteckt hat. Da ich die Kombination aus Orange und Rosmarin liebe, haben wir noch etwas nachjustiert und dem Teig noch ein paar Orangenzesten hinzugefügt – Sie können sie aber natürlich weglassen, wenn Ihnen das lieber ist. Diese Nachspeise ist ein echter Kracher und wird selbst die anspruchvollsten Gastro-Kritiker überzeugen!

ERGIBT 8 BIS 12 STÜCKE

FÜR DEN KUCHEN

Olivenölspray

150 g Mandelmehl aus blanchierten Mandeln

Zesten von 1 Bio-Orange (ersatzweise eine unbehandelte)

2 EL Rosmarinblätter, grob gehackt

120 g Xylit

2 TL Weinstein-Backpulver

Zesten und Saft von 1 Bio-Zitrone (ersatzweise eine unbehandelte)

165 ml natives Olivenöl extra

4 Eier, verquirlt

FÜR DEN SIRUP

125 ml Wasser

Saft von 2 Zitronen

4 EL Xylit

2 Rosmarinzweige

ZUM ANRICHTEN

Rosmarinzweige

Ziegenmilchjoghurt

1. Eine runde Kuchenform (etwa 20 cm Durchmesser; am besten eine Springform) mit Olivenöl einfetten.
2. In einer Küchenmaschine mit S-Klinge Mandelmehl, Orangenzesten und Rosmarin mit dem Pulsmodus so fein wie möglich pulverisieren.
3. Diese Mischung in eine Schüssel geben und Xylit, Backpulver und Zitronenzesten einrühren. Zitronensaft, Olivenöl sowie Eier hinzufügen und alles gut miteinander vermengen.
4. Den Teig in die vorbereitete Kuchenform füllen und diese in den kalten Backofen stellen. Den Ofen auf 175 °C aufheizen und den Kuchen etwa 25–30 Minuten backen. Überprüfen Sie dann mit dem Stäbchentest, ob der Kuchen durch ist.
5. Den Kuchen nach dem Backen aus dem Ofen nehmen und in der Form 5–10 Minuten ruhen lassen.
6. Während der Kuchen abkühlt, den Sirup zubereiten. Dafür alle genannten Zutaten in einem kleinen Topf bei mittlerer Temperatur erhitzen, bis sich das Xylit aufgelöst hat.
7. Den Sirup 5 Minuten lang sanft kochen lassen, damit der Rosmarin sein Aroma abgeben kann. Die Rosmarinzweige dann herausfischen.
8. Mit einem Bambusspieß oder einer Stricknadel überall (einigermaßen gleichmäßig) Löcher in den Kuchen stechen. Den Sirup über den noch warmen Kuchen gießen.
9. Sobald er abgekühlt ist, den Kuchen mit Rosmarinzweigen verzieren und jedes Stück mit einem Klacks Ziegenmilchjoghurt servieren.

Feigen-»Trüffel«

Aus getrockneten Feigen lassen sich im Handumdrehen Schokoladen-»Trüffel« zubereiten. Eventuell brauchen Sie ein bisschen Übung, um sie richtig hinzubekommen, da getrocknete Feigen ein wenig heikel sind und leicht auseinanderbröseln. Kaufen Sie also am besten ein paar zusätzliche Feigen zum Üben, falls Sie die »Trüffel« für Gäste zubereiten möchten. Aber keine Sorge, auch die nicht ganz perfekt geratenen schmecken fantastisch!

ERGIBT 12 TRÜFFEL

12 ganze getrocknete ungesüßte Feigen

250 ml kochendes Wasser

250 ml Kokoscreme

Zesten von 1 Bio-Orange (ersatzweise eine unbehandelte)

1 EL Rosmarin, gehackt

170 g Bitterschokolade (mindestens 72 Prozent Kakaoanteil), gehackt

1. Die Feigen etwa 20 Minuten in kochendes Wasser einlegen und aufweichen, damit sie geschmeidig werden.
2. Feigen mit Küchenpapier trocken tupfen und beiseitestellen.
3. Die Kokoscreme zusammen mit den Orangenzesten und dem Rosmarin in einem kleinen Topf erhitzen, bis sie köchelt.
4. Die Temperatur reduzieren, die Schokolade einrühren und schmelzen.
5. Den Schokoladenmix auf Zimmertemperatur abkühlen lassen und in einen Spritzbeutel mit runder Tülle füllen.
6. Die Feigen mit der Schokoladencreme füllen. (Feigen haben ein kleines Loch am unteren Ende – perfekt zum Füllen.)
7. Die Feigen-»Trüffel« vor dem Servieren 6–8 Stunden bei Raumtemperatur oder 2–4 Stunden im Kühlschrank ruhen lassen. (Waren sie im Kühlschrank, die Feigen-»Trüffel« vor dem Servieren auf Zimmertemperatur erwärmen lassen.)

Strauben mit Blaubeersauce

Dieses Schmalzgebäck sollte man am besten frisch und noch heiß genießen – denn wie die meisten frittierten Speisen werden die Strauben weich, wenn sie zu lange stehen. Sollten Sie sich nicht in Phase 3 befinden oder Blaubeeren gerade keine Saison haben, lassen Sie die Sauce weg und bestreuen Sie die Strauben stattdessen mit Puderzuckerersatz aus Erythrit oder sprenkeln Sie ein bisschen geschmolzene Bitterschokolade darüber!

ERGIBT 4 PORTIONEN

FÜR DIE SAUCE

200 g Blaubeeren (gerne auch TK-Beeren)

1 TL Kokosöl

Zesten und Saft von 1 Bio-Zitrone (ersatzweise eine unbehandelte)

½ TL (Ceylon-)Zimtpulver

8–10 Tropfen Flüssig-Stevia

FÜR DIE STRAUBEN

120 g Tapiokastärke

2 Omega-3- *oder* Weidehuhn-Eier *oder* Ei-Ersatz (siehe S. 67)

2 EL Yaconsirup *oder* 1 EL Swerve-Pulver (Erythrit, siehe S. 68)

2 EL Avocadoöl

1 Prise jodiertes Meersalz

Avocadoöl zum Frittieren

Erythrit (»Puderzuckerersatz«) zum Bestäuben

1. Für die Blaubeersauce in einem kleinen Topf alle genannten Zutaten vermischen und bei niedriger Temperatur etwa 5 Minuten kochen, bis der Saft aus den Blaubeeren austritt.
2. Die Blaubeersauce in einen Mixer geben und pürieren, bis sie beinahe glatt ist, dann für später beiseitestellen.
3. Tapiokastärke, Eier, Yaconsirup oder Swerve, Avocadoöl sowie die Prise Salz in einer Schüssel zu einem glatten Teig verrühren und beiseitestellen.
4. Avocadoöl etwa 2 ½ cm hoch in einen kleinen Topf gießen und bei mittlerer Temperatur erhitzen, bis es schimmert (das Öl soll etwa 175 °C heiß werden). Den Teig in eine Plastik-Gefriertüte füllen. Sobald das Öl schimmert (sprich heiß genug ist zum Frittieren, ggf. mit einem Back- oder Bratenthermometer kontrollieren), eine Ecke der Tüte abschneiden.
5. Lassen Sie den Teig nun schnell in das heiße Öl hineinlaufen, dabei sollen sich die Teigstränge überkreuzen, ineinander verschlingen und verschnörkeln für die typische Strauben-Optik.
6. Die Strauben etwa 2 Minuten frittieren, bis sich die Unterseite goldbraun färbt, dann mit einer flachen Schaumkelle wenden, damit sie auch auf der anderen Seite bräunen.
7. Die Strauben aus dem Öl heben und auf einem mit Küchenpapier ausgelegten Teller abtropfen lassen.
8. Die Strauben noch heiß mit Puderzucker-Ersatz bestäuben und die Blaubeersauce in einem Extra-Schüsselchen dazu reichen.

Ingwer-Brownies

Diese üppigen, saftig-weichen Brownies sind genau der richtige Abschluss für ein besonderes Mahl. Ich liebe den Geschmack von Ingwer, vor allem in Kombination mit Schokolade. Falls Sie kein Ingwer-Fan sind oder auch nur den klassischen Brownie-Geschmack bevorzugen, können Sie den Ingwer einfach weglassen. Wie auch immer, diese kleinen Leckereien werden Sie garantiert glücklich machen, wenn Sie gerade Appetit auf Süßes haben.

ERGIBT 12 BIS 16 STÜCKE

170 g Bitterschokolade (über 80 Prozent Kakaoanteil), in kleine Stückchen gehackt

60 g französische oder italienische Weidemilchbutter, zimmerwarm, *oder* Kokosöl

40 g Swerve-Pulver (Erythrit, siehe S. 68)

½ TL jodiertes Meersalz

3 TL frischer Ingwer, gerieben

1 TL Mandelextrakt

2 große Omega-3- *oder* Weidehuhn-Eier *oder* Ei-Ersatz (siehe S. 67)

80 g Mandelmehl aus blanchierten Mandeln

40 g Tapiokastärke

130 g geröstete Walnüsse, gehackt, *oder* gestiftelte Mandeln, geröstet (optional)

1. Den Backofen auf 160 °C vorheizen und eine quadratische, etwa 20 × 20 cm große Backform mit Backpapier auslegen.
2. In einem doppelbödigen Simmertopf Schokolade und Butter oder Kokosöl schmelzen und glatt rühren.
3. Den Topf vom Herd nehmen und das Schokoladengemisch in eine mittelgroße Rührschüssel gießen. (Die Reste mit einem Teigspachtel oder Löffel herausschaben.)
4. Swerve, Salz, Ingwer und Mandelextrakt einrühren.
5. Die Mischung etwas abkühlen lassen.
6. In einer frischen Schüssel die Eier verquirlen, dann Mandelmehl und Tapiokastärke einrühren.
7. Die Schokoladenmischung dazugeben und alles gut miteinander vermischen.
8. Je nach Wunsch die gerösteten Walnüsse oder Mandelstifte unterheben.
9. Den Teig in die vorbereitete Form füllen und 30 Minuten backen. Dann in der Mitte einen Zahnstocher oder einen Schaschlikspieß einstechen und prüfen, ob noch Teigreste daran haften oder die Brownies schon durchgebacken sind. (Falls nicht, ein bisschen weiterbacken und wieder testen.) Übrig gebliebene Brownies können Sie in einem luftdicht verschlossenen Behältnis bei Raumtemperatur 3 bis 4 Tage aufbewahren.

Zimt-Süßkartoffel-Blondies

Dieses Rezept habe ich im Herbst entwickelt, als ich Appetit auf herbstlich gewürzten Kuchen hatte. Stellen Sie sich diese Blondies als eine Mischung aus Kürbiskuchen und Blondies vor – sehr saftig, oben leicht knusprig, mit dem Aroma der wärmenden Gewürze Zimt und Nelken. Geben Sie zusätzlich einen Klacks Kokoscreme auf die Blondies, und sie werden noch köstlicher!

ERGIBT 12 STÜCK

Olivenöl- *oder* Kokosölspray

85 ml Kokosöl, weich, aber nicht geschmolzen

85 ml Yaconsirup *oder* 4 EL Swerve-Pulver (Erythrit, siehe S. 68)

100 g Süßkartoffelpüree (aus gebackenen Süßkartoffeln)

250 ml Kokosdrink

2 Omega-3- *oder* Weidehuhn-Eier *oder* Ei-Ersatz (siehe S. 67)

200 g Mandelmehl aus blanchierten Mandeln

3 EL Kokosmehl

½ TL Natron

1 TL (Ceylon-)Zimtpulver

¼ TL gemahlene Gewürznelken

½ TL Vanilleextrakt

½ TL Salz

1. Den Backofen auf 175 °C vorheizen und eine etwa 20 × 20 cm große Backform mit Oliven- oder Kokosöl einfetten.
2. Kokosöl und Yaconsirup (oder Swerve) mit einem Schneebesen in einer Rührschüssel oder in einem Standmixer mit Flachschlägel zu einer Creme verarbeiten.
3. Süßkartoffelpüree, Kokosdrink und Eier unterrühren.
4. Mandel- und Kokosmehl, Natron, Gewürze, Vanilleextrakt und Salz dazugeben und alles gut vermischen.
5. Den Teig gleichmäßig in der vorbereiteten Backform verteilen.
6. Den Teig 45 Minuten backen, bis er sich oben goldbraun färbt. Dann mit einem Zahnstocher (oder Schaschlikspieß) in der Mitte einstechen und prüfen, ob noch Teigreste daran haften oder der Teig schon durchgebacken ist.
7. Den Teig vor dem Schneiden auf Raumtemperatur abkühlen lassen. Übrig gebliebene Blondies können Sie in einem luftdicht verschlossenen Behältnis bei Raumtemperatur 3 bis 4 Tage aufbewahren.

Pekannuss-Pie

Sie kennen vielleicht die amerikanische Südstaaten-Variante dieses Kuchens. Dann wird Sie dieser Pekannuss-Pie nicht enttäuschen. Datteln geben ihm die Original-Süße, doch im Gegensatz zur traditionellen Version übersättigt dieser Pie nicht. Bourbonextrakt und Schokolade liefern weitere Aromen, die perfekt mit den Nüssen harmonieren.

ERGIBT 1 PIE MIT 8 GROSSEN STÜCKEN

1 LFE-Pie-Boden (Seite 246), in der Backform im Ofen erwärmt

5 EL Butter *oder* Kokosöl

60 g Swerve-Pulver (Erythrit, siehe S. 68)

125 ml Yaconsirup *oder* 50 g Datteln, püriert

70 g Bitterschokolade (nach Möglichkeit mindestens 85 Prozent Kakaoanteil), geschmolzen

½ TL jodiertes Meersalz

240 g Pekannüsse, geröstet und gehackt

1½ EL Bourbon- oder Vanilleextrakt

2 TL Mandelextrakt

2 Omega-3- *oder* Weidehuhn-Eier *oder* Ei-Ersatz (siehe S. 67), leicht verquirlt*

1 Eiweiß*

1 TL Tapiokastärke

** Verwenden Sie für eine komplett vegane Variante 3 Portionen Ei-Ersatz (siehe S. 67) anstelle von 2 Eiern plus 1 Eiweiß.*

1. Den Backofen auf 175 °C vorheizen.
2. In einem mittelgroßen Topf Butter oder Kokosöl, Swerve, Yaconsirup oder Datteln, Schokolade und Salz verrühren.
3. Bei mittlerer Temperatur die Mischung unter ständigem Umrühren zum Kochen bringen und 1 Minute kochen lassen.
4. Den Topf vom Herd nehmen und geröstete Nüsse, Bourbon- oder Vanilleextrakt sowie den Mandelextrakt hineingeben, gut umrühren. Die Mischung beiseitestellen und etwa 5 Minuten abkühlen lassen.
5. Sobald die Mischung abgekühlt ist, die geschlagenen Eier, das Eiweiß (falls verwendet) und die Tapiokastärke dazugeben und alles zu einer glatten Masse verarbeiten.
6. Diese auf dem erwärmten Kuchenboden in der Backform verteilen.
7. Den Kuchen auf der unteren Schiene 30 Minuten backen. Währenddessen darauf achten, dass die Ränder des Bodens nicht zu dunkel werden. Sollten sie zu schnell bräunen, decken Sie den ganzen Kuchen mit Folie ab.
8. Den Kuchen weitere 10–15 Minuten backen, bis er außen fester wird, in der Mitte jedoch noch soft und locker ist und die Teigränder leicht gebräunt sind.
9. Den Kuchen nur kurz abkühlen lassen, denn warm schmeckt er am besten. Übrig gebliebene Stücke halten sich in einem luftdicht verschlossenen Behältnis bei Zimmertemperatur 3 bis 4 Tage lang.

LFE-Pie-Boden

Die Zutaten für diesen Kuchenboden lassen sich schnell zusammenmischen, und er ist insgesamt kinderleicht zuzubereiten. Rollen Sie diesen Teig etwas dicker aus als gewöhnlichen Kuchenbodenteig, damit er beim Backen nicht bricht.

ERGIBT 2 KLEINE ODER 1 GROSSEN BODEN

150 g plus 1 EL Mandelmehl aus blanchierten Mandeln

180 g plus 1 EL Tapiokastärke

2 Prisen Stevia-Pulver

½ TL Weinstein-Backpulver

½ TL jodiertes Meersalz

1 großes Omega-3- *oder* Weidehuhn-Ei *oder* Ei-Ersatz (siehe S. 67)

5½ EL französische oder italienische Weidemilchbutter, zimmerwarm, *oder* Kokosöl

1 TL Champagneressig *oder* weißer Balsamessig

2 EL kaltes Wasser bzw. so viel wie nötig

Olivenölspray zum Einfetten der Backform

1. In der Rührschüssel einer Küchenmaschine Mandelmehl, Tapiokastärke, Stevia, Backpulver und Salz im Pulsmodus vermischen. Dabei zwischendrin mit einem Kochlöffel oder Teigspachtel den Teig von den Seiten der Schüssel in die Mitte zurück schaben.
2. In einer kleinen Rührschüssel das Ei, Butter oder Kokosöl und den Essig verquirlen.
3. Die Ei-Mischung langsam in die Schüssel der Küchenmaschine gießen, diese dabei auf kleiner Stufe laufen lassen.
4. Alles etwa 1 Minute lang im Pulsmodus miteinander vermischen; der Teig soll noch etwas krümelig sein.
5. Die Schüssel aus der Küchenmaschine nehmen und den Teig mit den Händen kneten, um zu testen, ob er zusammenhält. Ist er noch zu trocken, teelöffelweise Wasser hinzufügen und den Teig weiter kneten, dabei immer wieder seine Konsistenz prüfen.
6. Den fertigen Teig aus der Schüssel nehmen und zu einer Kugel formen. Sollte er zu nass und klebrig sein, etwas Tapiokastärke einarbeiten.
7. Den Teig in zwei gleich große Portionen aufteilen.*

DEN TEIG AUSROLLEN UND VORBACKEN

1. Den Backofen auf 175 °C vorheizen. Eine normal große (oder zwei kleinere) runde Pie-Form großzügig mit Olivenölspray einfetten und beiseitestellen.
2. Den Teig zwischen zwei Blätter Backpapier legen und mit einem Nudelholz zu einem Kreis in Größe der jeweiligen Backform ausrollen.
3. Das obere Backpapier entfernen und die Pie-Form über den Teig stülpen. Vorsichtig eine Hand unter das untere Blatt Backpapier schieben, mit der anderen Hand die Pie-Form halten, dann den Teig und die Form umdrehen und so den Teig in die Form gleiten lassen.
4. Den Teig mit den Fingerspitzen sanft in die Form hineinmodellieren, dabei das Backpapier noch obendrauf lassen.
5. Das Backpapier abziehen und etwaige Risse im Teig mit den Fingern wieder zusammendrücken. Im Anschluss den Teig an der Seitenwand der Form mit einer Gabel einstechen. Zusätzlich 4-mal in den Boden einstechen, um zu verhindern, dass der Teig Blasen wirft.
6. Die Pie-Form(en) in den vorgeheizten Backofen schieben und den Boden etwa 30–40 Minuten backen, bis er leicht braun ist.

** Der frische Teig kann – sorgfältig eingepackt – bis zu 3 Tage im Kühlschrank oder 3 Monate im Gefrierfach aufbewahrt werden. Wenn er eingefroren war, den Teig vor dem Backen über Nacht auftauen lassen.*

kapitel zwölf

Getränke

BASILIKUM-PFEFFERMINZ-LIMONADE
SPRITZIGES ZITRUSWASSER
GRANATAPFEL-LIMETTEN-SCHORLE
DR. GS EISKAFFEE MIT PFLANZENKRAFT
KOKOS-MOKKA
MOKKA-SHAKE
HASELNUSS-VANILLE-MILCH

Basilikum-Minz-Limonade

Basilikum bringt uns gesundheitliche Vorteile und lässt sich vielfältig zum Verfeinern von Speisen einsetzen. Außerdem ist es eines der wenigen Kräuter, dessen Aroma sowohl süße als auch herzhafte Gerichte bereichert. Basilikum passt sehr gut zu Zitrusfrüchten, wie Sie beim Genuss dieses erfrischenden sprudeligen Getränks feststellen werden. Die Limonade schmeckt übrigens auch mit Limettensaft ganz köstlich!

ERGIBT 1 PORTION

2–3 Basilikumblätter

2–3 Minzblätter

1 Zitronenscheibe

Saft von 1 Zitrone

5–6 Tropfen Stevia Flüssig-Vanille

375 ml Mineralwasser mit Kohlensäure

1. Auf dem Boden eines Longdrinkglases mit einem Barlöffel Basilikum, Minze und die Zitronenscheibe zerdrücken, bis deren Aromen sich vermischen und sie duften.
2. Den Zitronensaft ins Glas gießen und das Stevia mit einer Gabel einquirlen.
3. Das Getränk mit Mineralwasser aufgießen.

Spritziges Zitruswasser

Nichts erfrischt an einem heißen Tag mehr und spendet so viel Energie wie dieses sprudelige Zitrusgetränk. Das Reißen der Orangenzesten ist zwar ein kleiner Extra-Aufwand, lohnt sich aber, da die Zesten dem Drink Süße und ein fruchtiges Orangenaroma verleihen – lassen Sie sie auf keinen Fall weg!

ERGIBT 1 PORTION

Saft von ½ Zitrone

Saft von 1 Limette

Zesten von ½ Bio-Orange (ersatzweise eine unbehandelte)

4–5 Minzblätter

4–5 Tropfen Flüssig-Stevia

500 ml Mineralwasser mit Kohlensäure

Eiswürfel (optional)

1. Zitronensaft, Limettensaft, Orangenzesten, Minzblätter und Stevia in ein Longdrink- oder ein großes Becherglas geben und mit einer Gabel verquirlen.
2. 4 EL des sprudeligen Mineralwassers dazugießen und umrühren.
3. Nach Belieben Eiswürfel hineingeben, dann den Saft mit dem restlichen Mineralwasser aufgießen.

Granatapfel-Limetten-Schorle

Falls Sie noch nie Granatapfelmelasse probiert haben, sollten Sie sich sofort ein Fläschchen besorgen. Der Sirup ist so hoch konzentriert, da reicht schon ein kleiner Schuss, um damit ein Getränk köstlich zu aromatisieren. Falls Sie in Ihrem Supermarkt keine Granatapfelmelasse finden, probieren Sie es in einem Geschäft für nahöstliche Spezialitäten oder bestellen Sie online. Kein ganz billiger Stoff, aber eine Flasche hält ewig! (Sie können Granatapfelmelasse übrigens auch selbst herstellen, deutschsprachige Rezepte dafür finden Sie im Internet.)

ERGIBT 1 PORTION

Saft von ½ Limette

1½ TL Granatapfelsirup

500 ml Mineralwasser mit Kohlensäure

Eiswürfel (optional)

1. Limettensaft und Granatapfelsirup in ein Longdrink- oder ein großes Becherglas gießen.
2. Den Saft mit Mineralwasser aufgießen und umrühren. Falls gewünscht, Eiswürfel hineingeben.

Dr. Gs Eiskaffee mit Pflanzenkraft

Eine Studie ergab vor Kurzem, dass Olivenöl die positive Wirkung von Polyphenolen, wie sie in dunkler Schokolade enthalten sind, verstärkt. Daher wollte ich unbedingt ein Rezept mit Olivenöl und Schokolade mit in dieses Buch aufnehmen. Dieser Kaffee ist reich an Nährstoffen und verhilft Ihnen zu einem perfekten Start in den Tag. Sie sind kein Kaffee-Fan? Dann bereiten Sie das Getränk stattdessen mit Wasser zu oder verwenden Sie die doppelte Menge Kokosdrink.

ERGIBT 1 PORTION

2 EL nicht-alkalisiertes Kakaopulver

2 Prisen Stevia-Pulver

250 ml ungesüßter Kokosdrink

2 EL natives Olivenöl extra

250 ml Cold-Brew-Kaffee *oder* Wasser

1 kleine Tasse Eiswürfel

1. Kakaopulver, Stevia und Kokosdrink in einen Hochleistungsmixer geben und mit ein oder zwei kurzen Pulses – insgesamt 3–5 Sekunden – miteinander vermischen.
2. Olivenöl und Kaffee dazugießen und einrühren.
3. Eiswürfel hinzufügen und im Pulsmodus crushen – und schon wird das Getränk zu einem dieser schicken Frozen-Coffee-Getränke aus dem Coffee-Shop.
4. Den Eiskaffee sofort servieren.

Kokos-Mokka

Meist fällt es schwer, den Sirenenklängen der gesüßten Kaffeegetränke aus dem Coffee-Shop zu widerstehen – nein, ich meine keine Feuerwehrsirenen, sondern die Damen aus der griechischen Mythologie! Die gute Nachricht: Sie können den ersehnten Geschmack auch zu Hause selbst kreieren – und dabei noch ein paar Euro sparen! Ob heiß oder eisgekühlt, dieser Mokka stillt unser Verlangen nach der täglichen Dosis Koffein.

ERGIBT 1 PORTION

250 ml ungesüßter Kokosdrink *oder* (falls eine sämigere Konsistenz angestrebt wird) ungesüßte Kokosmilch

1 EL Bitterschokolade (am besten mit 80 Prozent Kakaoanteil), gehackt

2–3 Tropfen Stevia Flüssig-Vanille *oder* Vanilleextrakt

250 ml sehr starker schwarzer Kaffee

(5–6 Eiswürfel für die kalte Mokka-Variante)

ALS HEIßGETRÄNK

1. In einem kleinen Topf den Kokosdrink erhitzen, bis er köchelt.
2. Den Topf vom Herd nehmen und die Schokolade einrühren, bis sie geschmolzen ist.
3. Vanille-Stevia oder -extrakt dazugeben, dann den Kaffee dazugießen.
4. Den Mokka heiß servieren.

ALS EISKAFFEE

1. Den Kaffee auf Raumtemperatur abkühlen lassen.
2. Die Schokolade in der Mikrowelle oder in einem doppelbödigen Simmertopf schmelzen.
3. In einem Hochleistungsmixer alle Zutaten sowie 5–6 Eiswürfel miteinander vermischen.
4. Den Mokka sofort servieren.

Mokka-Shake

Dieser schaumige Shake ist eine super Idee, um übrig gebliebenen Kaffee noch zu verwerten. Gießen Sie den Kaffee, sobald er auf Raumtemperatur abgekühlt ist, in eine Eiswürfelform und frieren Sie ihn zu Kaffee-Eiswürfeln ein. Sie stehen nicht so sehr auf Kaffee? Dann frieren Sie 250 ml Kokosdrink in der Eiswürfelform ein und bereiten Sie sich stattdessen einen Schoko-Shake zu.

ERGIBT 1 PORTION

120 g Kaffee-Eiswürfel (übrig gebliebener Kaffee in einer Eiswürfelform eingefroren)

½ gefrorene noch grüne Banane

250 ml ungesüßter Kokosdrink *oder* ungesüßte Kokosmilch

½ Avocado

2 EL nicht-alkalisiertes Kakaopulver

5–6 Tropfen Stevia Flüssig-Vanille

1. Alle Zutaten in einem Hochleistungsmixer zu einer glatten Flüssigkeit verarbeiten.
2. Den Shake kosten und nach Geschmack mit Vanille-Stevia süßen.

2 Cups
1,5
1
0,5

Haselnuss-Vanille-Milch

Wenn man keine Kuhmilch trinkt, braucht man eine wohlschmeckende Alternative. Nussmilch aus dem Supermarkt enthält jedoch oft viel Zucker und chemische Zusatzstoffe. Daher bereite ich meine Haselnussmilch gerne selbst zu. Für den Extra-Touch Süße gebe ich etwas Vanille hinein. Bonus: Als »Nebenprodukt« entsteht Haselnussmehl, das sich sehr gut zum Backen eignet.

ERGIBT 3 PORTIONEN

¼ TL jodiertes Meersalz

875 ml gefiltertes Wasser, plus 500 ml zum Einweichen über Nacht

300 g geröstete Haselnüsse*

1 Vanilleschote, längs aufgeschlitzt

1. Das Salz in 500 ml Wasser einrühren und die Haselnüsse sowie die Vanilleschote darin über Nacht einweichen.
2. Die Nüsse abtropfen und abspülen, dann in einen Hochleistungsmixer geben.
3. Die Nüsse 2 Minuten lang auf hoher Stufe so zermixen, dass keine Stückchen mehr zu sehen sind.
4. Ein feinmaschiges Sieb mit einem Seihtuch auslegen und einen Teil der Nuss-Flüssigkeit durchseihen. Die Nussmilch in einem Krug auffangen.
5. Die im Tuch verbliebenen Nusspartikel auswringen, um noch die letzte darin enthaltene Flüssigkeit herauszudrücken. Das so entstandene Haselnussmehl beiseitestellen.
6. Die Schritte 4 und 5 wiederholen, bis die gesamte Nussmilch abgeseiht ist.
7. Das Haselnussmehl trocknen lassen, dann in einem Glasgefäß im Gefrierfach aufbewahren und später zum Backen verwenden. Die Haselnussmilch bleibt im Kühlschrank bis zu 1 Woche frisch.

** Nach diesem Rezept können Sie Milch aus allen ins LFE-Programm passenden Nüssen herstellen, zum Beispiel aus gerösteten Pistazienkernen oder Pekannüssen, aber Haselnüsse und Vanille sind einfach füreinander gemacht – und schmecken lecker im Kaffee.*

kapitel dreizehn

Saucen, Brühen, Dressings und Co.

ZWIEBEL-CHUTNEY MIT BOURBON
KNOCHENBRÜHE
KLASSISCHES BASILIKUMPESTO
LFE-GUACAMOLE
SALAT-DRESSINGS
ZWEIERLEI MAYONNAISE
VEGANES CAESAR-DRESSING
GEMÜSEFOND
LEKTIN-BLOCKER-SCHALENTIERBRÜHE

Zwiebel-Chutney mit Bourbon

Manchmal lasse ich das warme Abendessen ausfallen und stelle stattdessen eine Käseplatte zusammen. Dazu reiche ich dann ganz edel ein bisschen Konfitüre. Am Anfang war das immer Konfitüre aus Sauerkirschen oder süßen Feigen. Dieses Chutney aus Zwiebeln ist jedoch viel besser und zudem zuckerfrei.

ERGIBT 3 GLÄSER À 250 ML

115 g nitritfreie Speckscheiben vom Schwein aus Weidehaltung, in feine Streifen geschnitten (optional)

4 EL natives Olivenöl extra

6 große gelbe Zwiebeln, in dünne Ringe geschnitten

15 g frische Thymianblätter

1 TL jodiertes Meersalz

3 EL Bourbon Whiskey *oder* Balsamico-Essig

1 EL Yaconsirup *oder* ½ TL Stevia-Pulver

1. Den Bacon (falls verwendet) in einer Pfanne bei niedriger bis mittlerer Temperatur anbraten, bis er leicht knusprig wird, dann Olivenöl und Zwiebeln, Thymian sowie Salz hineingeben und unter regelmäßigem Umrühren anschwitzen, sodass die Zwiebeln nicht anbrennen.

   Falls Sie das Rezept ohne Bacon zubereiten: Olivenöl in einer Pfanne bei niedriger bis mittlerer Temperatur erhitzen und Zwiebeln, Thymian sowie Salz hineingeben und unter regelmäßigem Umrühren anschwitzen, sodass die Zwiebeln nicht anbrennen.
2. Die Zwiebeln in 20–30 Minuten schön goldbraun braten.
3. Den Bourbon oder Essig sowie Sirup oder Stevia hinzufügen und einkochen lassen, bis alle Flüssigkeit verdampft ist.
4. Die Mischung in Gläser füllen und vor dem Servieren abkühlen lassen. Im Kühlschrank aufbewahrt bleibt das Chutney 2–3 Wochen frisch.

Getreidefreie Cracker, Seite 101

Knochenbrühe

Im Handel erhältliche Knochenbrühe wird meist aus Produkten von Tieren hergestellt, die mit lektinreichem und gentechnisch manipuliertem Getreide gefüttert wurden. Glücklicherweise lässt sich Brühe aber leicht selbst zubereiten. Verwenden Sie dann nur Knochen von Tieren, die auf der Weide gehalten wurden.

DIE ANZAHL DER PORTIONEN VARIIERT

2 kg Knochen und gallertige Teile des Tieres (Knorpel etc.)*

1 mittelgroße Sellerieknolle, grob kleingeschnitten

1 Pastinake, in groben Stücken

2 mittelgroße Selleriestangen

1 Tasse Kräuter, Gewürze und Aromen (insgesamt ca. 250 ml Volumen, nicht Gramm; siehe Tabelle unten)

1 mittelgroße weiße Zwiebel mit der Schale

5 Knoblauchzehen, geschält

2 EL Apfel(wein)essig *oder* frischer Zitronensaft

2–3 Lorbeerblätter

1 EL jodiertes Meersalz

Ausreichend Wasser, um die Knochen zu bedecken, aber nicht mehr als zwei Drittel der Füllmenge Ihres Schnellkochtopfs oder drei Viertel der Füllmenge Ihres Suppentopfs

1. Alle Zutaten in einen Schnellkochtopf, Slow Cooker oder Suppentopf geben.
2. Für die Zubereitung im Schnellkochtopf: Alles 90 Minuten gemäß Bedienungsanleitung des Herstellers kochen, dann den Dampf ablassen.

   Für die Zubereitung im Slow Cooker: Alles 10 Stunden bei niedriger Temperatur köcheln lassen.

   Für die Zubereitung im Suppentopf: Alles 6–8 Stunden bei niedriger bis mittlerer Temperatur zugedeckt kochen lassen.
3. Die Brühe durch ein Sieb abgießen, um die Knochen und das Gemüse herauszufiltern. Die Brühe ein zweites Mal durch einen (diesmal feinmaschigen) Seiher abgießen, dann sofort verwenden oder einfrieren.**

** Für eine vegetarische Brühe statt der Knochen Pilze verwenden – entweder 40 g getrocknete oder 300 g frische oder für eine Mischung 20 g getrocknete und 150 g frische Pilze.*
*** Diese Brühe geliert beim Einfrieren – ein Zeichen dafür, dass beim Kochen viel Kollagen aus den Knochen herausgelöst wurde.*

FLEISCH	KRÄUTER, GEWÜRZE UND AROMEN
Hühnchen aus Weidehaltung – Füße, Beine, Haut, Nacken	Fenchel, Petersilie, Schalotten, Zitronenzesten
Schwein aus Weidehaltung – Füße, Rippen	Orange, Zimtstangen, Thymian, Apfel
Rind aus Weidehaltung – Ochsenschwanz, Querrippe	Rotwein, Petersilie, Rosmarin, Schalotten
Truthahnfleisch – Nacken, Füße, Flügel	Salbei, Apfel, Schalotten, Thymian

Klassisches Basilikumpesto

Es existieren eine Million Pesto-Rezepte da draußen, aber das hier ist eindeutig mein Favorit. Verwenden Sie dafür am besten Pinienkerne. Sollten gerade keine erhältlich (oder erschwinglich) sein, eignen sich blanchierte Mandeln als Ersatz. Rösten Sie die Mandeln dann jedoch gut!

ERGIBT 250 ML

65 g Pinienkerne, geröstet, *oder* blanchierte Mandeln, geröstet

3 Knoblauchzehen

1 TL jodiertes Meersalz

50 g Parmesan (Parmigiano Reggiano), gerieben, *oder* 3 EL Nährhefeflocken

100 g frische Basilikumblätter

185 ml hochwertiges natives Olivenöl extra

1. In einem Hochleistungsmixer oder einer Küchenmaschine mit S-Klinge die Pinienkerne oder Mandeln, Knoblauch und das Meersalz zu Pulver zermahlen.
2. Käse (oder Nährhefe) und Basilikumblätter dazugeben und untermixen. Die Masse, falls nötig, vom Rand des Rührbechers oder der Schüssel in die Mitte zurück schaben.
3. Das jeweilige Gerät weiterlaufen lassen und das Olivenöl langsam in die Mischung eingießen, bis sie es völlig aufgenommen hat.
4. Das Pesto sofort verwenden oder in einem luftdicht verschlossenen Behälter bis zu 1 Woche im Kühlschrank aufbewahren.
5. Soll es länger frisch bleiben, das Pesto in eine Eiswürfelform füllen und tiefgefrieren. Die fertigen Pesto-Würfel dann in einen luftdicht verschließbaren Gefrierbeutel umfüllen.

** Sehr speziell wird das Pesto, wenn Sie es mit Pistazienkernen anstelle von Pinienkernen oder Mandeln zubereiten und Zitronenzesten hineingeben. Sie können auch einen Teil der Basilikumblätter durch Minzblätter oder Petersilie ersetzen.*

LFE-Guacamole

Ich liebe Guacamole, aber unter uns: Ich bin einer von den Koriander-Verächtern. Weil ich damit zugegebenermaßen eher einer Minderheit angehöre, ist in diesem Rezept Koriander enthalten. Sollten Sie jedoch ebenfalls kein Koriander-Fan sein, ersetzen Sie ihn durch glatte Petersilie oder Minzblätter.

ERGIBT 4 BIS 6 PORTIONEN

4 reife Avocados, entkernt und der Länge nach halbiert

2 Knoblauchzehen, durchgepresst

1 rote Zwiebel, fein gehackt

15 g Koriander, grob gehackt

1 TL Kreuzkümmel, gemahlen

1 TL jodiertes Meersalz

Saft von 4 Limetten

1 Spritzer scharfe Chilisauce (optional)

1. Das Avocadofruchtfleisch aus der Schale löffeln, in eine große Schüssel geben und mit einem Kartoffelstampfer zu (stückigem) Brei zerdrücken. (So findet sich im LFE-Programm immerhin Verwendung für den Kartoffelstampfer.)
2. Die restlichen Zutaten mit in die Schüssel geben und alles gut durchmischen.
3. Die Guacamole abschmecken und gegebenenfalls nachwürzen.
4. Die fertige Guacamole dann mit in Streifen geschnittener Yambohne, rohen Karotten, Maniok-Tortillas (oder -Chips; Seite 94) oder anderen getreidefreien Tortilla-Chips servieren und genießen.

Salat-Dressings

Mit einer guten Vinaigrette als Basis lässt sich jeder Salat schmackhaft zubereiten. Mein Rezept ist eher eine Formel, und genau das macht es so vielseitig. In diesem Dressing ist die Säure etwas stärker betont als in den Standard-Vinaigrettes; wenn Sie es milder haben möchten, verwenden Sie mindestens 175 ml Öl.

ERGIBT 250 ML

125 ml Öl (zum Beispiel natives Olivenöl extra *oder* Avocadoöl)

125 ml Essig (zum Beispiel Balsamico-, Champagner- oder Rotweinessig)

1½ TL Dijonsenf

Gewürze nach Belieben

1. Alle Zutaten in einem Hochleistungsmixer oder von Hand mit dem Schneebesen verschlagen, bis sie sich gut miteinander verbunden haben.
2. Das Dressing sofort verwenden oder in einem Glas mit dicht schließendem Deckel (damit Sie es vor dem Servieren kräftig durchschütteln können) aufbewahren.

Die Möglichkeiten, dieses Basis-Dressing abzuwandeln, sind schier endlos, und genau deshalb macht es so viel Spaß. Mischen Sie Ihre Lieblingskräuter, Ihr Lieblingsöl (oder Ihren Lieblingsjoghurt oder Lieblingssenf) hinein oder ersetzen Sie den Essig durch Zitrussaft. Erfinden Sie Ihr neues Lieblingsdressing!

KLASSISCHE BALSAMICO-VINAIGRETTE

125 ml natives Olivenöl extra

4 EL Balsamico-Essig

4 EL Zitronensaft

1½ TL Senf

1 Knoblauchzehe, durchgepresst

1 TL frischer Rosmarin, fein gehackt

FÜR EIN CREMIGERES DRESSING

½ Avocado

4 EL Zitronensaft

4 EL weißer Balsamessig

1½ TL Senf

2 EL frische Petersilie, fein gehackt

1 Knoblauchzehe, durchgepresst

ASIATISCHES DRESSING

125 ml geröstetes Sesamöl

4 EL Limettensaft

4 EL Reisweinessig

1½ TL Senf

1 Knoblauchzehe, durchgepresst

1 TL frischer Ingwer, gerieben

1 Spritzer Kokos-Aminos-Würzsauce

HABEN SIE PESTO ÜBRIG?

4 EL natives Olivenöl extra

4 EL Basilikumpesto

4 EL weißer Balsamessig

4 EL Zitronensaft

1½ TL Senf

Zweierlei Mayonnaise

Mayo ist nicht grundsätzlich ungesund, zumindest nicht, wenn sie aus den richtigen Zutaten besteht. Für alle meine Leserinnen und Leser, die keine Mayo-Fans sind oder keine Eier essen, habe ich auch ein Rezept für eine vegane Avocado-Mayo angehängt. Für einen etwas klassischeren Mayo-Geschmack können Sie in beiden Rezepten den Knoblauch weglassen.

ERGIBT 250 ML

KLASSISCHE MAYONNAISE

3 große Eidotter von Omega-3- *oder* Weidehuhn-Eiern

1 Knoblauchzehe

¼ TL Dijonsenf

1 TL Senfpulver

¼ TL Salz

1 EL Zitronensaft

185 ml natives Olivenöl extra

VEGANE MAYONNAISE

1 mittelgroße bis große Avocado

Saft von ½ Zitrone

1 Knoblauchzehe, durchgepresst

¼ TL Salz

½ TL Senfpulver

125 ml natives Olivenöl extra

KLASSISCHE MAYONNAISE

1. Eier, Knoblauch, Dijonsenf, Senfpulver, Salz und Zitronensaft in den Aufsatz eines Hochleistungsmixers geben.
2. Das Gerät einschalten, die Geschwindigkeit nach und nach erhöhen, bis der Knoblauch klein gehackt und alle Zutaten gut vermischt sind.
3. Die Geschwindigkeit auf die mittlere Stufe reduzieren. Bei laufendem Mixer das Öl tropfenweise in die Mischung gießen.
4. Das Ganze weitere 30 Sekunden vermixen, bis die Masse dickflüssiger wird. In ein fest schließendes sauberes Schraubglas füllen.
5. Die Mayonnaise im Kühlschrank lagern und innerhalb von 2–4 Wochen verbrauchen.

VEGANE MAYONNAISE

1. Avocado, Zitronensaft, Knoblauch, Salz und Senfpulver in einen Hochleistungsmixer geben und glatt verquirlen.
2. Während der Mixer läuft, das Öl in die Mischung gießen und alles vermischen, bis es sich gut miteinander verbunden hat.
3. Die Mayonnaise sofort servieren oder im Kühlschrank aufbewahren und innerhalb von 3–4 Tagen verbrauchen.

Veganes Caesar-Dressing

Mit diesem Rezept präsentiere ich Ihnen – wie der Name schon sagt – eine vegane Variante des klassischen Caesar-Dressings. Es schmeckt nicht nur köstlich auf Salat, sondern lässt sich äußerst vielseitig verwenden, beispielsweise als Beigabe zu zahlreichen Gerichten: auf Blumenkohlreis, in einem Salat-Wrap, auf einem Sandwich oder zu angeschwitztem grünem Blattgemüse mit Konjak-Nudeln.

ERGIBT 250 ML

115 g Tahinipaste

1 Knoblauchzehe, durchgepresst

¼ TL jodiertes Meersalz

¼ TL schwarzer Pfeffer, frisch gemahlen

Saft von 1 Zitrone

1 TL Dijonsenf

4 EL natives Olivenöl extra

1 Spritzer Kokos-Aminos-Würzsauce

1. Alle Zutaten in einer Schüssel verquirlen, bis sich eine glatte homogene Sauce ergibt.
2. Das Dressing sofort verbrauchen oder im Kühlschrank aufbewahren, es hält sich dort maximal 1 Woche.

Gemüsefond

Wenn Sie erst einmal einen wohlschmeckenden Gemüsefond mit ausgewogenen Aromen selbst zubereitet haben, werden Sie nicht mehr zu einem der Fertigprodukte aus dem Supermarkt greifen wollen. Sie können jegliches Gemüse verwenden, das Sie gerade zur Hand haben. Lassen Sie jedoch auf keinen Fall die Zwiebeln weg – denn sie sind die Basis des Geschmacks.

DIE ANZAHL DER PORTIONEN VARIIERT

4 EL natives Olivenöl extra

2 Zwiebeln, gewürfelt

2 Pastinaken, gewürfelt

4 Selleriestangen, gewürfelt

1 Fenchelknolle, gehackt

100 g Champignons, gehackt

4 Knoblauchzehen, durchgepresst

4–5 Zweige frischer Thymian

1 Lorbeerblatt

1 kleiner Bund glatte Petersilie

1 TL ganze schwarze Pfefferkörner

Saft von 1 Zitrone

1 EL jodiertes Meersalz

Ausreichend Wasser, um das Gemüse zu bedecken

1. Das Olivenöl in einem großen Suppentopf bei mittlerer bis hoher Temperatur erhitzen.
2. Zwiebeln, Pastinaken, Sellerie, Fenchel und Champignons hineingeben und anbraten, bis die Zwiebeln glasig werden und duften.
3. Die restlichen Zutaten hinzufügen. Den Deckel auf den Topf setzen und alles 30–45 Minuten köcheln lassen.
4. Die Brühe zweimal abseihen, dann sofort verwenden oder einfrieren und innerhalb von 6 Monaten aufbrauchen.

Lektin-Blocker-Schalentierbrühe

In den Schalen von Garnelen, Krebsen und anderen Schalentieren stecken Kräfte, die Lektin blockieren können. Der beste Weg, um sich diese zunutze zu machen, ist durch den Genuss einer einfachen Schalentierbrühe wie dieser hier. Tipp: Wenn Sie etwas mit Garnelen zubereiten, heben Sie deren Schalen auf – in einem Behälter im Gefrierfach. Sobald genügend Schalen zusammengekommen sind, bereiten Sie diese Brühe zu!

ERGIBT 4 BIS 6 PORTIONEN

1 EL natives Olivenöl extra

Schalen von etwa 1 kg Garnelen (frisch oder gefroren)

1 rote Zwiebel mit Schale, in Scheiben geschnitten

2 Selleriestangen, in Scheiben geschnitten

1 Schalotte, in Scheiben geschnitten

3 Knoblauchzehen, zerdrückt

1 Stängel glatte Petersilie

1 Zweig Thymian

1 Zweig Estragon

1–2 Lorbeerblätter

1 TL Safran (optional, aber herrlich)

1 TL jodiertes Meersalz

1½ l Wasser oder ausreichend, um das Gemüse zu bedecken

1. Das Olivenöl in einem Suppentopf bei mittlerer Temperatur erhitzen. Die Shrimp-Schalen hineingeben und 10 Minuten anbraten.
2. Alle restlichen Zutaten, mit Ausnahme des Wassers, hinzufügen.
3. Die Temperatur etwas erhöhen und alles 10 Minuten braten.
4. Den Deckel auf den Topf setzen und den Inhalt weitere 10 Minuten garen lassen.
5. Das Wasser in den Topf gießen und aufkochen, dann 20 Minuten köcheln lassen.
6. Die Brühe in ein hitzebeständiges Behältnis abseihen.
7. Die Brühe entweder sofort verwenden oder auf Zimmertemperatur abkühlen lassen und dann einfrieren, so lässt sie sich bis zu 6 Monate aufbewahren.

Anhang

Mehr Informationen online

GUNDRYMD.COM

Dies ist meine persönliche Website, auf der ich meine Gedanken, Videos und neuesten Gesundheitsnachrichten poste sowie Rezepte, die Sie bei der Stange halten und inspirieren sollen. Über diese Seite verkaufe ich auch Nahrungsergänzungsmittel, die ich mit größter Sorgfalt entwickelt habe, damit sie meine eigene Gesundheit, die meiner Familie und die meiner Patienten unterstützen.

DR. GUNDRY FACEBOOK-SEITE (HTTPS://WWW.FACEBOOK.COM/GUNDRYMD/)

Folgen Sie mir auf Facebook, um über Ihren Newsfeed neue Rezepte und Artikel zu erhalten. Darüber hinaus können Sie dort andere Menschen wie Sie selbst kennenlernen, die sich dafür entschieden haben, sich nach dem LFE-Programm zu ernähren.

Nahrungsergänzungsmittel

Ich glaube fest daran, dass man von den richtigen Nahrungsergänzungsmitteln profitieren kann, selbst wenn man sich bereits auf die beste und gesündeste Art ernährt. Warum? Weil moderne Anbautechniken, wie die Verwendung von Pestiziden, Unkrautvernichtungsmitteln und chemischen Düngemitteln, unserem Boden Nährstoffe und gute Bakterienstämme entzogen haben. Sie können aus Lebensmitteln schlicht nicht mehr alle nötigen Nährstoffe und Mikronährstoffe beziehen, da die Nahrungsmittel diese nicht mehr über den Boden aufnehmen können und sie folglich auch nicht enthalten.

Im Folgenden liste ich die Nahrungsergänzungsmittel auf, die ich empfehle – sowohl aufgrund persönlicher Erfahrungen als auch aus denen in meiner Praxis mit Tausenden Patienten, die ich behandelt habe. Die folgenden Vitamine und Mineralstoffe sind essenziell für unser Wohlbefinden, und die meisten von uns sind diesbezüglich unterversorgt:

VITAMIN D

Sogar im sonnigen Südkalifornien weisen etwa 80 Prozent meiner Patienten einen Vitamin-D-Mangel auf, wenn sie zum ersten Mal zu mir in die Praxis kommen. Bei Patienten mit einer Autoimmunerkrankung geht die Zahl sogar in Richtung 100 Prozent. Dies ist ein ernst zu nehmendes Problem, da Vitamin D in unserem Körper eine wichtige Rolle spielt: Es unterstützt die Funktion des Immunsystems und hilft, die Knochen stark sowie die nützlichen Darmkeime stabil und die

Darmschleimhaut gesund zu erhalten. Ich empfehle jedem, täglich mindestens 5000 I.E. Vitamin D einzunehmen. Sollten Sie unter einer Autoimmunkrankheit leiden, erhöhen Sie die Dosis auf 10 000 I.E.

B-VITAMINE

Die B-Vitamine sind entscheidend für den Erhalt der inneren Wand Ihrer Blutgefäße. Bei einer Vielzahl von Menschen verhindert eine genetische Mutation, dass ihr Körper Folsäure und Vitamin B12 in ihre aktive Form umwandeln kann. Um sicherzustellen, dass Sie genügend B-Vitamine erhalten und diese in einer Form, die Ihr Körper nutzen kann, empfehle ich die tägliche Einnahme sowohl von Methylfolat (die aktive Form von Folsäure), 1000 µg pro Tag, als auch von Methylcobalamin (die aktive Form von Vitamin B12), 1000 bis 5000 µg pro Tag unter die Zunge gegeben.

SEKUNDÄRE PFLANZENSTOFFE AUS GRÜNEN PFLANZEN

Ihre Mikros lieben grünes Gemüse. Sie sollten jedoch darauf achten, kein Ergänzungsmittel einzunehmen, das stark lektinhaltige Gräser wie Weizengras, Gerstengras oder Hafer enthält. Die folgenden empfohlenen Nahrungsergänzungsmittel verleihen Ihnen Vitalität, wie es sonst nur durch den Verzehr großer Mengen von grünem Gemüse möglich wäre:

- Spinatextrakt, 1000 mg
- DIM (Diindolylmethan), ein beispielsweise in Brokkoli enthaltenes immunstärkendes Antioxidans, 100 mg
- Primal Plants, ein über GundryMD.com erhältliches Ergänzungsmittel, das Spinatextrakt, DIM und zehn weitere grüne Superfoods in Kombination enthält

POLYPHENOLE

Diese sekundären Pflanzenstoffe schützen Pflanzen vor Insekten oder Schäden durch Sonneneinstrahlung. Darüber hinaus bieten sie auch dem Menschen viele Vorteile, denn sie verbessern die Herz-Kreislauf-Gesundheit und unterstützen die nützlichen Darmbakterien. Folgende Polyphenole enthaltende Ergänzungsmittel empfehle ich zur täglichen Einnahme (Sie können eines davon auswählen oder sich für ein Kombipräparat entscheiden):

- Traubenkernextrakt, 100 mg
- Pinienrindenextrakt, 25 bis 100 mg
- Resveratrol (in Rotwein enthaltenes Polyphenol)
- Alternativ können Sie auch Vital Reds einnehmen, mein eigenes Polyphenol-Kombiprä-

parat, das ich über GundryMD.com vertreibe. Vital Reds enthält insgesamt 34 Polyphenole, inklusive Grüntee-Extrakt, Berberin, Zimt, Maulbeere und Granatapfel sowie die von mir bevorzugten Probiotika.

PRÄBIOTIKA

Präbiotika sind Substanzen, die Ihre Mikros ernähren und pflegen – sie sind quasi die Düngemittel, die Ihren inneren Garten gedeihen und erblühen lassen. Sie unterstützen nicht nur Ihre Abwehr, sondern sorgen auch für regelmäßigen Stuhlgang. Gute präbiotische Ergänzungsmittel sind:

- Flohsamenschalen, 1 TL pro Tag in Wasser, Dosis allmählich auf 1 EL pro Tag steigern
- Inulinpulver, 1 TL pro Tag
- PrebioThrive ist ein Kombipräparat aus fünf Präbiotika, das ich selbst entwickelt habe. Das Pulver wird mit Wasser angemischt und täglich eingenommen, es ist über meine Website GundryMD.com erhältlich.

LEKTIN-BLOCKER

Denken Sie daran, dass Sie Lektine aus Ihrer Ernährung nicht völlig ausschließen können. Daher sollte man gegen die Lektine, die man konsumiert, einige Waffen im Arsenal, das heißt, Lektin bekämpfende Präparate in seinem System haben. Dazu gehören:

- Glucosamin ist natürlicherweise in der Flüssigkeit rund um die Gelenke enthalten, die diese schützt und als Baustein für Knorpelgewebe dient. Es bindet sich an entzündungsfördernde Lektine und lindert Schmerzen.
- D-Mannose, aktive Substanz in Cranberrys, ist ebenfalls ein effektiver Lektin-Blocker. Nehmen Sie 1000 mg täglich ein (aufgeteilt in zwei Dosen à 500 mg).
- Lectin Shield ist meine eigene Rezeptur und über meine Website erhältlich. Es umfasst neun Bestandteile, die erwiesenermaßen Lektine blocken oder neutralisieren, sodass diese Ihre Darmwand nicht erreichen können. Sie können vor jeder stark lektinhaltigen Mahlzeit zwei Kapseln einnehmen.

ZUCKER-BLOCKER

Um einen gesunden Blutzuckerspiegel konstant aufrechtzuerhalten, empfehle ich Folgendes:

- CinSulin, eine Kombination aus Chrom und Zimtextrakt (Achtung: Es gibt mehrere solche Präparate, Dosierung entsprechend der jeweiligen Zusammensetzung)
- Zink, 30 mg
- Selen, 150 µg

- Berberin, 2-mal täglich 250 mg
- Kurkuma-Extrakt, 2-mal täglich 200 mg
- Glucose Defense, ein Produkt, das ich selbst entwickelt habe und über GundryMD.com vertreibe. Es deckt den gesamten Grundbedarf ab, weil darin Chrom, Zink, Selen, Zimt-Extrakt, Berberin, Kurkuma-Extrakt und Schwarzer-Pfeffer-Extrakt (für eine bessere Aufnahmefähigkeit) kombiniert wurden; 2-mal täglich 2 Kapseln einnehmen.

OMEGA-3-FETTSÄUREN

Omega-3-Fettsäuren sind wesentlich für die Gesundheit des Darms und des Gehirns. Tatsächlich besteht rund die Hälfte des Fetts im Gehirn – das insgesamt zu 60 Prozent aus Fett besteht – aus einer langkettigen Omega-3-Fettsäure namens DHA (Docosahexaensäure). Während der zehn Jahre, in denen ich Patienten betreut habe, stellte sich heraus, dass nahezu jeder einen extremen Mangel an diesen lebensnotwendigen Fettsäuren hatte. Insofern Sie nicht täglich Sardinen oder Heringe essen, sollten Sie wahrscheinlich ein Omega-3-Ergänzungsmittel einnehmen. Ich empfehle:

- Fischöl, molekular destilliert und von kleinen Fischen wie Sardinen oder Sardellen stammend, in einer Dosis von 1000 mg DHA täglich.

Danksagung

Dieses Kochbuch hätte nicht entstehen können ohne die große Unterstützung und die vielen Rezepte und Anfragen von all jenen, die sich entschieden haben, nach dem LFE-Programm zu leben. Und die mehr Rezepte wollten, und zwar pronto! Dafür musste ein engagiertes Team zusammengestellt werden, das dem Aufruf folgte und dieses wunderbare Buch produzierte, das Sie nun in den Händen haben. Es enthält meine Rezepte und Ihre Rezepte, meine lieben Leserinnen und Leser; Rezepte meiner Patienten, von denen einige diesen Lebensstil schon vor Jahren angenommen haben; und vor allem die Rezepte, die bei GundryMD von meiner Mitarbeiterin and unvergleichlichen Küchenchefin Kathryn »Kate« Holzhauer entwickelt wurden. Kate sorgt dafür, dass ich und alle meine GundryMD-YouTube-Beiträge großartig aussehen und die Gerichte köstlich schmecken – und nun hat sie ihr Talent auf eine neue Stufe gehoben! Sie hat nicht nur viele der Gerichte in diesem Buch kreiert und perfektioniert, sondern auch gewissenhaft sämtliche anderen eingereichten Rezepte auf ihre Verwendbarkeit getestet. Sie werden schon nach dem Zubereiten eines ersten Rezepts feststellen, wie einfach es ist, lektinfrei zu leben, ohne dabei auf gewohnte Geschmäcker und Texturen verzichten zu müssen. Danke, Kate!

Apropos Kate, mein Dank geht noch an eine zweite Kate, Kate Hanley, die es geschafft hat, meinen langatmigen Sprech- und Schreibstil für dieses Kochbuch zu einer einfachen und leicht verständlichen Zusammenfassung meiner Prinzipien aus »Böses Gemüse« zu verdichten. Auch wenn Sie es bisher nicht geschafft haben, »Böses Gemüse« zu lesen (Ich hoffe, Sie holen das nach!) – keine Sorge, dieses Buch stattet Sie mit sämtlichem Handwerkszeug und Wissen aus, damit Sie sofort mit dem Kochen loslegen zu können.

Ein großes Dankeschön geht an meine langjährigen Freunde, den großartigen Koch Jimmy Schmidt, Gewinner des James Beard Awards, und seinen Kollegen Jonathan Waxman, bekannt durch seine Restaurants Jams und Barbuto. Dadurch dass sie ihre Lektinaufnahme reduzierten, hat sich ihrer beider Leben verändert, und sie waren so nett, einige ihrer beliebtesten Rezepte zu überarbeiten und mir für dieses Kochbuch zur Verfügung zu stellen. Danke auch an die gefeierte Köchin und liebe Freundin von mir, Tara Lazar aus Palms Springs mit seiner hippen Foodszene, wo eine Menge Leute stundenlang geduldig warten, um einen Tisch im Cheeky oder Birba zu ergattern. Danke an Ralph Skidmore, Steve Pargman und Pamela Trevett, Pennys und meine guten Freunde, die jeden Tag den LFE-Lifestyle umsetzen – für Eure Rezepte und Eure Freundschaft bin ich sehr dankbar! Danke noch einmal an meine Freundin, die Köchin Irina Skoeries, die das dreitägige Körperreinigungsprogramm in »Böses Gemüse« beigesteuert hat und nun über Nacht via CatalystCruisine.com LFE-kompatible Gerichte liefert. An Jessica Murnane, die großartige Vegan-Autorin, die den Schwarzmalern zum Trotz eine vegane LFE-Version probiert hat und für die LFE-Ernährung gewonnen werden konnte; Dank sei auch Dir für Deine köstlichen Rezepte. Schließlich geht mein Dank an die Gewinner des GundryMD-Rezeptwettbewerbs und an all die fantastischen Teilnehmer, die Rezepte eingereicht haben: Es tut mir leid, dass ich nicht alle Rezepte in dieses Kochbuch aufnehmen konnte, aber hey, vielleicht gibt's ja irgendwann eine Fortsetzung …

Aber Essen soll ja nicht nur gut schmecken, es soll auch gut aussehen! Ein großes Dankeschön geht an meine Fotografin Dana Gallagher und meine Foodstylistin Heather Meldrom, die beide gezeigt haben, wie man mit Bildern von gesundem Essen für Sie und Ihre Mikros auch das Herz und den Geist einnehmen kann! Möglich gemacht hat all dies, sehr schnell und gut, meine Projektmanagerin von Stonesong, Ellen Scordato. Noch einmal: Dank an Euch alle.

Das Team bei HarperWave hat es noch einmal ohne mit der Wimper zu zucken geschafft, dieses Projekt in Rekordzeit umzusetzen. Danke an meine langjährige Verlegerin Karen Rinaldi, Brian Perrin, den Marketingleiter, und Yelena Nesbit, die Pressesprecherin. Und natürlich Dank an meine herausragende Lektorin Julie Will, die mich mit liebevoller Strenge unterstützt und so »Böses Gemüse« zu einem echten Bestseller gemacht hat, der das Leben so vieler Menschen zum Guten verändern konnte. Natürlich hat sie auch dieses Buch mitgeboren.

All dies wurde gelenkt von meiner langjährigen Agentin, Shannon Marven, der Vorsitzenden von Dupree Miller, die ab dem ersten Augenblick an mich geglaubt hat, von meinem Anwalt und langjährigen Freund und Unterstützer, Dave Baren, und seinem Mitarbeiter Ini Ghidirmic sowie von meiner Steuerberaterin Joyce Ohmura, die all diese unterschiedlichen Unternehmungen zu diesem schönen fertigen Produkt vereinen konnten.

Wie ich schon in »Böses Gemüse« geschrieben habe, kann ich nicht allen über 500 Personen bei GundryMD einzeln danken, die mich und GundryMD.com zu dem vertrauenswürdigen Ratgeber für Gesundheits- und Ergänzungsmittelfragen für Millionen von Menschen jeden Tag haben werden lassen. Eine Person muss ich jedoch herausstellen, Lanee Lee Neil, die im letzten Jahr jeden Tag, die Wochenenden inklusive, über mich und meine Marke gewacht hat. Ich hätte es ohne sie nicht geschafft! Genauso Jody Sowa und ihr Team von Presseagenten sowie Rebecca Reinbold und Jessica Hofmann von Stanton Company, die mich und GundryMD jeden Tag ins Scheinwerferlicht bringen. Ich danke Euch allen.

Und da ich gerade von Menschen spreche, ohne die ich es nicht geschafft hätte: Herzlichen Dank an meine ganze Belegschaft am »International Heart and Lung Institute« und den »Centers for Restorative Medicine« in Palm Springs und Santa Barbara, Kalifornien! Als hätte es vor dem Start des LFE-Programms nicht schon genug zu tun gegeben - wow, habt Ihr Leute Euch der Herausforderung gestellt! Unter Leitung von Susan Lokken, mein loyales Team bestehend aus Adda Harris, Tanya Marta, Cindy Harpster (die das Büro in finanzieller Hinsicht im Alleingang über Wasser hält), Donna Fitzgerald, meine Tochter Melissa Perko und natürlich die »Blutsauger« unter Führung von Laurie Acuna und Lynn Visk sowie meine neue Arzthelferin, Mitsu Killion-Jacobo. Wie Ihr das Chaos unter Kontrolle haltet, zeugt wahrlich von Eurer Loyalität gegenüber unserer Mission, für das Wohlergehen unserer Patienten zu sorgen.

Apropos »das Chaos kontrollieren«: Mein wahrer Fels in der ganzen Brandung ist meine Frau Penny, die mich, zusammen mit unseren vier Hunden, jeden Tag bei Sonnenaufgang nicht vergessen lässt, dass ich im Grunde nur ein Hundeausführer bin. Und wenn ich meine Aufgabe gut mache, wird der Rest des Tages ebenso gut!

Und zu guter Letzt, wie ich schon in »Böses Gemüse« geschrieben habe, wäre nichts von alledem möglich ohne Sie, meine lieben Patientinnen und Patienten. Vielen Dank für Ihr Vertrauen in mich und mein Team. Zusammen versuchen wir, unser kollektives Wissen und unsere Gesundheit zu optimieren.

Quellen

1 Michael Pollan, Lebens-Mittel: Eine Verteidigung gegen die industrielle Nahrung und den Diätenwahn

2 Hermanussen M., Stature of early Europeans. *Hormones*. Jul–Sep, 2003; 2(3): 175–178.

3 Ibid.

4 Abdel-Rahman AA et al., Splenda alters gut microflora and increases intestinal p-glycoprotein and cytochrome p-450 in male rats. *Journal of Toxicology and Environmental Health*. 2008; 71(21): 1415–1429.

5 International Agency for Research on Cancer, World Health Organization. IARC Monographs, Volume 112: evaluation of five organophosphate insecticides and herbicides. März 20, 2015. https://www.iarc.fr/en/media-centre/iarcnews/pdf/MonographVolume112.pdf (aufgerufen am 1. November 2017).

6 Food safety: Frequently Asked Questions, *JMPR Secretariat*, Mai 27, 2016, http://www.who.int/foodsafety/faq/en (aufgerufen am 21. November 2017).

7 Andreotti G, Koutros S, Hofmann JN et al., Glyphosate Use and Cancer Incidence in the Agricultural Health Study. *Journal of the National Cancer Institute*. 2017; 110(5): 509–516.

8 Mesnage R, Renney G, Seralini GE et al., Multiomics reveal non-alcoholic fatty liver disease in rats following chronic exposure to an ultra-low dose of Roundup herbicide. *Scientific Reports*. 2017; 7: 39328.

9 Kharrazian D, Herbert M, Vojdani A., Detection of Islet Cell Immune Reactivity with Low Glycemic Index Foods: Is This a Concern for Type 1 Diabetes? *Journal of Diabetes Research*. 2017; 2017: 4124967.

10 Załęski A, Banaszkiewicz A, Walkowiak J, Butyric acid in irritable bowel syndrome. *Przeglad Gastroenterologiczny*. 2013; 8(6): 350–353.

11 Wang L, Bordi PL, Fleming JA et al., Effect of a Moderate Fat Diet With and Without Avocados on Lipoprotein Particle Number, Size and Subclasses in Overweight and Obese Adults: A Randomized, Controlled Trial. *Journal of the American Heart Association*. 2015; 4(1): e001355.

12 de Morais CL, Pinheiro SS, Martino HS, Pinheiro-Sant'Ana HM., Sorghum (*Sorghum bicolor L.*): Nutrients, bioactive compounds, and potential impact on human health. *Critical Reviews in Food Science and Nutrition*. 2017; 57(2): 372–390.

13 Saleh ASM, Zhang Q, Chen J, Shen Q, Millet grains: Nutritional quality, processing, and potential health benefits. *Comprehensive Reviews in Food Science and Food Safety*. 2013; 12(3): 281–295.

14 Martinez I, Kim J, Duffy PR et al., Resistant Starches Types 2 and 4 Have Differential Effects on the Composition of the Fecal Microbiota in Human Subjects. *PLoS One*. 2010; 5(11): e15046.

15 Wall R, Ross RP, Fitzgerald GF, Stanton C, Fatty acids from fish: the anti-inflammatory potential of long-chain omega-3 fatty acids. *Nutrition Reviews*. 2010; 68(5): 280–289.

16 Ander BP, Dupasquier CMC, Prociuk MA, Pierce GN, Polyunsaturated fatty acids and their effects on cardiovascular disease. *Experimental & Clinical Cardiology*. 2003; 8(4): 164–172.

17 Oh SY, Ryue J, Hsieh CH, Bell DE, Eggs enriched in omega-3 fatty acids and alterations in lipid concentrations in plasma and lipoproteins and in blood pressure. *American Journal of Clinical Nutrition*. 1991; 54(4): 689–695.

18 Samman S, Kung F, Carter L et al., Fatty acid composition of certified organic, conventional and omega-3 eggs. *Food Chemistry*. 2009; 116(4): 911–914.

19 Pal S, Woodford K, Kukuljan S, Ho S, Milk intolerance, Beta-Casein and Lactose. *Nutrients*. 2015; 7(9): 7285–7297.

20 Kwok CS, Boekholdt SM, Lentjes MA et al., Habitual chocolate consumption and risk of cardiovascular disease among healthy men and women. *Heart*. 2015; 101(16): 1279–1287.

21 Saleem TM, Basha SD, Red wine: A drink to your heart. *Journal of Cardiovascular Disease Research*. 2010; 1(4): 171–176.

22 Corona G, Vauzour D, Hercelin J et al., Phenolic Acid Intake, Delivered *Via* Moderate Champagne Wine Consumption, Improves Spatial Working Memory *Via* the Modulation of Hippocampal and Cortical Protein Expression/Activation. *Antioxidants & Redox Signaling*. 2013; 19(14): 1676–1689.

23 Slanina P, Solanine (glycoalkaloids) in potatoes: Toxicological evaluation. *Food and Chemical Toxicology*. 1990; 28(11): 759–761.

24 Cuadrado C, Hajos G, Burbano C et al., Effect of Natural Fermentation on the Lectin of Lentils Measured by Immunological Methods. *Food and Agriculture Immunology*. 2002;14(1): 41–49.

25 Watch Your Garden Grow: Eggplant, University of Illinois Extension, http://extension.illinois.edu/veggies/eggplant.cfm (aufgerufen am 12. Oktober 2017).

26 Ananieva, E, Targeting amino acid metabolism in cancer growth and anti-tumor immune response. *World Journal of Biological Chemistry*. 2015; 6(4): 281–289.

27 The Low Histamine Chef. 2015. Interview: Fasting mimicking diets for mast cell activation & allergies. https://healinghistamine.com/interview-fasting-mimicking-diets-for-mast-cell-activation-allergies/ (aufgerufen am 10. November 2016).

28 Fox, M, Cancer cells slurp up fructose, US study finds. 2010. https://www.reuters.com/article/cancer-fructose-idAFN0210830520100802 (aufgerufen am 22. November 2017).

29 David LA, Maurice CF, Carmody RN et al., Diet rapidly and reproducibly alters the human gut microbiome. *Nature*. 2014; 505(7484): 559–563.

30 Zarrinpar A, Chaix A, Yooseph S, Panda S, Diet and Feeding Pattern Affect the Diurnal Dynamics of the Gut Microbiome. *Cell Metabolism*. 2014; 20(6): 1006–1017.

31 Wu GD, Chen J, Hoffmann C et al., Linking Long-Term Dietary Patterns with Gut Microbial Enterotypes. *Science*. 2011; 334(6052): 105–108.

Register

REZEPTVERZEICHNIS NACH KATEGORIEN

Vorspeisen und Snacks
Brasilianische Käsebrötchen 84
Russische Avocado-Eier 86
Dr. Gundrys Nussmix 2.0 87
Blumenkohl-Puffer 88
Brokkoli-Kroketten 91
Kokos-Zwiebeldip 93
Maniok-Tortillas (und -Chips) 94
Dreierlei Chips 96
- Süßkartoffel-Chips 96
- Kochbananen-Chips 97
- Schinken-Chips 97

Buffalo-Blumenkohl-Happen 99
Champignons mit Knoblauch-Walnuss-Füllung 100
Getreidefreie Cracker 101

Frühstück
Karottenkuchen-Muffins 104
Quiche aus gebratenen Zwiebeln und Gruyère 106
Ralphs Frühstücks-Rührei 107
Blumenkohl-Parmesan-Muffins 109
Kokos-Macadamia-Waffeln 111
Mini-Pancakes mit Chocolate Chips 112
Brokkoli-Cheddar-Quiche 114
Gebackene Eier mit Pesto 117
»Pumpkin« Spice Süßkartoffel-Pancakes 119
LFE-Mini-Bagels 121
Süßkartoffel-Tortilla 123
»Bacon«-and-Egg-Frühstückssalat 124
Omelett, klassisch und Varianten 125
- Omelett, klassisch 125
- Kräuter-Omelett 126
- Pilz-Omelett 126
- Omelett mit »grünen« Eiern und Schinken 126

Spinat-Omelett 126
Walnussbrot 128

Suppen und Eintöpfe
Hühnersuppe mit Konjak-Reis 132
Cremige Süßkartoffelsuppe 134
Dr. Gs Bohnen-Chili 137
Lauch-Blumenkohl-Suppe 138
Zitronige Hühnersuppe mit Kohl 141
Cremige Champignonsuppe 142
Champignon-Kokos-Curry 143
Nicht ganz französische Zwiebelsuppe 145
Schwarze-Bohnen-Suppe mit Avocado-Salsa 146
Rinder-Champignon-Eintopf 148
Süßkartoffel-Spinat-Curry 149
Gemüse-Limetten-Suppe mit Maniok-Chips 151

Nudeln und Bowls
Bánh-Mì-Bowl 154
Burrito-Bowl 156
Garnelen-Poké-Bowl 157
Sommerrollen-Bowl 158
Sorghumhirse-Bowl 161
Baby-Zucchini-Nudeln mit cremiger Avocadosauce 163
Cremige Spaghetti mit Kohl und Garnelen 164
Feines Pad Thai 166
Getrüffelte »Mac and Cheese« mit Austernseitlingen 169

Hauptgerichte
Superfood-Salat 172
Jonathan Waxmans Kohl-Salat 174
Krabbenküchlein 177
Pizza mit Blumenkohlboden 179
- Blumenkohlmehl 180
- Phase-3-Tomatensauce 181

Heilbutt mit Pfifferlingsragout und Belugalinsen 182
Thai-Zitronengras-»Fleisch«bällchen 185
Marokkanisch gewürztes Hühnchen mit Hirse-Taboulé 186
Blumenkohlreis-Risotto 188
Spinat-Artischocken-Lasagne 189
Wurzelgemüse-Lasagne 190
Gebratener Blumenkohlreis mit Ingwer 193
Süßkartoffel-Spaghetti mit Hackbällchen 194
Salat mit Spiegelei und rohem Schinken 197

Gemüsegerichte und Beilagen
Knuspriger Rosenkohl mit Balsamico und Datteln 200
Dr. Gs Lektinarme Insalata Caprese 203
Ofengeröstete Kräuter-Radieschen 205
Perfekt geröstetes Gemüse 206
Auflauf aus Hirse-Truthahnfüllung 208
Wildreissalat 209
Würziger Krautsalat mit Karotten und Brokkoli 210
Geschmorter Kohl mit Schinkenwürfeln 213
Ralphs Gerösteter Blumenkohl 214
Würzige Süßkartoffel-Frikadellen 215
Schnell eingelegtes Gemüse 216
Süß-saurer Krautsalat mit Grünkohl 218
Sorghumhirse-Bohnen-Salat 219
Kokos-Ingwer-Kohl 220
Süßkartoffel-Pommes mit Blauschimmelkäse-Dip 223

Süßes und Nachspeisen
Mandel-Kokos-Schoko-Eis 226

Pistazieneis 228
Kokos-Olivenöl-Eis 229
Zitronen-Mohn-Kuchen 230
Schokocreme-Pie 233
Schoko-Minz-Cookies 234
Olivenöl-Rosmarin-Kuchen 236
Feigen-»Trüffel« 237
Strauben mit Blaubeersauce 239
Ingwer-Brownies 240
Zimt-Süßkartoffel-Blondies 242
Pekannuss-Pie 245
LFE-Pie-Boden 246

Getränke

Basilikum-Pfefferminz-Limonade 250
Spritziges Zitruswasser 252
Granatapfel-Limetten-Schorle 253
Dr. Gs Eiskaffee mit Pflanzenkraft 254
Kokos-Mokka 255
Mokka-Shake 256
Haselnuss-Vanille-Milch 259

Saucen, Brühen, Dressings und Co.

Zwiebel-Chutney mit Bourbon 262
Knochenbrühe 265
Klassisches Basilikumpesto 266
LFE-Guacamole 267
Salat-Dressings 268
Zweierlei Mayonnaise 270
  Klassische Mayonnaise 270
  Vegane Mayonnaise 270
Veganes Caesar-Dressing 272
Gemüsefond 273
Lektin-Blocker-Schalentierbrühe 274

ALPHABETISCHES REZEPTVERZEICHNIS

Asiatisch inspiriertes Salatdressing 268
Auflauf aus Hirse-Truthahnfüllung 208
Avocado-Eier, Russische 86
Baby-Zucchini-Nudeln mit cremiger Avocadosauce 163
»Bacon«-and-Egg-Frühstückssalat 124
LFE-Mini-Bagels 121
Balsamico-Reduktion 200
Balsamico-Vinaigrette 268
Bánh-Mì-Bowl 154
Basilikumpesto, klassisch 266
Basilikum-Pfefferminz-Limonade 250
Blauschimmelkäse-Dip 223
Blumenkohl, Gerösteter (Ralphs Rezept) 214
Blumenkohl-Happen (Buffalo) 99
Blumenkohlmehl 180
Blumenkohl-Parmesan-Muffins 109
Blumenkohl-Puffer 88
Blumenkohlreis 67
Blumenkohlreis-Risotto 188
Blumenkohlreis, Gebratener mit Ingwer 193
Bohnen-Chili nach Dr. Gundry 137
Brasilianische Käsebrötchen 84
Brokkoli-Cheddar-Quiche 114
Brokkoli-Kroketten 91
Buffalo-Blumenkohl-Happen 99
Burrito-Bowl 156
Caesar-Dressing, Veganes 274
Champignon-Kokos-Curry 143
Champignonsuppe, Cremige 144
Champignons mit Knoblauch-Walnuss-Füllung 100
Chips, Dreierlei 96
Cracker, Getreidefreie 101
Cremige Champignonsuppe 142
Cremige Spaghetti mit Kohl und Garnelen 164
Cremige Süßkartoffelsuppe 134
Cremiges Salatdressing 268
Dr. Gs Bohnen-Chili 137
Dr. Gs Eiskaffee mit Pflanzenkraft 254
Dr. Gs Lektinarme Insalata Caprese 203
Dr. Gundrys Nussmix 2.0 87
Dreierlei Chips 96
Dressings 268
Eier, Gebackene mit Pesto 117
Ei-Ersatz 67
Eiskaffee mit Pflanzenkraft nach Dr. Gundry 254
Feigen-»Trüffel« 237
Feines Pad Thai 166
Garnelen-Poké-Bowl 157
Gebackene Eier mit Pesto 117
Gebratener Blumenkohlreis mit Ingwer 193
Gemüse, Perfekt geröstetes 206
Gemüse, Schnell eingelegtes 216
Gemüsefond 273
Gemüse-Limetten-Suppe mit Maniok-Chips 151
Geschmorter Kohl mit Schinkenwürfeln 213
Getreidefreie Cracker 101
Getrüffelte »Mac and Cheese« mit Austernseitlingen 169
Granatapfel-Limetten-Schorle 253
LFE-Guacamole 267
Haselnuss-Vanille-Milch 259
Heilbutt mit Pfifferlingsragout und Belugalinsen 182
Hirse-Truthahnfüllung, Auflauf aus 208
Hühnchen, Marokkanisch gewürztes mit Hirse-Taboulé 186
Hühnersuppe mit Konjak-Reis 132
Ingwer-Brownies 240
Insalata Caprese, Lektinarme nach Dr. Gundry 203
Jonathan Waxmans Kohl-Salat 174
Käsebrötchen, Brasilianische 84

Karottenkuchen-Muffins 104
Klassisches Basilikumpesto 266
Knochenbrühe 265
Knuspriger Rosenkohl mit Balsamico und Datteln 200
Kochbananen-Chips 97
Kohl-Salat von Jonathan Waxman 174
Kokos-Ingwer-Kohl 220
Kokos-Macadamia-Waffeln 111
Kokos-Mokka 255
Kokos-Olivenöl-Eis 229
Kokos-Zwiebeldip 93
Konjak-Nudeln nach Gundry-Art 164
Krabbenküchlein 177
Krautsalat, Würziger mit Karotten und Brokkoli 210
Kräuter-Omelett 126
Kräuter-Radieschen, Ofengeröstete 205
Lauch-Blumenkohl-Suppe 138
Lektinarme Insalata Caprese nach Dr. Gundry 203
Lektin-Blocker-Schalentierbrühe 274
LFE-Guacamole 267
LFE-Mini-Bagels 121
LFE-Pie-Boden 246
»Mac and Cheese«, Getrüffelte mit Austernseitlingen 169
Mandel-Kokos-Schoko-Eis 226
Mandelmilch 67
Maniok-Tortillas (und -Chips) 94
Marokkanisch gewürztes Hühnchen mit Hirse-Taboulé 186
Mayonnaise, Klassische 270
Mayonnaise, vegan 270
Mini-Pancakes mit Chocolate Chips 112
Mokka-Shake 256
Nicht ganz französische Zwiebelsuppe 145
Nussmix 2.0 nach Dr. Gundry 87
Ofengeröstete Kräuter-Radieschen 205
Olivenöl-Rosmarin-Kuchen 236
Omelett, Klassisches 125
Omelett mit Grünen Eiern und Prosciutto 126
Pad Thai, Feines 166
Pancakes, Mini mit Chocolate Chips 112
Pekannuss-Pie 245
Perfekt geröstetes Gemüse 206
Pesto-Salatdressing 268
Phase-3-Tomatensauce 181
LFE-Pie-Boden 246
Pilz-Omelett 127
Pistazieneis 228
Pizza mit Blumenkohlboden 179
»Pumpkin« Spice Süßkartoffel-Pancakes 119
Quiche aus gebratenen Zwiebeln und Gruyère 106
Ralphs Frühstücks-Rührei 107
Ralphs Gerösteter Blumenkohl 214
Rinder-Champignon-Eintopf 156
Rosenkohl, Knuspriger mit Balsamico und Datteln 200
Russische Avocado-Eier 86
Salat mit Spiegelei und rohem Schinken 197
Salat-Dressings 268
Vinaigrette, Klassisch mit Balsamico 260
Cremiges Salatdressing 260
Asiatisch inspiriertes Salatdressing 268
Pesto-Salatdressing 268
Schalentierbrühe (Lektin-Blocker-) 274
Schinken-Chips 97
Schnell eingelegtes Gemüse 216
Schokocreme-Pie 233
Schoko-Minz-Cookies 234
Schwarze-Bohnen-Suppe mit Avocado-Salsa 146
Sommerrollen-Bowl 158
Sorghumhirse-Bohnen-Salat 219
Sorghumhirse-Bowl 161
Spaghetti, Cremige mit Kohl und Garnelen 164
Spinat-Artischocken-Lasagne 189
Spinat-Omelett 126
Spritziges Zitruswasser 252
Strauben mit Blaubeersauce 239
Superfood-Salat 172
Süßkartoffel-Chips 96
Süßkartoffel-Frikadellen, Würzige 215
Süßkartoffel-Pommes mit Blauschimmelkäse-Dip 223
Süßkartoffel-Spaghetti mit Hackbällchen 194
Süßkartoffel-Spinat-Curry 149
Süßkartoffelsuppe, Cremige 134
Süßkartoffel-Tortilla 123
Süß-saurer Krautsalat mit Grünkohl 219
Thai-Zitronengras-»Fleisch«bällchen 185
Tomatensauce (Phase 3) 189
Vegane Mayonnaise 270
Veganes Caesar-Dressing 272
Vinaigrette, Klassische mit Balsamico 268
Walnussbrot 128
Wildreissalat 209
Wurzelgemüse-Lasagne 190
Würzige Süßkartoffel-Frikadellen 215
Würziger Krautsalat mit Karotten und Brokkoli 210
Zimt-Süßkartoffel-Blondies 242
Zitronen-Mohn-Kuchen 230
Zitronige Hühnersuppe mit Kohl 141
Zitruswasser, Spritziges 252
Zucchini-Nudeln, Baby- mit cremiger Avocadosauce 163
Zweierlei Mayonnaise 270
Zwiebel-Chutney mit Bourbon 262
Zwiebelsuppe, Nicht ganz französische 145

Sachregister

Alkohol 32 f., 38, 64
Antibiotika **16,** 28, 49 ff.
Auberginen 36, 40, **42 f.**,
Avocado(öl) 25, **26 f.**, 63 f.
Backpulver, aluminiumfreies 76
Ballaststoffe **26 ff.**, 41, 49 f.
Basmati-Reis 57 f., **67**
Bauchspeicheldrüse 21, 32
Beta-Casein A1 **32**, 64
Beta-Casein A2 **32**, 64
Bio-Qualität 33, 36,
Bio-Siegel 28, **30 f.**
Blaues Licht **19**, 57
»Blaue Zonen« **59 f.**, 62
Blattgemüse **25 f.**, 57 f., 61 f.
Blutzucker s. a. Diabetes 27, 44, 278
Bohnen 18, 24, **35 f.**, **60**
Buchweizen 21, 40
Cashews 26, **34 f.**, 71
Cayennepfeffer 67, 72
Champagner 33
Dampfdrucktopf s. u. Schnellkochtopf
Darm 6, 12, 16, **19 ff.**, 24, 26 ff., 41 f., 48, **51 ff.**, 56, 76, 79
Darmbakterien 14 ff., 19, 21 f., 53 f.
Darmbeschwerden 6, 16 f., 41, 79
Darmschleimhaut **12**, **20 f.**, 25 f., 277
Davis, Dr. William 20
DHA (Docosahexaensäure) 55, 279
Diabetes 20 f., 27, 32, 39, 58
Disruptoren 16, **17 f.**, 62
Dünndarm 16, 27
Eier 25, **28 f.**, 30 f., 58 f., **67**
Ei-Ersatz 67 f.
Eiweiß s. a. Protein 29, 63, 67, 73
Endokrine Disruptoren 17 f.
Entzündungen 12, 16, 20, 27, 49 ff.
Erdnüsse 26, **34**, 40, 71
Ernährungspyramide 60 ff.
Erythrit 37, **68**
Etiketten, Nahrungsmittel- 30 f.
Fasten, intermittierendes 45 f., **63**
Fermentation **15**, 41 f., 74 f.
Fette, »gute« **25**, 50, 62 f.
Fetteinlagerung 19, 32, 41, 50
Fettsäuren s. u. Omega-
Fisch s. u. Meerestiere
Fischöl 25, 55, **279**
Freilandhaltung 28, **31**
Fruktose **50**, 62
Geflügel(-haltung) **28**, 30, 35, 43,
Gehirn 17, 22, 49, 279
Gemüse **25 f.**, 38 ff., **57 ff.**
Gentechnisch veränderte Organismen (GVO) **18 f.**, 29 f.
Gerste 40, 60, 277
»Gesunde« Nahrungsmittel 37, **43**, 49
Getreide 13 ff., 18 ff., **27**, **59**, 62 f.
Gewicht **21**, 33 f., 45 f.
Ghee 37, 52, **68**
Glukose 21 f., 27 f., 44
Gluten 21, 35, **42**
Glyphosat 18 f.
Grasfütterung **30 f.**, 68
Grüne Blattgemüse **25 f.**, 39, 49
Gurken **42 f.**, 40, 58
Hafer 18, 21, **42**, 277
Hanf(-produkte) 37, **68**, 76
Herbizide s. a. Roundup **18 f.**, 29
Herz-Erkrankungen 17, 21, 28 f.
Hirse 13, **27**, 63, **69**
Honig 69
Hormonsystem 17
Hülsenfrüchte **35 f.**, 40 f., 60
Immunsystem **20**, **26**, 35, 276
Insulin **21 f.**, 44, 50
Inulin 37, 58, **69**
Kakao 32 f., **69**
Kelp (Seetang) 58
Kohl 13, 24, 25, 38, 49, 54, 58, 62
Kokos-Aminos-Würzsauce 70
Kokosprodukte 70
Konjak 70
Körperreinigung (»Phase 1«) 51 ff.
Krebs 17 ff., 29, 44, 59
Kreuzblütler **26**, 38,
Küchenausstattung 77 ff.
Kürbis **36**, 40
Leaky-Gut-Syndrom 12, **20**
Leber 17, 44
LFE-Programm 47 ff., 60 ff.
Leinsamen 71
Lektinblocker 278
Lektine **10 ff.**, 33 ff.
Lektinfrei **26 f.**, 63
Lektingehalt 74 f.
Linsen **41**, 43
Lipopolysaccharide (LPS) 20
Magensäureblocker 17
Mais(-produkte) 28 f., **35**
Mandeln 67, **71**
Maniok 63, **71**
Meerestiere **28**, 63
Meersalz, jodiertes 72
Mehrzweck-Schnellkochtopf 41, 78
Mikrobiom 14, 49, 57
Mikroorganismen (»Mikros«) 14, 27 f., **49**
Milchprodukte 32, **36**
Millet s. u. Hirse
Mozzarella 72
Nachtschattengewächse 36, **42 f.**
Nährhefe 72
Nahrungsergänzungsmittel 276 ff.
Neu5Gc (*N*-Glycolylneuraminsäure) 29, **59 f.**
»Nein, danke«-Nahrungsmittel 33 ff., **40**
Nichtsteroidale Antirheumatika (NSAR) **16**, 55
Nori (Seetang) 72
Nüsse 26, 34, 37
Obst 11, 17, **32**, 49
Oliven(öl) 25, 63, **72**
Öle 25, 35, 71
Omega-3-Eier 31, 67
Omega-3-Fettsäuren **31**, 68, **279**
Omega-6-Fettsäuren 29, 35
Paprika 36, 42 f., 57
Parmesan 73
Pecorino 73
Perillaöl 73
Pfeilwurzmehl 73
Pflanzenöl 16, **35**
Pflanzenstoffe, Sekundäre 277
Polyphenole **25 ff.**, 33, 277
Präbiotika 278
Quercetin 33

Quinoa 14, 35, 60
Quorn-Produkte 73
Reis **41 f.**, 59
Resistente Stärken 27
Resveratrol **33**, 49
Roggen 42, 60
Roundup **18 f.**, 29, 35
Schafsmilch/-käse 36, 69
Schilddrüse 56, 72
Schmerzmittel 16
Schnellkochtopf 36, 41 f., 74, **78 f.**
Schokolade **32 f.**, 63, **76**
Soja 15, 18, 28 ff., 70, 76
Sorghum s. u. Hirse
Stärken, Resistente 27
Stevia 76
Süßungsmittel 40, 68, 76
Tapioka 28, 63
Tempeh 76
Tierhaltung 28 ff.
Tierisches Eiweiß **44**, 50, 54, 59
Tiermast 16, 31, 35, 50
Tight Junctions 12, **20**
Tofu 40, 43, 54, 59
Tomaten s. a. Nachtschattengewächse 36, **42 ff.**
Vanilleextrakt 76
Verdauungstrakt **18 ff.**, 41
Verteidigungsmechanismen (Pflanzen) 11 f.
»Vielleicht«-Lebensmittel 41
Vitamin B12 277
Vitamin D **55**, 276
Vitamine 276 f.
Vorräte 66 ff.
Weidehaltung 28 f., **30 f.**, 63
Wein s. a. Alkohol **33**, 59
Weinsteinbackpulver 76
Weizen 15, 20, **41 f.**, 60, 62
Weizenkeimagglutinin (WGA; Weizenlektin) **21**, 41, 62
Whisky s. a. Alkohol **33**, 64
Wildfang (Seefische) **28**, 63
Xylit (Birkenzucker) 37
Ziegenmilch/-käse 32, **36 f.**, 43, 69
Zöliakie 20 f.
Zonulin 20
Zucker 12, 19, **20 f.**, 29, **32 f.**, 36, **49 f.**, 59, 68, 69, 278
Zusatzstoffe 34

Autorenportrait

Dr. Steven R. Gundry ist Direktor des Internationalen Instituts für Herz- und Lungenerkrankungen in Palm Springs und Gründer und Leiter des Zentrums für Regenerative Medizin in Palm Springs und Santa Barbara. Der anerkannte Herzchirurg hat eine gezielte lektinarme Ernährung entwickelt, um Patienten mit Herz-Kreislauferkrankungen vor einer Operation zu bewahren.